Stijlvolle tuinideeën

John Brookes

Stijlvolle tuinideeën

Vierde druk

GROEN BOEKERIJ

ZOMER & KEUNING – EDE/ANTWERPEN

Oorspronkelijke titel:
The new small garden book

A Dorling Kindersley Book

Nederlandse vertaling: Theo Groen

CIP

ISBN 90 210 0025 3

Printed in Italy by LEGO

INHOUD

INLEIDING

Ruimte is een kostbaar bezit, zo schaars en kostbaar in onze overvolle steden dat we iedere centimeter zo goed mogelijk moeten benutten. Wie goed gebruik maakt van de beschikbare ruimte, al is het maar een binnenplaatsje, balkon of richel langs het raam, heeft de voldoening dat zijn of haar leefruimte groter wordt.

Voor velen wekt het woord 'tuin' associaties op met gazons, borders, mulch, verfijnde snoeitechnieken en de duistere wereld van ingewikkelde bemestingsadviezen. Te snel zijn we geneigd traditionele elementen, op een kleinere schaal, ook allemaal in een kleine tuin over te willen nemen.

Goed gebruik maken van een kleine ruimte betekent eerst en vooral: zich losmaken van vooroordelen over tuinen. Bedenk opnieuw wat er wel en niet in moet staan en waar het moet staan.

Op de eerste plaats is een tuin bedoeld voor mensen, en niet voor planten. Allerlei elementen kunnen we combineren om het gewenste effect te bereiken – en planten zijn slechts één daarvan. Een tuin kan best bestaan uit wat beelden, een waterpartij en een minimum aan beplanting; in combinatie met tuinverlichting kan het effect sprookjesachtig zijn. Een heel ander idee is om een binnenplaatsje om te toveren tot een dichtbegroeide jungle, waarvan het bijhouden een fascinerende bezigheid is.

De sleutel tot een juist besef van alle mogelijkheden ligt in het ontwerp. Het ontwerp weerspiegelt welke stijl onze tuin krijgt, zodat deze een eenheid vormt met onze woning en de omgeving, en past bij onze eigen manier van leven.

Samenwerking *(boven). Natuur en architectuur werken samen in vorm, patroon en kleur.*

Illusie van ruimte *(rechts). Een krachtig tuinontwerp geeft de indruk van een grote ruimte.*

BUITEN WONEN

Het belang van een stukje buiten – een eigen tuin of alleen maar het uitzicht op openbaar groen – kan nauwelijks overschat worden. Een tuintje of balkon vormen een rustoord temidden van de spanningen van het stadsleven.
Zie de tuin als een uitbreiding van uw woning, een kamer waar u kunt eten, lezen of de kinderen zien spelen. De sleutel tot een goed ontwerp vinden we als we ons de vraag stellen: wat willen we doen in deze kamer? Met het antwoord in gedachten kunnen we aan het werk om die kamer zo plezierig mogelijk in te richten. Het is natuurlijk eenvoudiger om een prettig buitenverblijf te maken in een warmer klimaat, zoals dat bijvoorbeeld in de landen rond de Middellandse Zee heerst; in onze gematigde streken moeten we meer moeite doen om warmte en zonlicht optimaal te benutten. We zijn echter niet helemaal afhankelijk van de zon. Door beschutte plekken te maken, een lelijk uitzicht weg te werken en gebruik te maken van levendige kleuren kunnen we ook in bewolkter perioden een aantrekkelijk resultaat krijgen.

VAN BINNENUIT BEKEKEN

Bedenk bij het ontwerp dat de tuin niet alleen prettig moet zijn om in te verblijven. Zorg ervoor dat het uitzicht van binnenuit ook de moeite waard is. Dat geldt vooral 's winters, als we vanuit de woning naar de tuin kijken. Probeer u voor te stellen of vanuit verschillende plaatsen in huis gezien de tuin nog steeds een aantrekkelijke aanblik biedt.

ONTWERPEN IN HET KLEIN

Door de tuin als een kamer te zien, wordt ook duidelijker hoe de juiste aanpak van het kleinschalig ontwerpen is. De principes lijken veel op die van de binnenhuisarchitectuur. Bepaal wat u met de ruimte wilt doen, en houd het ontwerp eenvoudig en krachtig.
Waar ruimte een beperkende factor is, kunnen we tuin en huis niet los van elkaar zien. Als ze goed bij elkaar aansluiten, zal het woongenot in een kleine woonkamer door het uitzicht groter worden, en omgekeerd maakt een kleine tuin een minder volle indruk als het ontwerp harmonieert met de omringende bebouwing.

Daktuin *(rechts). Een schitterende uitbreiding van de woonruimte is verkregen door het dak te beschutten en de tegelvloer door te trekken.*

Zonnig balkon *(geheel rechts). Een overvloed aan planten in potten heeft dit smalle houten balkon in een uitnodigende tuin veranderd.*

Bladerenplafond *(links). Het zonlicht wordt gefilterd door de met druiveranken bedekte pergola: een perfecte plaats voor een ontspannen maaltijd buiten.*

Manipuleren met ruimte *(onder). Ferme vierkante bakken omgeven dit balkon. De planten keren terug in de beplanting van de tuin beneden.*

BINNEN EN BUITEN VERBINDEN

Hoe krijgen we nu die harmonie tussen buiten en binnen? Probeer eerst in gedachten de tuin en de aangrenzende vertrekken van het huis in elkaar te laten overvloeien, zodat als het ware een verbinding tussen beide ontstaat. Als u ook de ruimtes binnen en buiten in schaal met elkaar kunt houden, bent u al een heel eind op weg naar het gewenste effect. Hoe sterker de stijl van huis en tuin verwant zijn, des te sterker zal de visuele verbinding zijn. Voor de meesten onder ons komt de tuin pas na het huis aan bod. Daarom beginnen we met van binnen naar buiten te kijken.

WELKE STIJL?

Begin met uzelf enige kritische vragen te stellen. Hoe is de woonkamer ingericht, modern of klassiek? Staan er verchroomde meubels in een kamer met veel wit en zwart, of overheersen uitgesproken kleuren en natuurlijke materialen?
Door het beantwoorden van dit soort vragen krijgen we inzicht in onze eigen woonstijl en kunnen we proberen die ook buiten door te voeren. Een klassiek interieur kan bijvoorbeeld buiten voortgezet worden met beelden of een fontein uit dezelfde periode.

VERSTERKEN VAN DE BAND

Kleur is ook van belang. Heeft de kamer een strak kleurenschema, dat goed moet uitkomen tegen een neutrale achtergrond? Of is de kamer neutraal van toon, waardoor een kleurige tuin mogelijk wordt?
Is de vloerbedekking die binnen ligt ook buiten toepasbaar? Als dat niet zo is, zoek dan een bestrating voor de tuin die daarbij past.
Dergelijke aanwijzingen mogen geen strakke regels worden. Niemand komt controleren of uw tuin perfect bij het interieur past. Tenslotte is de tuin ook een plaats om toe te geven aan grillige invallen, en dan rustig van het resultaat te genieten.

Moderne stijl. *De scherpe en heldere lijnen van dit interieur herhalen zich in het ontwerp van het terras. Gelijksoortige vloertegels en het gebruik van planten verstevigen de band tussen binnen en buiten.*

EENHEID IN STIJL

De twee afbeeldingen hieronder tonen twee kleine tuinen die in stijl aansluiten op het interieur van de aangrenzende kamer. Het is van wezenlijk belang een sterke eenheid in stijl tussen binnen en buiten te bereiken om de ruimte zo optimaal mogelijk te benutten.

Mondriaan-stijl. *De krachtige patronen, eenvoudige vormen en heldere primaire kleuren van het tapijt waren het uitgangspunt voor het ontwerp van deze tuin. De gele grondbedekking is de essentiële schakel tussen binnen en buiten. Gekozen werd voor een rode tafel, rood/witte jaloezieën, grijsblauwe gordijnen en stoelen en een lichtblauwe muur in de tuin. Een échte regenpijp is verstopt tussen twee loze buizen, die een ongewone muurdecoratie vormen.*

Italiaanse romantiek. *Dit ontwerp is op klassieke leest geschoeid en ziet er verfijnd uit. Het zachte oker van de binnenmuur en schutting vormt een vriendelijke achtergrond voor de zwart/witte tegels. Een opvallend gordijn geeft het geheel allure, die zich in de tuin voortzet in de stenen tafel en de buste op de muur. De eenvoudige witte stoelen kunnen binnen en buiten gebruikt worden. De mosgroene kussens zorgen voor een visuele verbinding met de elegante cipres, die de regenpijp verbergt.*

HOEZO, TUIN?

Leuk, zult u denken, voor mensen met keurige rechthoekige tuintjes, maar wat als de tuin een akelige strook aan de zijkant van het huis is, een donker binnenplaatsje of alleen maar een brede vensterbank? Kunnen we die nog als een tuin of zelfs maar als een 'buitenkamer' beschouwen?
Natuurlijk kan hier geen sprake zijn van het klassieke tuinieren, maar er is zeker verandering mogelijk. Vaak zijn dergelijke 'tuinen' verwaarloosd. Probeer ze niet verder te verstoppen, maar tracht er het beste van te maken, zodat wijzelf en alle voorbijgangers er met plezier langs lopen en naar kijken.
Er zijn nogal wat manieren om dit soort onaantrekkelijke plaatsen op te vrolijken. Het neerzetten van planten is er een van, maar het hoeft niet de enige oplossing te zijn. Denk aan de mogelijkheid van schilderen in een felle kleur, een patroon, of zelfs een trompe l'oeil (zie blz. 72 en 73). Ook de bestrating en verlichting kunnen we aanpassen.
Dit soort verwaarloosde plekjes worden vaak door hoge muren ingesloten. Probeer daarom 'het plafond' lager te maken. Een massieve pergola houdt licht tegen, maar gespannen staaldraad is lichter en biedt ook houvast voor klimplanten, zodat een intiem binnenplaatsje ontstaat, waar 's avonds een glas genuttigd kan worden.

OP STOEPEN EN BIJ RAMEN

Vaak beseffen we nauwelijks dat we deuren en ramen wel degelijk als sierelement kunnen gebruiken. Een paar potten voor het raam en een ander kleurtje voor het kozijn doen de grens tussen binnen en buiten vervagen. Zelfs bovenin een flat kunt u de aankleding van het raam combineren met het uitzicht op andermans groen – wie geen tuin heeft, kan er een lenen.
Deze aanpak heeft met het klassieke tuinieren weinig te maken. Het is meer een zaak van theater, waar decors, illusies en de juiste belichting gebruikt worden om een fraai geheel te bereiken.

Naast het huis *(rechts). Een smalle strook tuin langs het huis is visueel breder gemaakt door sterke dwarslijnen in de bestrating. De planten in de potten kunnen regelmatig in de volle zon worden gezet.*

Stoeptuin. *Een goed gebruik van de beperkte ruimte: een bonte klimop (*Hedera helix *ssp.* canariensis *'Gloire de Marengo') staat in twee eenvoudige potten bij de ingang.*

Bij de trap. *Een plantenbak in een nis met groenblijvende struiken (laurierkers en klimop) verlevendigt hier een trapportaal in de stad. Een ideale basis om verder op te fleuren met eenjarigen.*

EEN OMMEZWAAI

De foto's op deze bladzijde (en de volgende zes) tonen hoe een wat verwaarloosde tuin werd veranderd in een uitnodigende en plezierige omgeving. De sleutel tot deze succesvolle ommezwaai van een kleine tuin lag in het ontwerp, dat uitging van de wensen en ideeën van de bewoners maar ook van de sfeer van hun woning en de directe omgeving.

DE UITGANGSPUNTEN

Helaas is er geen simpel recept om een geslaagd ontwerp voor een kleine tuin te maken. Er spelen te veel factoren mee: onze manier van leven, wat we ons voorstellen te doen in de tuin, onze voorkeuren en afkeuren van bepaalde stijlen en planten, en ten slotte praktischer zaken als de beschikbare ruimte en de hoeveelheid geld die we willen besteden.

Bij het ontwerp moeten we letten op al deze zaken, om te komen tot een ontwerp dat alle wensen, eisen en beperkingen met elkaar verenigt. Een goed plan is daarom essentieel in deze fase. Het loont zeker de moeite om veel tijd te investeren in een ontwerp dat ons nog jaren en jaren zal bevallen.

De tuin hier ligt achter een negentiende-eeuws huis in een drukke stad. De eigenaars hebben twee kleine kinderen en wilden zoveel mogelijk gebruik maken van de tuin: buiten eten, de mogelijkheid om tuinfeest-

Zoals de tuin was *(boven). De tuin was verdeeld in twee even onaantrekkelijke delen, beide overheerst door de tuinmuren.*

De nieuwe tuin *(rechts). Het nieuwe ontwerp maakt optimaal gebruik van de ruimte. Overal is het nu prettig vertoeven.*

jes te geven, en een plaats waar de kinderen veilig en in het zicht konden spelen.

DE TUIN ZOALS DIE WAS

De bestaande tuin beviel in alle opzichten slecht. De tuin was in tweeën verdeeld, maar geen van beide delen was uitnodigend. Het verlaagde terras was altijd te vochtig en donker om er prettig te kunnen zitten. Het was daarom ongeschikt om buiten te eten, hoewel het via een glazen deur met de keuken verbonden was. Een slordig bijgehouden gazon overheerste een groot deel van de rest van de tuin.

VISUEEL GEBRUIK VAN RUIMTE

Het uitzicht vanuit de keuken werd beperkt door de muren rond het terras, waardoor de rest van de tuin onzichtbaar bleef. Het uitzicht vanaf de eerste verdieping was weinig inspirerend door het grote grasoppervlak.
Om dit te verbeteren, werd de hele tuin als het ware 'open gegooid'. Het oorspronkelijke gazon werd verlaagd door een behoorlijke laag grond af te graven. De verbinding met het terras werd vloeiender gemaakt via een reeks brede treden. Hierdoor konden de bewoners

Het resultaat *(boven, rechts, geheel rechts en onder). De vergaande veranderingen in de tuin worden duidelijk uit deze foto's. De keermuren van het oorspronkelijke terras (boven) werden verlaagd. De toegang tot (en uitzicht op) de tuin werd gerealiseerd door een reeks trappen (rechts). Het binnen/buiten effect is versterkt door het gebruik van tegels (geheel rechts) om vier 'kamers' op verschillende niveaus te maken, en door de verdere aankleding. De impressie (onder) geeft aan hoe later de beplanting de hoekige structuren zal verzachten.*

Plattegrond *(onder). Het geometrische patroon van de nieuwe structuur en de plaats van de beplanting daarin.*

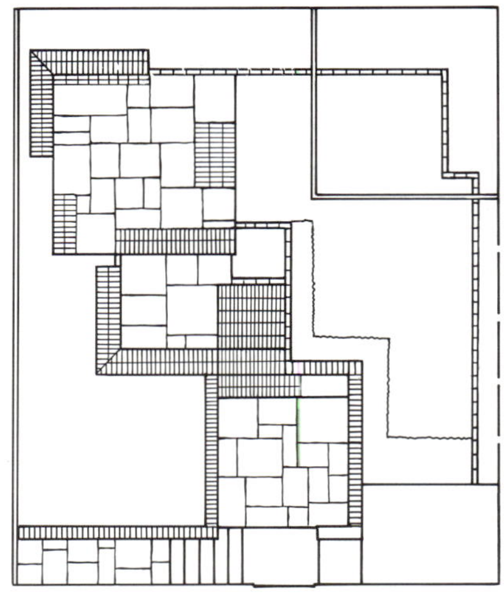

Aanblik 1 – oud. *Wie uit deze hoek naar de tuin kijkt, valt onmiddellijk het vochtige en lage terras op dat de tuin overheerst.*

Aanblik 1 – nieuw. *Het ontwerp begint vorm te krijgen. Het terras is 'opengegooid', zodat de blik verder door de rest van de tuin kan dwalen.*

Aanblik 2 – oud. *Vanuit deze hoek wordt de blik geleid naar de grenzen van de tuin, dwars over het gazon, naar een hoek waar niets te zien is.*

Aanblik 2 – nieuw. *De met lage treden oplopende terrassen zorgen dat de tuin als één geheel gezien wordt, en niet als twee gescheiden delen.*

Aanblik 3 – oud. *Van achteruit gezien is de tuin niet veel meer dan een slordig gazon. In het donker was er vrijwel niets te onderscheiden.*

Aanblik 3 – nieuw. *Nu het gazon grotendeels vervangen is door brede en lage terrassen, lijkt de lengte van de tuin sterk toegenomen.*

Aanblik 1 – na zes maanden *(links). Na verloop van tijd zullen de planten (nu juist geplant) verder uitgroeien en een evenwicht met de harde materialen bereiken.*

Aanblik 1 – impressie

Aanblik 2 – na zes maanden *(links). De tuin ziet er veel zachter uit door de beplanting. Het gazon valt keurig in het patroon van stenen en beplanting.*

Aanblik 2 – impressie

Aanblik 3 – na zes maanden *(links). Het betegelde terras is een aangename ruimte om te zitten of te eten, wat het idee van een buitenkamer versterkt.*

Aanblik 3 – impressie

veel beter gebruik maken van de ruimte. De tuin werd nu goed zichtbaar vanuit de keuken. De tuin werd veiliger voor de kinderen, nu het niveauverschil tussen grasveld en terras veel kleiner was. De bestrating vormde het kader voor nieuwe perken met beplanting. Al na zes maanden is hier te zien dat de steenachtige aanblik veel zachter is geworden. Als de planten eenmaal uitgegroeid zijn, zal er evenwicht tussen bestrating en beplanting zijn, zodat het oorspronkelijke idee tot zijn volle recht komt.

HET EINDRESULTAAT

De treden geven de tuin een levendige aanblik. De rechte hoeken van de keermuren (die ook als zitplaats dienen) worden herhaald in de gemetselde stenen zitbank die het eetgedeelte van de tuin beheerst. De zitbank voorkomt een rommelig geheel van losse tuinstoelen. Een klein grasveld werd aangelegd voor de kinderen. De vorm daarvan is een onderdeel van het patroon van de tuin. Bij de aanleg werd ook rekening gehouden met uitzicht van bovenaf.
Om de visuele band tussen huis en tuin te verstevigen, werd dezelfde honingkleurige baksteen gebruikt voor de muren, treden en eettafel in de tuin. De zachte tint van de tegels werd zo gekozen dat ze goed paste bij de kleur van de baksteen.

Eindresultaat. *De nieuwe tuin van achteren bezien: het is moeilijk voor te stellen hoe onaantrekkelijk de tuin vroeger geweest is.*

STIJL IN KLEINE TUINEN

Ook in de allerkleinste tuin is stijl van wezenlijk belang. Een stijl die past bij onze manier van leven, maar ook bij het huis en de omgeving.

Hier volgen wat richtlijnen om zo'n stijl te bepalen en toe te passen in een kleine tuin. Vijf gevallen uit de praktijk worden toegelicht. Niet om slaafs na te volgen, maar om u inspiratie te geven voor een persoonlijk ontwerp.

WAT IS STIJL?

Stijl is een woord dat een wereld van begrippen oproept. Mensen kunnen 'stijl' hebben, maar ook auto's, kleding en gebouwen.

Zelf vind ik een tuin stijl hebben als er een eenheid is tussen een helder omschreven doelstelling en een aantrekkelijke combinatie van vormen en patronen. Soms is een tuin niet 'onze smaak', maar herkennen we door een positieve en consequente benadering dat de tuin wel degelijk een stijl heeft – al zouden we zelf een andere kiezen.

Maar hoe passen we zo'n abstracte uitspraak in de praktijk toe, waar we te maken hebben met allerlei beperkingen in ruimte en ligging? Hoe vinden we overeenstemming tussen wat we in de tuin willen doen en een stijl die daarbij hoort?

De kunst is om alle elementen in de tuin – muren, tuinmeubels, planten, trappen – te zien als onderdelen van één samenhangend ontwerp. Probeer altijd te bedenken of kleur, vorm, structuur en functie van die delen bij elkaar passen. Een hapsnap aanpak – hier een vijvertje maken, daar een leuke struik zetten – geeft een onsamenhangend geheel van elementen die slecht bij elkaar passen. Zo ontstaat een allegaartje dat geen stijl heeft en de tuin kleiner doet lijken. In een goed ontworpen tuin, al is die nog zo bescheiden van grootte, zijn alle elementen – van klein tot groot – met elkaar in harmonie.

Laat de lengte en breedte van de tuin niet de dienst uitmaken, maar geef de tuin een eigen duidelijke stijl.

Gotische tuin *(boven).* *Deze gotische tuin is misschien niet úw smaak, maar heeft zeker stijl.*

Stijlvol contrast *(rechts).* *Een verfrissende combinatie van stedelijke architectuur en een losse beplanting.*

KENMERKEN VAN STIJL

Begrijpen wat het wezenlijke is van de aanblik van de tuin, dat is het geheim om stijl aan uw kleine tuin te geven. De foto's op deze bladzijden laten zien dat een landelijke stijl (om maar eens een populaire tuinstijl te nemen) op verschillende manieren geïnterpreteerd kan worden. Er zijn geen vaste regels of toverformules; de kunst is om gevoel te hebben voor de totaalaanblik, en daar details in aan te brengen.

WEZENLIJKE ONDERDELEN

Een landelijke tuin wekt associaties op met een gezellige boerentuin, met veel rozen die langs de deuren groeien, klimplanten en een ontspannen opgezette beplanting. Veel tuinliefhebbers proberen deze stijl na te bootsen, maar schieten hun doel voorbij. Ze eindigen met een weliswaar bonte, maar onsamenhangende verzameling planten. Die losse, informele aanblik berust namelijk wel degelijk op een nauwkeurig uitgedacht grondpatroon.
In de tuin moeten we ook letten op de kleur van de muren, kozijnen en het dak, en de aard van het bouwmateriaal. Deze tuinelementen worden overdekt en afgewisseld door kleine en grotere planten. Het gebruik van plaatselijk voorkomende bouwmaterialen en inheemse planten draagt zeker bij aan een landelijk karakter, al kan daardoor het uiterlijk van de tuin per provincie verschillen. Dit alles maakt duidelijk dat er geen sprake is van *de* landelijke stijl, maar dat er talloze uitwerkingen van zo'n stijl mogelijk zijn.

DE INTERPRETATIE VAN STIJL

Voel u niet bezwaard om datgene te kiezen wat u kenmerkend vindt voor een bepaalde stijl, en pas dat toe in uw tuin. Speelse elementen passen daar goed in. U kunt groenten gebruiken als sierplanten maar ook een eenvoudig beeldje.
In een heel beperkte ruimte kunt u slechts enkele stijlelementen toch goed combineren. U kunt dan bijvoorbeeld een bemoste fontein toepassen, als u een liefhebber van klassiek bent. Wie meer high-tech is ingesteld, kan denken aan een serie felgekleurde cilinders, waarin *Yucca*'s staan.

De inspiratie *(links). Een bescheiden groepje potten en planten in een rustig hoekje van de tuin.*

Stadsversie *(boven). Bloemen van goudenregen en wat rozen geven een vleugje landelijke sfeer aan deze tuin.*

Interpretatie *(rechts). Tere groepjes bloemen in een fraai contrast met stukken grijze leisteen.*

VAN HEINDE EN VERRE

Veel landen hebben een eigen tuinstijl: Italië, Frankrijk, India, Japan enzovoort. Ook dichter bij huis zien we verschillen tussen Engelse, Nederlandse en Belgische tuinen. Goed kijken naar typische voorbeelden van zulke tuinen is een leerzame introductie in tuinstijlen en kan een schat aan inspiratie voor uw eigen tuin opleveren. Een bezoek aan modeltuinen biedt ook veel wetenswaardigs.

BOUWSTIJL EN LEVENSSTIJL

Tuinstijlen over de hele wereld hangen nauw samen met de bebouwing. De afmetingen en vorm van de huizen geven de tuinen een deel van hun karakter: bij lage gebouwen een open, vlakke indruk, bij hoge muren een ingesloten indruk. Elementen uit de architectuur keren vaak terug in details van de tuinen. De kleur en structuur van plaatselijke bouwmaterialen geven trappen, muren en terrassen een eigen karakter en horen onverbrekelijk bij het totaalbeeld.
Tuinstijlen weerspiegelen ook iets van de levenshouding en tradities van een volk. In Japanse tuinen bijvoorbeeld is het ontwerp gebaseerd op religieuze symboliek, terwijl tuinen in Noord-Afrika toevluchtsoorden voor de hitte zijn en een traditioneel islamitische geometrie hebben.

DE INVLOED VAN DE NATUUR

De inheemse planten dragen doorgaans het meest bij aan de couleur locale. Naaldbomen en berken doen ons denken aan koudere klimaten, palmen en citrusbomen aan warme en droge streken. De lichtval staat hiermee in nauw verband. Fel licht van een hoogstaande zon geeft scherpe en diepe schaduwen, maar zacht licht geeft een warme gloed. In noordelijker streken zijn de contrasten daarom meestal minder en de schaduwen langer.

ETNISCHE STIJLEN

Tuinen die hun stijl uitsluitend ontlenen aan het gebruik van lokale elementen (gebouwen, planten, ornamenten) noem ik 'etnisch', dit in tegenstelling tot tuinen waarvan de stijl bewust ontworpen is. Een goed voorbeeld zijn Afrikaanse tuinen, waarvan de stijl bepaald wordt door aangestampte rode aarde, grote vazen en woestijnplanten. Dit is geen bewust gekozen 'woestijnstijl', maar het beschikbare materiaal en de omgeving maken de dienst uit.

WESTERSE STIJLEN

In West-Europa zijn er in de loop der eeuwen verschillende tuinstijlen geweest. In de zeventiende eeuw hadden de tuinen een formeel grondpatroon, als uitvloeisel van de klassiek gerichte architectuur. Italiaanse tuinen hebben soms nog deze sfeer.
In de achttiende eeuw ontstond er meer belangstelling voor de Chinese tuinstijl. De confrontatie met deze meer abstracte, hoewel natuurlijker stijl bracht de Europeanen in verwarring. In combinatie met de lossere bouwstijl van de Barok en de asymmetrie van de Rococo-stijl werden de tuinen vloeiender en losser van opzet. In de vorige eeuw werden de tuinen kleiner van schaal, met een mengeling van strakke schema's en losse vormen.
Tegenwoordig, met het grote aanbod van planten en andere tuinelementen, bestaat er een veelheid van tuinstijlen, variërend van klassieke concepten en de 'bielzentuin' tot hypermoderne tuinen zonder gazon of perken. Hoewel het volgen van een bepaalde stijl tot een strakkere harmonie leidt, is het natuurlijk niet verboden om verschillende stijlen – met mate – door elkaar te gebruiken. Dit proces van contrasterende stijlen kan zelfs succes opleveren bij het zoeken naar een eigen stijl, zoals op de volgende bladzijden blijkt.

Mexicaanse stijl. *De sterke architectonische vormen van deze overheersende toegangspoort worden ondersteund en aangevuld door de lijnen van forse cactussen en vetplanten. Deze planten werpen hun schaduwen op de zonovergoten muren. De groep terracotta potten benadrukt het traditionele patroon van de bestrating.*

Japanse tuin *(boven). De standaard achtertuin is bij dit huis veranderd in een sereen en bedachtzaam oord van contemplatie. Het asymmetrische patroon van stenen, bestrating en grind resulteert samen in een kalm en abstract ritme van de tuin.*

Middellandse Zee *(links). Een huiselijk tafereeltje is nog juist zichtbaar aan het eind van deze koele maar zonnige gang. Het wasgoed hangt onder een druif te drogen. De planten groeien in een verzameling oude potten en blikken, die net als de muur blauw zijn geverfd.*

DE ITALIAANSE TUIN

Deze kleine en symmetrische tuin heeft een klassieke Italiaanse stijl. Een waterrijke binnenplaats wordt omringd door een overdekte galerij, die aan een kant uitkomt in een kamer.

De binnenplaats bestaat uit vier stenen plantenbakken, die samen met vierkante stapstenen symmetrisch zijn gerangschikt om een vaasvormige fontein op een stenen zuil.

In de plantenbakken staat een seizoenbeplanting: gele tulpen (*Tulipa* cvs.) in het voorjaar, gevolgd door witte leeuwebekjes (*Antirrhinum* cvs.) in de zomer. De bakken worden 'omlijst' door strak gesnoeide buxushaagjes en zijn via stapstenen verbonden met de galerij. De stenen dienen om overal bij te kunnen. Waterlelies staan in bakken op de bodem van de vijver. Groenblijvende planten verfraaien de galerij.

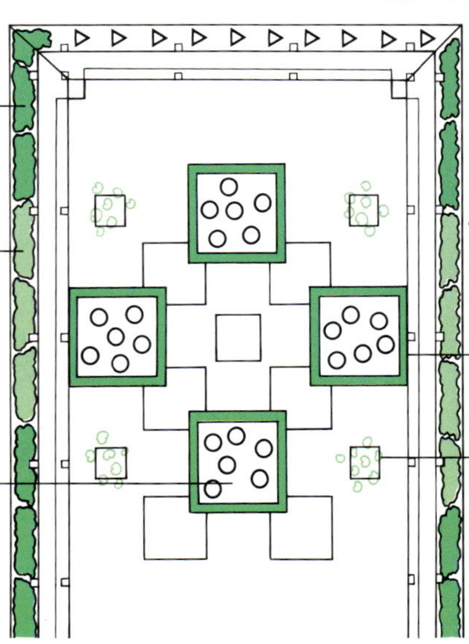

Watertuin op binnenplaats. *Het zachte geklater trekt het oog naar de fontein in het midden van deze binnentuin. Krachtige geometrische vormen met kleurige tulpen en daarna leeuwebekjes contrasteren met de lossere vormen van waterleliebladeren die tussen het centrum en de galerij drijven.*

WAT IS UW STIJL?

Het is niet bepaald makkelijk om een keuze te maken uit de vele tuinstijlen. Daarbij is het soms moeilijk voor te stellen wat het effect van die keuze is op de aanblik van uw lapje grond. Door eerst naar uw eigen stijl en de stijl van uw huis te kijken, kunt u echter op het goede spoor komen.

EEN PERSOONLIJKE KEUS

De stijl van de tuin moet passen bij uw persoonlijkheid en smaak, net zoals u niet zomaar kleding of een willekeurige zithoek koopt. De een houdt van een strakke aanblik, zonder veel poespas, met strak opgesnoeide struiken en rechte hoeken. Iemand anders is wellicht meer gesteld op een gezellige warboel en voelt zich beter thuis in een informele tuin met veel ornamenten en klimplanten. Dit soort overwegingen, die bewust of onbewust ook in uw interieur terug te vinden zijn, kunnen meespelen bij het ontwerp van de tuin.

Ook uw manier van leven is van invloed op de keuze voor een tuinstijl. Ga bij uzelf te rade hoeveel tijd u heeft voor het verzorgen van de beplanting, en of u daar eigenlijk wel zin in heeft. De echte tuinliefhebber zal een plantenkas willen, zaaibedden en een werkhoek voor het verpotten. Anderen hebben een drukbezet leven of wonen een deel van de tijd elders, zodat ze weinig tijd overhouden voor de verzorging van de tuin. Zo'n tuin zal ontworpen moeten worden met het oog op weinig onderhoud en bijvoorbeeld uit terrassen, beelden en andere ornamenten bestaan, met een paar grote beplante kuipen als blikvangers.

GEBRUIK VAN DE TUIN

De vraag wat u en de uwen in de tuin willen doen is ook van belang. Bent u een buitenmens en wilt u veel in de tuin zitten, dan moet er ruimte zijn voor tuinmeubels en een barbecue. Spelende kinderen en huisdieren stellen andere eisen aan de tuin.

Probeer bij het ontwerp een optimaal gebruik van de ruimte maken. Heeft u een stukje waar weinig zon komt en dat overdag wat somber oogt: zet er lelies en andere geurende planten neer, zodat het 's avonds een plezierig hoekje is. Misschien heeft u een zonnig dak-

Schaduwtuin. *Een stenen pad tussen vooral geelbloeiende planten loopt naar een witte Luteyn-tuinbank in een romantisch begroeid prieeltje.*

Zomerkleuren. *De zachte en zonnige blauwe en roze tinten van dit terras geven precies de juiste sfeer voor een ontspannen dagje in de zomer.*

terras, dat echter is blootgesteld aan rukwinden uit alle richtingen. Door afscherming kunt u een beschutte privé-ruimte maken.

DE STIJL VAN DE WONING

Woningen variëren onvoorstelbaar in vorm, afmetingen, ligging en materiaal. Van kleine flatwoningen tot kolossale landhuizen, van negentiende-eeuwse herenhuizen tot ultramoderne appartementen. Ieder decennium van onze eeuw heeft zijn eigen manier van bouwen voortgebracht.
Ongetwijfeld heeft het huis waarin u woont zijn stempel al gedrukt op de inrichting ervan. Laat dit ook voor de tuin gelden. Elke bouwstijl heeft zijn bijzondere eigenaardigheden die ook in de vorm en stijl van de tuin tot uiting kunnen komen. Het maakt daarbij volstrekt niet uit hoe groot het huis is of uit welke materialen het is opgetrokken, of het nu natuursteen, beton, gewone baksteen of hout is.
De keuze en groepering van potten en tuinmeubels kunnen in het verlengde van de bouwstijl gekozen worden, evenals de planten die de totale indruk kunnen verzachten. Puristen houden zich strak aan tuinelementen die exact bij elkaar passen, voor anderen is de sfeer die ze gezamenlijk oproepen belangrijker.

Beeldentuin. *De uitgesproken maar toch functionele stijl van deze Duitse tuin past goed bij de architectuur van het huis. Grote onregelmatig gevormde betonplaten tussen een massa keitjes leiden naar een opvallende rode sculptuur op een massief rotsblok. Een tuin voor wie durft.*

WOONTUINEN

Het idee dat een tuin, hoe klein en ongunstig ook gelegen, een gebied is waar planten de opperheerschappij bezitten, raakt steeds meer uit de gratie. Evenmin beschouwen we de stadstuin nog als een verkleinde versie van 'echte' grote tuinen.

We maken het beste gebruik van een kleine tuin als alle structuren – muren, vijvers, meubels – op zich aantrekkelijke elementen zijn, waarbij planten eerder als versiering worden gebruikt dan dat ze een overheersend element vormen.

Wanneer het ontwerp zover is dat u een gedeelte voor het eten heeft en een gedeelte om te zonnen, kan blijken dat er nog weinig ruimte voor planten over is. Dat hoeft niet erg te zijn: een heel andere aanpak zou hier mogelijk worden. Wat dacht u van een klein zwembad met golfslag, of een aantal warmwaterbassins? Dan krijgt het begrip 'tuin' een geheel nieuwe vorm.

DE TUIN WORDT GROTER...

Naast een economisch gebruik van ruimte kunnen we de tuin ook groter doen lijken. Een goed begin is om de sfeer van de tuin tot in de woning te brengen. Door bijvoorbeeld kuipen met planten op het terras te plaatsen en op de vloer van de aangrenzende kamer, vervaagt de grens tussen tuin en huis. Muren in de tuin die dezelfde kleur (of kleuren die in het spectrum bij elkaar liggen) als de binnenmuren hebben, geven hetzelfde effect.

Het is een helaas wijdverbreide misvatting dat een kleine ruimte geschikt is om er veel kleine voorwerpen in te plaatsen. Dit geeft alleen maar een overvolle en benauwde indruk. Ook de binnenhuisarchitect weet dat een vertrek groter lijkt naarmate er minder voorwerpen in staan. Hoe meer deze voorwerpen in oppervlak en structuur op elkaar lijken, des te groter lijkt de ruimte.

Dat principe kunnen we ook in de tuin toepassen om hetzelfde effect te bereiken. Beperk het aantal elementen in uw tuin, en maak ze niet kleiner, maar juist groter. Gebruik niet te veel verschillende bouwmaterialen en probeer die te laten passen bij bestaande structuren zoals de schuttingen of de muren van uw huis. Kies een aantal blikvangers en versier de tuin met een aantal zorgvuldig gekozen planten, die in flinke groepen bijeen worden gezet.

Landelijk terras *(boven). De beplanting staat langs en boven dit kleine terras, maar niet erop, zodat er ruimte overblijft om buiten te zitten en te eten.*

Italiaanse binnenplaats *(rechts). De 'bogen' vormen de verbinding met binnen. Samen met een klein aantal planten geeft dit een stijlvolle decoratie.*

EEN TUIN IN LAGEN

Deze tuin 'in etages' ligt achter een negentiende-eeuwse woning. Oorspronkelijk was er een roestige trap die van het kleine balkon naar een slordig gazonnetje liep. Omdat er geen visueel verband tussen beide bestond, stonden balkon en tuin als het ware apart van elkaar. Het doel van het ontwerp was om het geheel ruimer te doen lijken en om een oase van rust in een drukke stadsomgeving te maken.

AANDACHT VOOR TRAP EN BALKON

Het metalen balkon en de trap werden vervangen door een nieuwe constructie. Hiervoor werd hout gebruikt, om een visuele eenheid met de houten deuren en kozijnen te verkrijgen. De houten kruisverbindingen zijn kenmerkend voor de stijl van het huis. De groene kleur is gekozen vanwege de art-nouveaustijl van het interieur. Het balkon werd verbreed, zodat de stoelen uit het aangrenzende vertrek bij goed weer buiten konden staan. De zijkant van de balustrade werd verhoogd, zodat een klimplant de nodige privacy kan geven. Langs de tuin loopt namelijk een straatje vanwaar voorbijgangers hun nieuwsgierige blikken kunnen werpen.

Op de grond werd het gazon vervangen door tegels, waardoor meer eenheid met het huis werd bereikt. De zachtgele kleur past goed bij het groen geverfde houtwerk.

De planten die op het balkon staan, vormen een verbinding tussen de etages. Samen met een al bestaande boom zorgt dit voor een frisse aankleding. Het eindresultaat is een simpele, rustgevende tuin temidden van het stadsgewoel.

Etagetuin. *Een nieuw houten balkon en een nieuwe trap (ontworpen in overeenstemming met de architectuur van het huis) hebben een oude en lelijke metalen constructie vervangen. Het vroegere gazon heeft plaats gemaakt voor een bestraat terras, waarin perken zijn opengelaten voor de planten. Het balkon fungeert als een uitbreiding van de kamer boven; het terras als een uitbreiding van het vertrek beneden.*

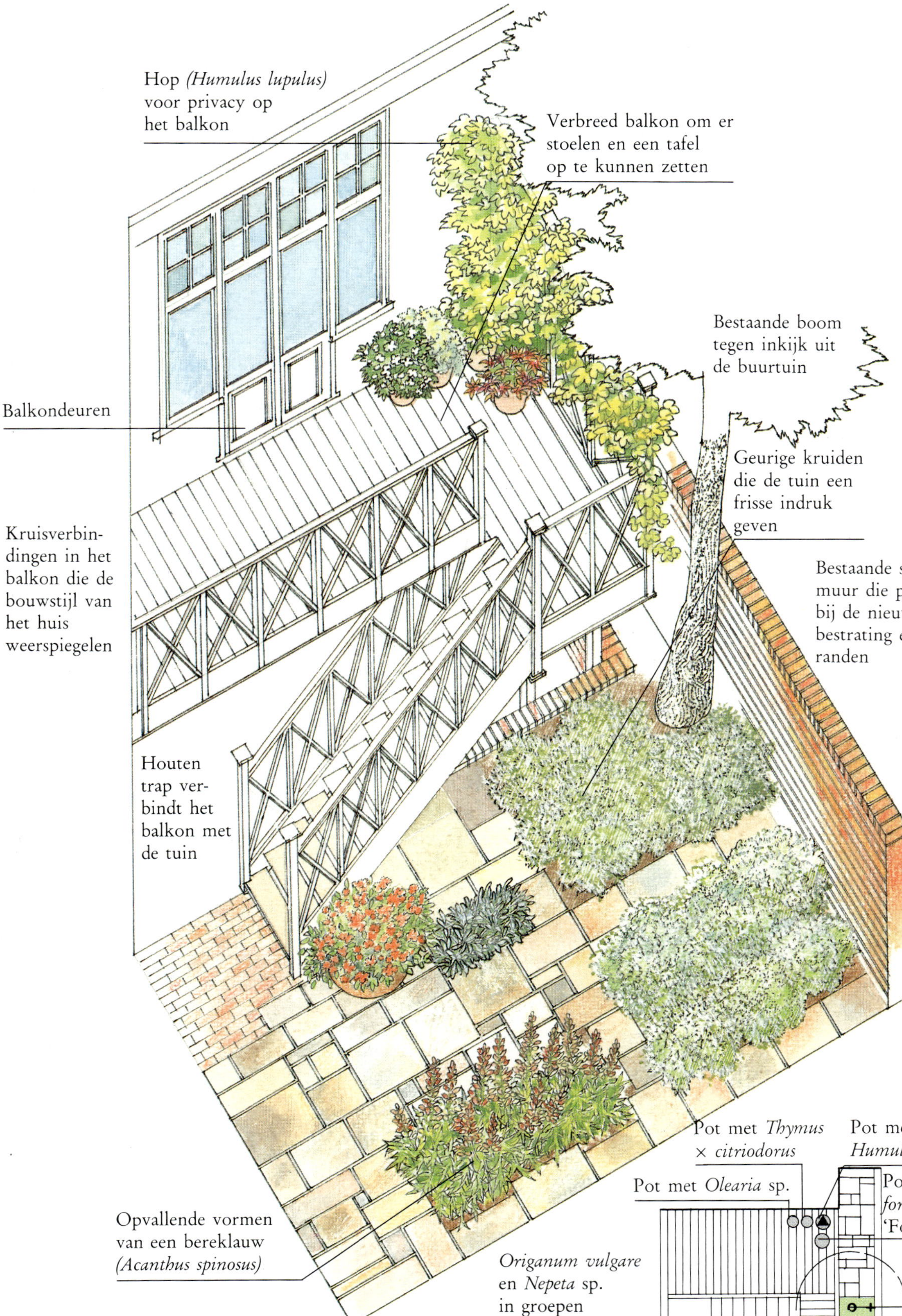
Hop *(Humulus lupulus)* voor privacy op het balkon
Verbreed balkon om er stoelen en een tafel op te kunnen zetten
Bestaande boom tegen inkijk uit de buurtuin
Balkondeuren
Geurige kruiden die de tuin een frisse indruk geven
Kruisverbindingen in het balkon die de bouwstijl van het huis weerspiegelen
Bestaande stenen muur die past bij de nieuwe bestrating en randen
Houten trap verbindt het balkon met de tuin
Opvallende vormen van een bereklauw *(Acanthus spinosus)*

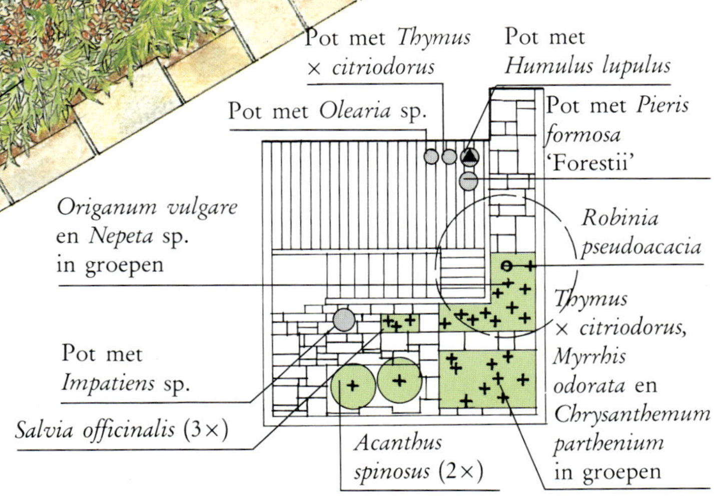
Pot met *Thymus × citriodorus*
Pot met *Humulus lupulus*
Pot met *Olearia* sp.
Pot met *Pieris formosa* 'Forestii'
Robinia pseudoacacia
Origanum vulgare en *Nepeta* sp. in groepen
Thymus × citriodorus, Myrrhis odorata en *Chrysanthemum parthenium* in groepen
Pot met *Impatiens* sp.
Salvia officinalis (3×)
Acanthus spinosus (2×)

ALLEEN OM NAAR TE KIJKEN

In overvolle binnensteden staan gebouwen soms zo dicht tegen elkaar aan, dat de tuinen niet veel meer zijn dan onaantrekkelijke en ingesloten plaatsjes. Zulke stukken grond kunnen we niet goed beschouwen als een 'buitenkamer'. Toch kunnen we van deze ruimten veel meer maken dan op het eerste gezicht mogelijk is. Het loont wel degelijk de moeite om ze op te vrolijken, zodat het een genot en geen straf is om ernaar te kijken.

VERSIEREN IN HET KLEIN

Er zijn nog heel wat mogelijkheden wat leven in zo'n 'tuin' te brengen. We moeten echter afzien van het klassieke tuinieren, alleen al omdat vaak het licht en de toegankelijkheid beperkt zijn. De versiering dient dus niet alleen van planten te komen, maar verf, spiegels, beelden en verlichting kunnen ons ook goed van pas komen.

Het is van groot belang dat het grondplan van de ruimte een relatie heeft met de structuren die deze ruimte omgeven. Probeer allereerst de bestrating in kleur en structuur te laten aansluiten bij de muren van de omringende gebouwen.

De volgende stap is om een aandachtspunt aan te brengen. Een beeldje of andere sculptuur is een eenvoudige en effectieve blikvanger (zie blz. 134-135). Zorg dat datgene wat u kiest – of het nu een klassiek standbeeld is of een moderne sculptuur – niet wordt overheerst door de omringende muren. Het moet voldoende 'karakter' hebben, en is eerder te klein dan te groot gekozen.

Planten zelf hebben zelden een voldoende krachtig uiterlijk om als blikvanger te kunnen dienen; bovendien is dit op veel plaatsen geen praktische oplossing door gebrek aan licht óf levert dit problemen op bij de noodzakelijke regelmatige verzorging. Onder wat gunstiger omstandigheden (voldoende licht, een beschutte plaats) kan bijvoorbeeld een knoestige vijgeboom een goede keuze zijn, zolang de structuur van zijn natuurlijke vorm past bij de bestrating en muren; anders komt de boom visueel geïsoleerd te staan.

Zelfs een simpel voorwerp als een groot rotsblok kan als 'beeld' fungeren. Zet er een holle plexiglazen vorm

Kijkje naar buiten *(boven). De kleine, geheel met schuttingen omgeven tuin bestaat uit rotsen, rolstenen, varens en een fraaie* Acer japonicum. *Vanuit de badkamer een aantrekkelijk uitzicht.*

Klein plaatsje *(rechts). Een trompe l'oeil (gerealiseerd met verf en latwerk) is hier gebruikt om de aanblik van een klein binnenplaatsje te veranderen. Hangende varens, waaronder* Adiantum, *een bemost cherubijntje en een miniem vijvertje completeren deze compositie.*

naast met daarin een lamp, en u heeft 's avonds iets bijzonders. U gruwt misschien van het idee, maar waarom zou in zo'n kunstmatige omgeving ook de tuinversiering niet kunstmatig mogen zijn? In een stadsomgeving misstaan plastic en metaal niet als tuinelementen.

HET OOG BEDROGEN

Een *trompe l'oeil* is een fraaie manier om de werkelijkheid te verdraaien en 'theater' te brengen in een beperkte ruimte. In de Renaissance waren de Italianen meesters in dit soort vermaak. Ze schilderden balustrades met aapjes ertussen, of een venster waarin iemand stond te wuiven. Dit soort technieken kunnen we gebruiken om meer ruimte te scheppen en om wat speelsheid in de tuin te brengen.
Met verf kunnen we ook op een simpeler manier effecten bereiken. Kleurige muren brengen licht en leven op grauwe binnenplaatsen. Door de muren binnen en buiten dezelfde tint te geven, krijgen we een sterke visuele band tussen beide.

Strategisch geplaatste spiegels kunnen dienen om een ruimte groter of lichter te doen lijken (zie blz. 72), of een ongewenst uitzicht aan het oog te ontrekken. Tuinverlichting kan helpen om een tuin die overdag saai is in de avonduren een feeërieke sfeer te geven (zie blz. 136-137).

ZONDER PLANTEN

Als de ruimte en het gebrek aan licht plantengroei sterk beperken, kunnen we planten op de muren schilderen. We kunnen echte planten ook van geschilderde soortgenoten voorzien, of op de achterliggende muur abstracte bladvormen aanbrengen.
Met snijbloemen in vazen (bij voorkeur eenvoudig qua vorm) kan zelfs het donkerste hoekje opgefleurd worden. Droogbloemen, opgehangen in grote bossen, geven een langduriger effect. *Allium,* distels en zelfs pampasgras zijn hiervoor goed geschikt.

Besloten binnenplaats. *Drie zijden van deze woning kijken uit op een plaatsje; de vierde gevel is van een nogal slecht onderhouden kantoorgebouw. Houten raamwerk in de stijl van de woning is aangebracht om een surrealistisch effect te geven. Een raamwerk met spiegels vergroot schijnbaar de ruimte en verbergt een lelijke regenpijp. De openslaande deuren worden herhaald in het raamwerk zonder spiegels links.*

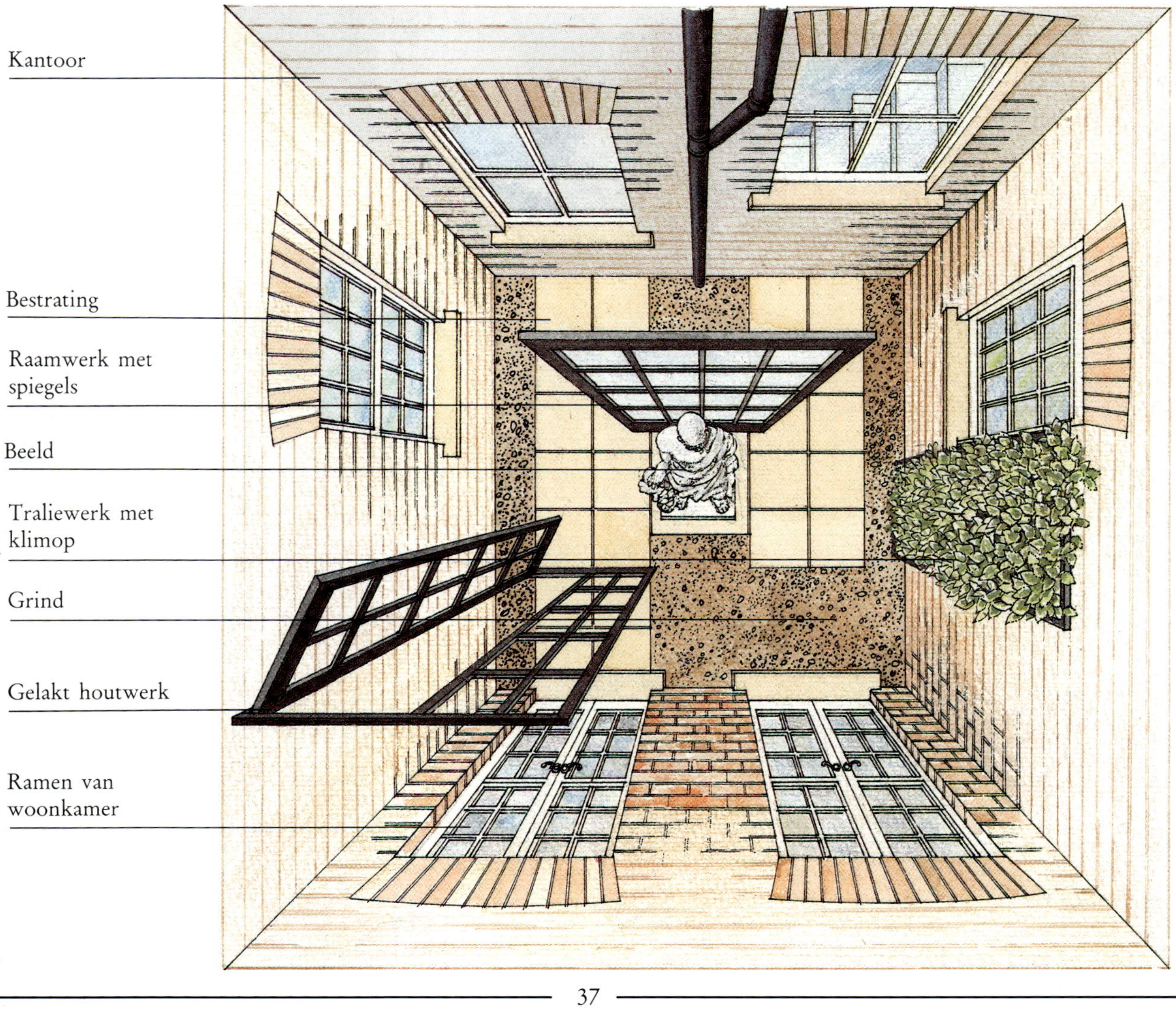

MEER WOONRUIMTE

De tuin hiernaast was oorspronkelijk een parkeerterreintje, het huis een stal. Het huis werd eerst verbouwd. Beneden kwamen een keuken en woonkamer met grote glazen deuren, zodat de tuin gemakkelijk toegankelijk zou zijn. Een andere wens was dat de tuin vanuit het huis zo goed mogelijk zichtbaar moest zijn. De tuin moest dienen als een 'uitbreiding' van de vertrekken van het huis, zodat de bewoners in de tuin konden eten en de overgang tussen huis en tuin niet te groot zijn.

HET ONTWERP VAN DE STRUCTUUR

Gezien de uitgangspunten moest er een sterke band komen tussen binnen en buiten. Dit werd bereikt door de afmetingen van de keuken te herhalen in het terras. Het plafond van de keuken keert als het ware terug in de vorm van een pergola, op dezelfde hoogte. Het hout van de deuren, ramen en pergola is ongeschaafd en overal in dezelfde tint gebeitst. Dezelfde kleur zien we ook terug in de kuipen die op het terras staan en daardoor een visuele verbinding met het grondoppervlak vormen.

Door de pergola lijkt het terras veel op een kamer, een indruk die door de klimplanten versterkt wordt. Twee tuinlampen verlichten dit deel van de tuin, zodat op zomeravonden het terras uitnodigt tot een bezoek. Bovendien kan hierdoor ook 's avonds van de tuin genoten wor-

Opvallend tuinhoekje *(boven). Twee potten met planten tegen de achtergrond van een grote distel.*

Meer woonruimte *(rechts). Een houten pergola, begroeid met klimop, bakent het terras af.*

den. Zelfs in de wintermaanden, als het vroeg donker wordt en buiten zitten niet altijd mogelijk is, kan er op deze manier een maximaal profijt van de tuin getrokken worden.

MATERIAALKEUZE

De tuin is bedekt met tegels en split. Het terras zelf is even groot als de keuken, waarbij de tegels even groot zijn als het deurpaneel breed is. Hierdoor wordt de visuele band tussen binnen en buiten versterkt. De kleur van de nieuwe bestrating past goed bij de honingachtige kleur van de oorspronkelijke staltegels, die naast de keuken nog te zien zijn. De staltegels werden in een ritmisch patroon over een bestaande afvoergeul gelegd, bovendien werd hiermee een verbinding naar het nieuwe terras gemaakt.
De keuze viel op lichtbruin split; deze kleur harmonieert met de tegels en steekt goed af tegen de beplanting in de perken met bakstenen randen en in het split. Langs de tuinmuur werd een deel afgegraven en met goede tuingrond gevuld, waarna de rand met baksteen – in dezelfde kleur als de muur – werd afgezet.

DE BEPLANTING

Planten met goud- en zilverkleurig blad contrasteren mooi met het donkere hout van de pergola, deuren en kozijnen. In combinatie met het lichtbruine gravel geeft dit een heldere en zonnige indruk. Twee bomen met lichte bladkleur werden geplant: een zilverbladige *Eucalyptus gunnii* (niet geheel winterhard, maar bijvoorbeeld te vervangen door de zilverwilg, *Salix alba* 'Sericea') tussen de liggers van de pergola aan de zijde van het huis, en een goudkleurige *Catalpa bignonioides* 'Aurea' rechts. Die goudkleur keert terug in andere planten, zoals vrouwenmantel *(Alchemilla mollis)* met zijn geelgroene bloemen, en de goudgele *Euphorbia characias* sp. *wulfenii.* De zilverkleur herhaalt zich in *Helichrysum petiolare* 'Limelight', *Stachys lanata* en *Artemisia* 'Powis Castle'. *Hosta* sp. en andere planten met krachtige vormen, zoals *Yucca recurvifolia,* vormen een permanente achtergrond waartegen teerdere planten als kattekruid *(Nepeta × faassenii)* en *Alchemilla mollis* goed uitkomen.

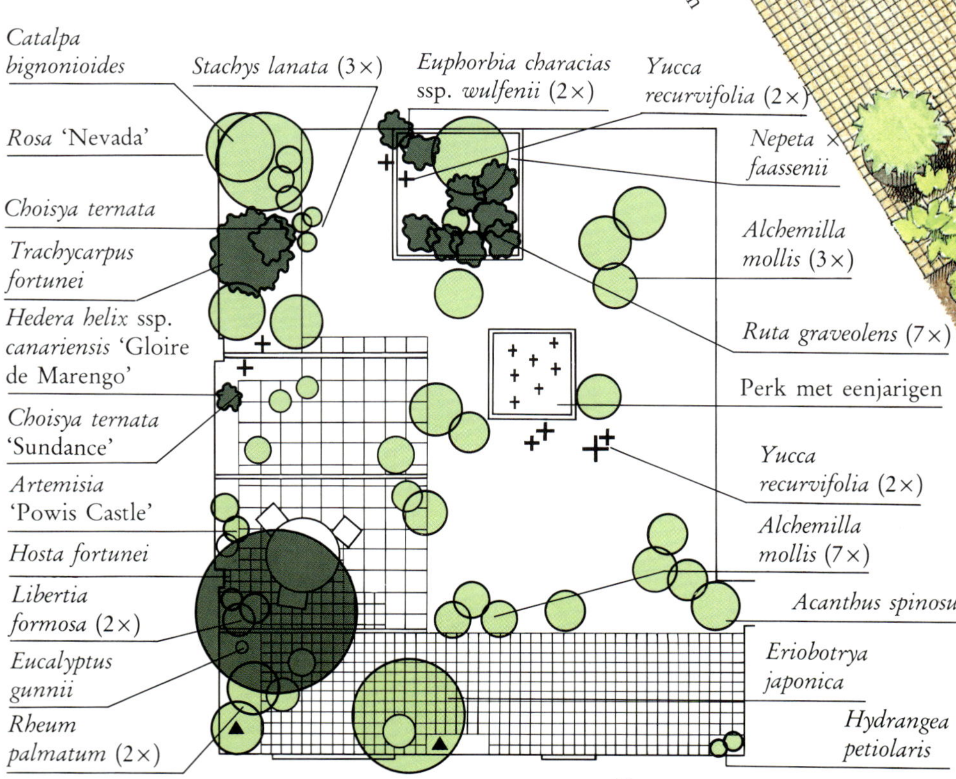

Gebruik van planten *(onder). Gele* Alchemilla mollis *(voorgrond) en witte* Chrysanthemum *sp. geven een heldere en zonnige sfeer.*

KLASSIEK EN CHIQUE

De sterke structuur van deze kleine stadstuin houdt de aandacht vast en voorkomt dat een naburige grote gewone plataan *(Platanus × acerifolia)* de tuin geheel gaat overheersen. De tuin ligt achter een huizenblok van vijf verdiepingen. De plataan is door zijn afmetingen visueel opgewassen tegen de omgeving. Weliswaar neemt de boom veel licht weg, maar hij geeft ook privacy tegen blikken uit de huizen van de overkant.

HET ONTWERP

De eigenaars van deze negentiende-eeuwse woning hebben het interieur met veel smaak ingericht. Deze stijl keert terug in de heldere scherpe lijnen van het ontwerp. De meeste vlakken zijn geconstrueerd in dezelfde baksteen als het huis, waardoor huis en tuin verbonden worden. Als de plataan zijn bladeren heeft laten vallen, is de tuin goed zichtbaar vanuit de woonkamer, maar ook vanaf de eerste verdieping. Daarom is gekozen voor een geometrisch tuinplan dat vanaf iedere hoogte aantrekkelijk is om te zien.

De eigenaars wilden een tuin waar ze 's zomers rustig konden zitten en waar achterin – waar wat meer zon komt – gegeten kon worden. Hiertoe werden twee terrassen aan de linkerkant van de tuin aangelegd. De rechterzijde is geheel vrij gehouden, zodat over de hele lengte een zeil gespannen kan worden voor feestjes en speciale gelegenheden. De

Van bovenaf *(boven). Bestrating en grind geven een visueel opwindend patroon.*

Gebruik van het patroon *(rechts). Een L-vormig deel met grind verbindt twee terrassen.*

toegang tot de tuin ligt in het verlengde van de hal, die door het hele huis loopt. Vanhier is de tuin tot achteraan zichtbaar. Het onbelemmerde uitzicht benadrukt deze visuele 'as' die huis en tuin met elkaar verbindt.

STRUCTUUR EN BEPLANTING

Behalve langs de randen, waar enige borders waren aangebracht, was de tuin oorspronkelijk geheel met gras bedekt. Een oppervlak met alleen baksteen zou een erg massieve indruk geven, daarom werd er op sommige stukken lichtbruin grind toegepast. De stenen paden en terrassen zijn gelegd in beton. Ze vormen een doorlopend geheel van de ene zijde van de tuin naar de andere.

De bestaande borders werden niet verwijderd, maar de al aanwezige muurtjes werden verhoogd tot 75 cm, zodat ze ook als tijdelijke zitplaats kunnen dienen wanneer het gewone tuinmeubilair niet toereikend is.

Om de laag gelegen eetkamer lichter te maken, werd de grond die onmiddellijk voor dit vertrek lag over een lengte van drie meter afgegraven, zodat een groot deel van de tuin zichtbaar werd, tot aan de stenen muur die in het achterste gedeelte van de tuin staat. Deze dient nu als ondergrond voor een bak met kleurige eenjarigen, maar in de toekomst zal de muur als sokkel voor een beeld fungeren. Deze muur is tevens deel van de zithoek, die verder bestaat uit teakhouten meubels en zitplanken. Hoewel de eigenaars van beroep ontwerpers van elegante Italiaanse stijlmeubelen zijn, kozen ze voor de tuin toch een meer robuuste uitvoering.

Er staan veel schaduwplanten, zoals varens, bamboe en klimop. Het grootste deel van de tuin ligt immers in de schaduw, de rest krijgt slechts een deel van de dag zon.

De planten staan vooral in de verhoogde bakken, zo voldoende ruimte overlatend in het midden van de tuin voor zomers vertier. Planten in grind (zie blz. 206), waaronder *Alchemilla mollis* en *Iris foetidissima*, maken dat dit gedeelte niet te kaal is. Flinke groepen wintergroene planten (*Choisya ternata* en *Skimmia japonica*) zorgen ervoor dat de tuin er ook 's winters groen en voldoende gevuld uitziet.

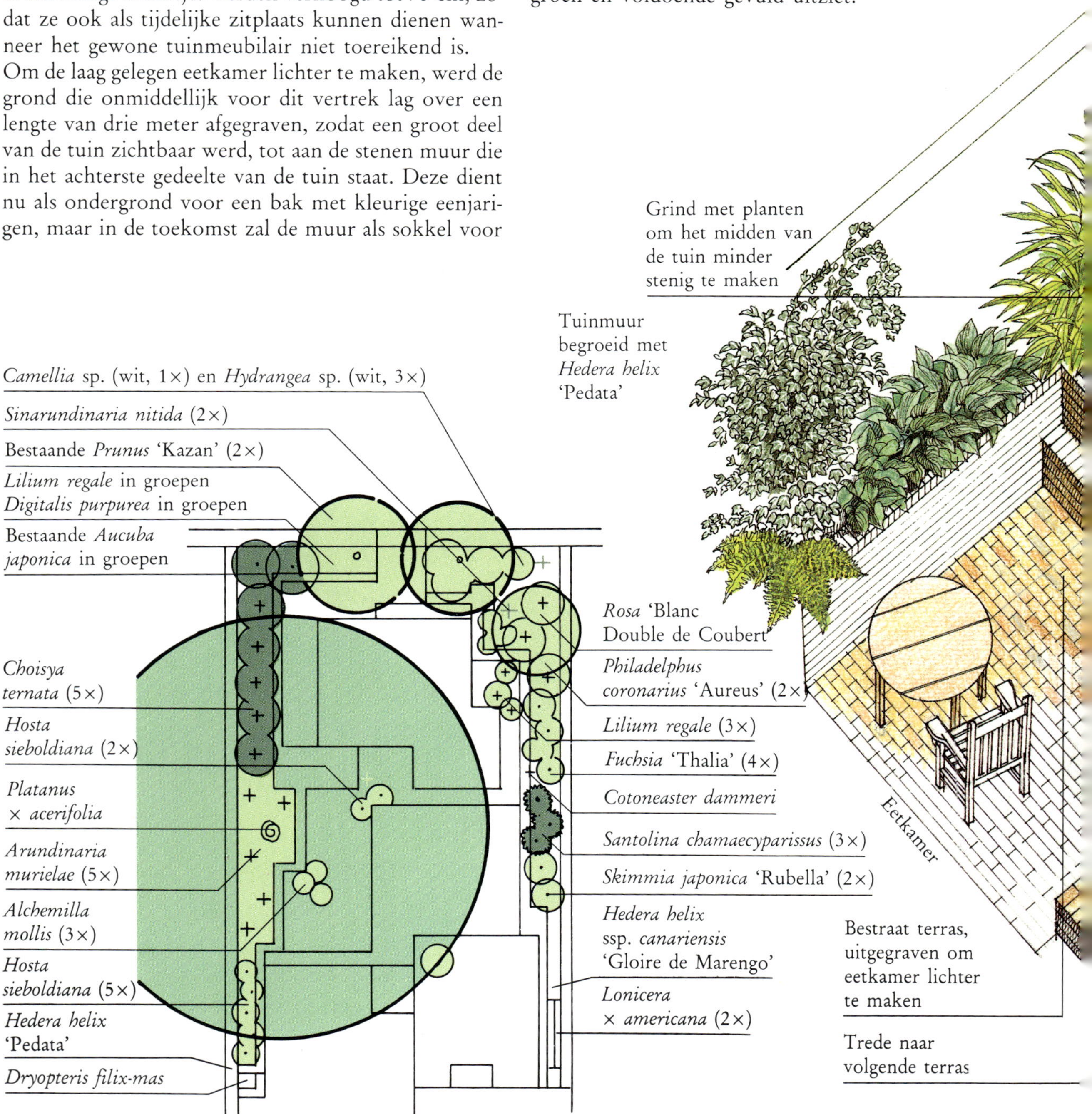

Ruimte om te ontspannen *(onder). Deze eenvoudig gevormde zithoek is omringd door planten. De pastelkleurige vlijtige liesjes in de schaal vormen een delicaat accent.*

HET HELE GEZIN

Deze tuin was bij mijn eerste bezoek een rechthoekig, verwaarloosd gazon met borders langs de rand. De eigenaars, die al besloten hadden tot uitbreiding van hun (uit de negentiende eeuw stammende) huis, vonden dit een geschikt moment om ook de tuin eens aan te pakken.
Hun doel was een tuin waarin zijzelf en de kinderen zich goed konden vermaken. Behalve een terras om bij goed weer de maaltijd te kunnen gebruiken, wilden ze een zitbank hebben. Deze moest staan op een verhard gedeelte bij de kleine werkruimte die achterin de tuin ligt. Andere wensen waren een zandbak en een veldje voor de kinderen om te kunnen spelen. Het ontwerp ontwikkelde zich aan de hand van deze wensen tot een reeks 'tuinkamers'.

RUIMTE VOOR DE KINDEREN

In het algemeen geef ik de voorkeur aan grind boven gras in kleine tuinen. Kleine grasveldjes zien er vaak wat deprimerend uit, vooral 's winters als ze dofgroen en modderig zijn. Grind is echter niet prettig en veilig voor kinderen om te spelen; daarom kwam er toch een klein grasveld. Langs de rand werd dit met baksteen afgezet zodat het goed past tussen de terrassen, als een Perzisch tapijt op een tegelvloer.
Om een te sterke indruk van regelmaat te vermijden werden de 'tuinkamers' diagonaal aangelegd. De zigzag-vormen worden benadrukt door de stenen omlijsting. De grote verhoogde border dient ook om het hoogteverschil (van rechts naar links in de breedte aflopend) in de tuin op te vangen.

Potten en kruiken *(boven). Een groep potten en een alleenstaande oude stenen kruik.*

De nieuwe eetkamer *(rechts). Een overvloedige beplanting geeft de nodige privacy.*

De kleinere hoogteverschillen blijven zichtbaar in de terrassen. Een lage trede leidt van het terras dat het dichtst bij het huis ligt naar het kleine gazon. Vandaar af leidt een andere trede naar het verharde deel bij de werkruimte.
Het laagste punt van de tuin is dus het grasveldje. Dit ligt op een laag grond van 25 cm dik, met daaronder een 50 cm diepe laag puin. Hierdoor loopt het regenwater snel door het gras weg in de dieper gelegen grondlagen en blijft het veldje ook na veel regen droog.

PERSOONLIJK TINTJE

De tuin ontleent een belangrijk deel van zijn charme aan de verzameling bric-à-brac die door de bewoners overal vandaan is opgeduikeld. Tijdens vakantiereizen en speurtochten langs rommelwinkeltjes verzamelen ze alles wat bruikbaar lijkt voor de tuin. Verspreid over de tuin staan oude ketels, gevuld met planten, terracotta potten (waarin gaten zijn geboord voor de waterafvoer), stenen vazen, rolstenen en stukken rots.

BEPLANTING

Omdat de tuin aan twee andere tuinen grenst, en aan de derde zijde aan een flatgebouw, is een van de voornaamste functies van de beplanting om privacy te geven. Vooral klimplanten zijn hier op grote schaal toegepast.
Verschillende klimop-variëteiten groeien tegen de zijmuren en langs traliewerk. Achterin staat een geurende *Lonicera periclymenum.*
Groenblijvende planten zoals bamboe en *Euonymus fortunei* vormen een stevige achtergrond voor een massa kleurige eenjarigen en vaste planten, zoals roze en witte *Astilbe,* paarse kattestaart en kruipende boterbloemen. Hortensia's en varens staan op schaduwrijke plekjes. Kruiden, geraniums en kleinbladige klimop groeien in bakken die overal in de tuin staan.

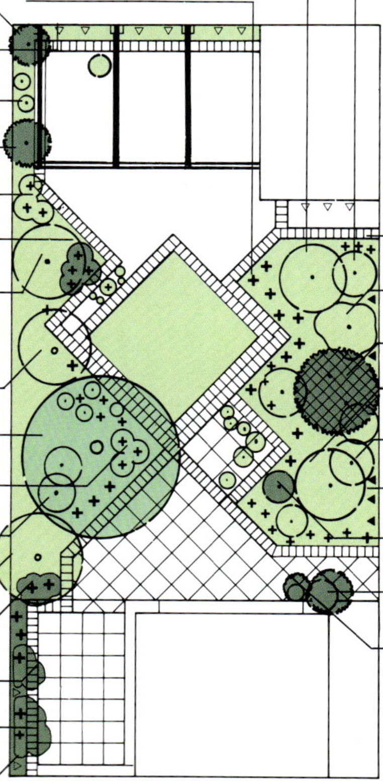

Vreedzaam oord
(rechts). Guirlandes van kamperfoelie achter de zitbank vormen een geurig prieeltje onder de houten pergola.

OASE IN DE STAD

Deze tuin is een typisch voorbeeld van een ingesloten stadstuin, met haast geen privacy, vrij donker en dus ook planten die snakken naar zonlicht. De omringende huizen en hun tuinen liggen er vlak tegen aan, zodat de tuin er wat 'verloren' bij ligt. Om de blik niet van de tuin te laten afdwalen, zijn sterke bladvormen en een goed basispatroon noodzakelijk.

DE VERANDERING

Toen ik deze tuin tien jaar geleden voor het eerst bezocht, was er weinig interessants te vinden, afgezien van een 2 m hoge schutting en een volwassen meelbes (*Sorbus aria* 'Lutescens'). De plaats van deze boom inspireerde tot het patroon van rechthoekige bestrating dat naar de boom loopt. De zithoek maakt het geheel visueel aantrekkelijker.
De levendige stijl van de tuin ligt in het verlengde van het interieur van de woning. Stenen en tegels zijn gelijk aan die van de aangrenzende keuken. Het grind vormt een plezierig contrast met de bestrating en ziet er het hele jaar door netjes uit. Beelden op het terras en tussen de planten geven het geheel een eigen karakter.
Toen de oude tuin was opgeruimd, werden eerst de betegelde terrassen aangelegd. Tussen de terrassen is wat niveauverschil, wat de aandacht trekt naar de L-vormige houten bank bij de boom, waar het 's zomers goed toeven is.

Buitenkamer *(boven). Stenen varkentjes geven hier een verrassend accent.*

Van opzij bekeken *(rechts). Het betegelde terras trekt de blik naar de zithoek.*

De terrassen zijn met baksteen afgezet. De stenen zijn in een gestorte betonnen onderlaag aangebracht. Het gedeelte met grind werd op dezelfde wijze afgebakend. Voor de aanleg van dit gedeelte werd de bodem goed geëgaliseerd met een 10 cm dikke laag grof grind, waar de bovenste laag van gewassen grind werd ingerold. Het grind kan goed belopen worden, maar er kunnen ook gemakkelijk planten in worden gezet.
Er werd ook een wit geverfd vurehouten hekwerk aangebracht, waarvan de maten afgestemd zijn op de afmetingen van de keukenramen. Het latwerk staat niet alleen voor de donkere schutting, maar steekt er voor een deel ook boven uit, zodat de massieve aanblik wat luchtiger werd.

STRUCTUREN

De pergola bestaat uit eenvoudige witgeverfde planken, die aan zwartgeverfde ijzeren palen in een betonnen voet bevestigd zijn. De palen zijn tussen de keukenramen geplaatst; de afmetingen van de pergola zijn afgestemd op een uitspringend deel van het daarnaast gelegen huis. Een druif groeit over de pergola heen. Als 's zomers de druif volop in blad staat, wordt de keuken goed afgeschermd tegen het felle ochtendlicht.
Voor het tuingereedschap is achter de pergola een klein schuurtje gemaakt, dat (evenals de pergola zelf, de deuren en de raamkozijnen) een witte kleur heeft gekregen.

BEPLANTING

Er staan voornamelijk groenblijvende planten, zodat de harde lijnen van de tuin het hele jaar door verzacht worden. *Skimmia japonica* en *Fatsia japonica* doen het goed in de schaduw. Tegen het latwerk groeien grootbladige klimop (*Hedera helix* ssp. *canariensis* 'Gloire de Marengo' en *H. colchica* 'Dentata Variegata') en twee kamperfoelies (*Lonicera periclymenum* 'Serotina' en *L. periclymenum* 'Belgica'). Deze beplanting geeft in de zomer de tuin een effectieve bescherming tegen inkijk. De oorspronkelijke beplanting is verloren gegaan tussen de nieuwe groenblijvende planten, maar een *Acanthus spinosus* in het grind is in volle glorie blijven staan. Op de voorgrond staan *Bergenia* 'Silberlicht' met zijn dikke blad en *Artemisia* sp. met zijdeachtige grijze bladeren. De kleur komt nu van terracotta bakken met eenjarigen, die hier en daar op het terras staan, twee *Hydrangea macrophylla* struiken en wat klimplanten. In potten staan kruiden zoals laurier en rozemarijn. Ze dienen niet alleen als versiering, maar worden ook in de keuken gebruikt.

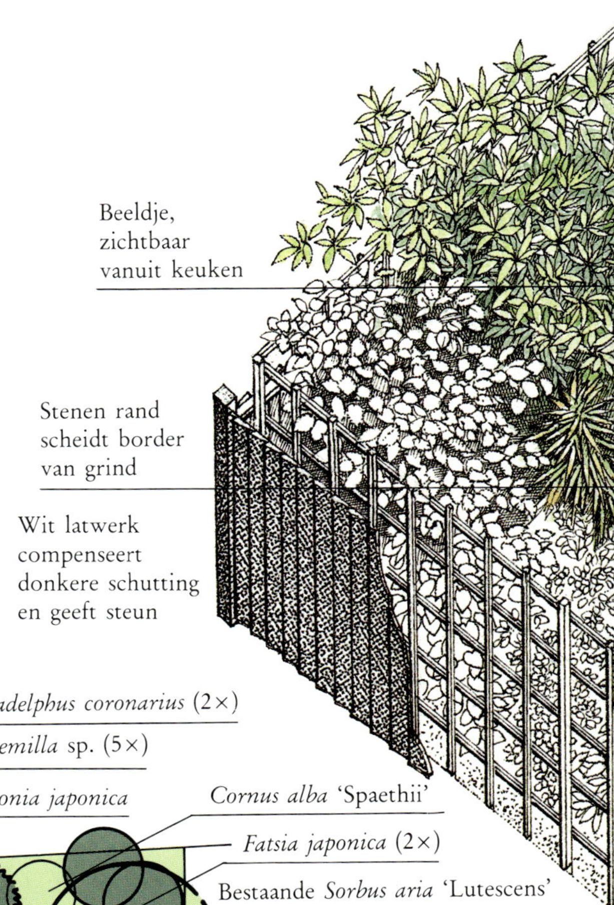

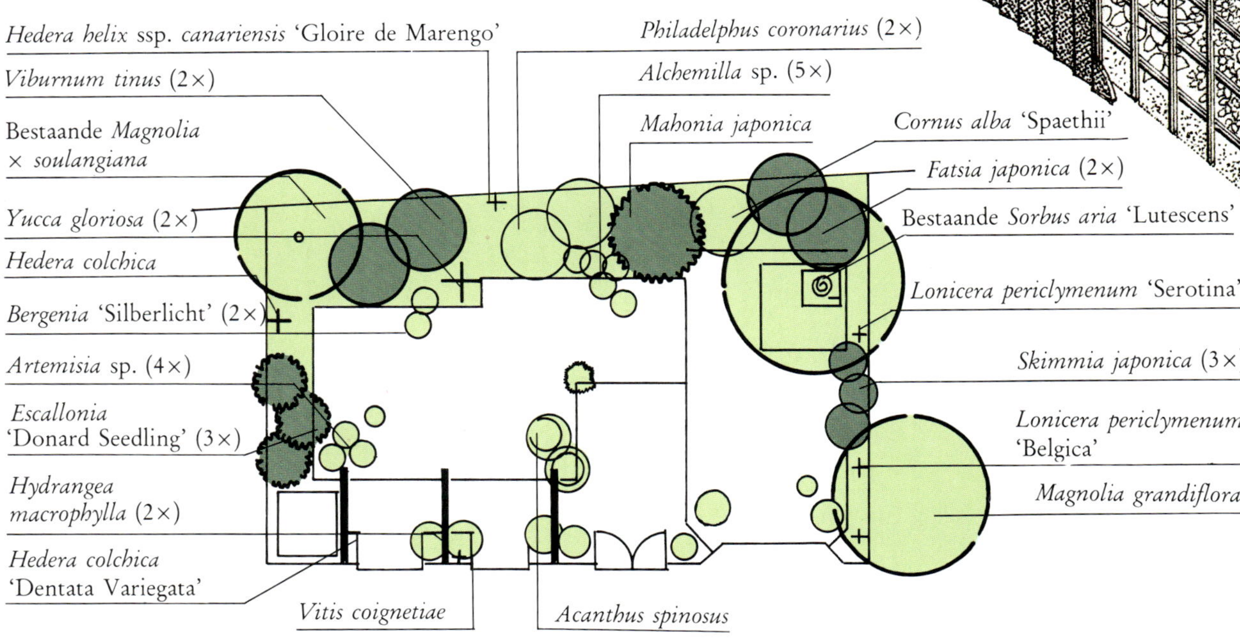

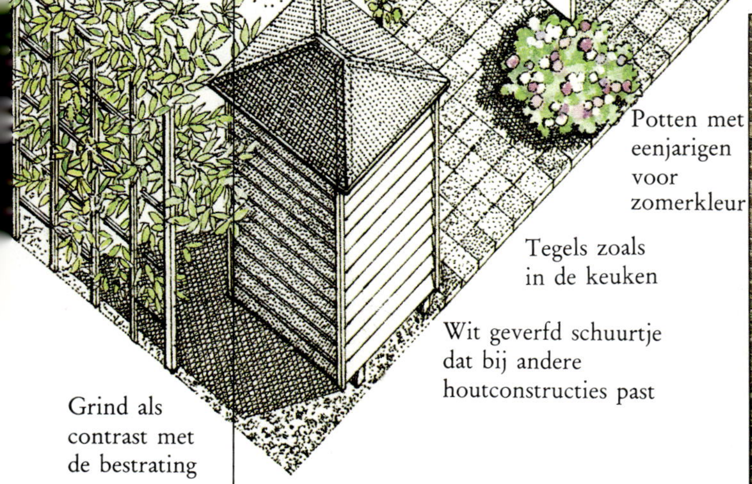

Ingang van de keuken *(onder). Witgeverfde liggers geven steun aan een elegante druif. Kruiden (waaronder laurier) staan heel praktisch dicht bij de keukendeur.*

LANDELIJKE STIJL

Deze kleine, landelijk aandoende tuin ligt in een oude binnenstad, vlak naast een kerk. De eigenares was hiernaar toe verhuisd vanuit een woning met een grote tuin op het platteland. Ze wilde in deze tuin dezelfde sfeer hebben en haar grote passie – het kweken van planten – voortzetten, zij het op kleinere schaal.

DE PLAATS

Grenzend aan het huis en een uitbouw daarvan lag een terras. Via een opstapje kwam men van hieraf bij een veldje met veel hoog gras, dat er nogal verwaarloosd bij lag. Tijdens de verbouwing had het min of meer de functie van vuilstortplaats gekregen. Langs de muren lagen borders.

Een open ruimte was hier vereist, om plaats te bieden aan tuinmeubels en een werkhoek; daarom kon het terras naast het huis blijven bestaan. Ook visueel was het van belang om een open ruimte te hebben, ter compensatie van de weelderige plantegroei die in de rest van de tuin moest komen. Het ontwerp was daarom bedoeld om de tuin een structuur te geven waarin een grote hoeveelheid landelijke planten kon worden opgenomen, zonder te overheersen, en die zou passen bij de omgeving van het huis. Hoe losser en weelderiger de plantengroei, des te belangrijker is het om een basis van harde materialen en sterke vaste plan-

Een vleugje platteland *(boven). Zachte kleuren en landelijke planten resulteren hier in een ontspannen sfeer.*

Visuele verbinding *(rechts). Grind, bestrating en planten werken samen om huis en tuin visueel te verbinden.*

ten te hebben. In tegenstelling daarmee worden in een tuin waar het kweken van planten niet op de eerste plaats komt, planten juist gebruikt om de strakke lijnen van de harde materialen te verzachten.

HET BASISPATROON

Slechts een deel van de bestaande borders bleef behouden. Het gras werd verwijderd en vervangen door een combinatie van grind, baksteen en natuursteen. Baksteen werd gebruikt om een opstapje te maken, de perken af te zetten en enkele eenvoudige afscheidingen tussen de verschillende delen van de tuin aan te brengen. Een laag fijn lichtgekleurd grind (ingerold in een 5 cm dikke laag grof grind) dient als contrast met de planten die erin groeien.
Tegels, passend in kleur bij het grind en de muren van de woning, werden hiertussen gelegd. Ze dienen niet alleen als doorgaande route, maar ook om gemakkelijk bij iedere plant te kunnen komen voor de verzorging. De tegels zijn in een strak patroon gelegd, in tegenstelling tot de losse groepering van de planten.

BEPLANTING

De overvloed aan planten en hun losse rangschikking geven zacht golvende lijnen, die zo kenmerkend zijn voor een landelijke tuin. Wie veel verschillende planten wil hebben, zoals de eigenares van deze tuin, moet wel beseffen dat hun verzorging veel tijd en aandacht vraagt.
De harmonieuze en kalme sfeer die in deze tuin heerst komt voor een belangrijk deel omdat de planten in groepen bij elkaar zijn geplaatst. Door overal individuele exemplaren te zetten wordt de sfeer onrustiger en chaotischer. De kleuren zijn met zorg uitgekozen. De groene, grijze en gouden kleuren van het gebladerte vormen een rustige achtergrond voor de fellere bloemkleuren, die vooral een bijdrage van de eenjarige planten zijn.
Groenblijvende planten zoals *Mahonia japonica* en *Viburnum × burkwoodii* geven structuur aan de beplanting en zorgen ervoor dat de tuin ook 's winters aantrekkelijk is. Hun donkergroene blad steekt af tegen grijze planten zoals *Senecio* 'Sunshine', *Hebe pinguifolia*

Geometrisch patroon als contrast met zachte vormen van planten

Trede vanaf het terras naast het huis

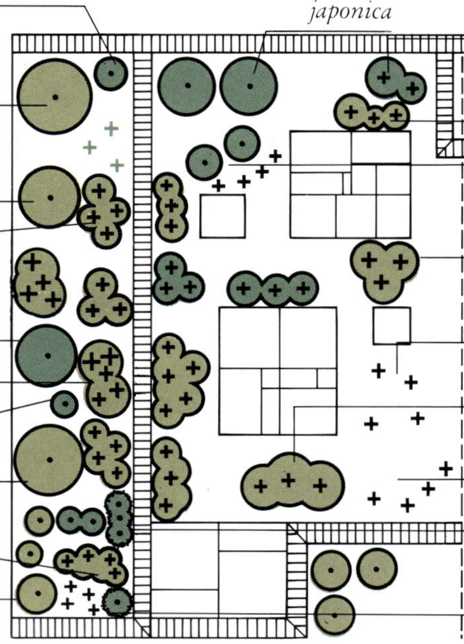

Verzachten van een afscheiding *(rechts). Planten in potten verzachten de afscheiding tussen het bestrate terras en de rest.*

'Pagei' en *Lavandula angustifolia,* het paarsbronzen blad van *Ajuga reptans* 'Burgundy Glow' en de rode takken van *Cornus alba.*
Bladverliezende struiken zoals *Philadelphus coronarius* met zijn spits-ovale blaadjes en een gevlekte *Cornus alba* geven de tuin 's zomers een volle aanblik.

Van bovenaf. *Een tuin moet er van bovenaf even aantrekkelijk uitzien als vanaf de begane grond. Hier vormen bestrating en grind een onderliggend patroon voor de beplanting.*

DE KLEUREN VERBINDEN

In de traditionele landelijke tuin groeien de planten in zorgvuldige bedachte kleurenschema's. In de linker border vormen kattekruid *(Nepeta × faassenii), Matthiola incana* en *Aquilegia* sp. een fraaie combinatie van zachtpaars, roze en wit. De groenblijvende *Bergenia cordifolia* die daartussen groeit, vormt een krachtige achtergrond hiervoor. Deze planten maken de tuin ook 's winters boeiend om te zien, ondanks de afwezigheid van eenjarigen en bloeiende struiken.
Dit kleurenschema is ook in de rest van de tuin te vinden: roze rozen (*Rosa* 'Comte de Chambord'), witte rozen (*Rosa* 'Pearl Drift'), roze spoorbloemen (*Centranthus* sp.), *Matthiola incana, Geranium endressii* en lavendel *(Lavandula angustifolia).*
Een tweede kleurenthema naast paars/roze/wit is goudgeel. Rechts in de tuin groeien citroenmelisse (*Melissa officinalis* 'Aurea') en majoraan (*Origanum onites* 'Aureum') tussen vrouwenmantel *(Alchemilla mollis).*
De tuin is zowel van beneden als van bovenaf aantrekkelijk om te zien. De kleuren van de planten contrasteren met die van de harde materialen; hun zachte vormen combineren goed met de scherpe structuur van het grind en de gladde tegels. Er is opzettelijk geen grasveldje in het ontwerp opgenomen. Dat zou alleen maar afbreuk doen aan de weelderige sfeer.

GEURENDE PLANTEN

Geurige planten maken een tuin extra aantrekkelijk. Hier geven de rozen hun zoete aroma af, samen met de heerlijke bloesemgeur van boerenjasmijn *(Philadelphus coronarius).* De kruidentuin met kattekruid, lavendel, citroenmelisse en majoraan levert ook een bijdrage. 's Winters is er de *Mahonia japonica* (vanaf het najaar tot ongeveer het midden van de lente) met zijn naar lelietjes-van-dalen geurende bloemen. Bij goed weer dringen de geuren ook naar binnen, want het kattekruid groeit naast het huis en een klimroos groeit langs deuren en ramen.
Bijen en vlinders worden aangetrokken door deze geuren en kleuren en maken de tuin nog landelijker van karakter.

ONTWERP

Neem pen en papier ter hand en begin met ontwerpen. Alleen een doordacht ontwerp haalt alles uit uw kleine tuin.

Stap voor stap ziet u hoe de ruimte ingedeeld wordt en hoe u gebruik kunt maken van kleuren, vormen en 'speciale effecten'. Een aantal voorbeelden geeft inspirerende ideeën voor het veranderen van tuinen, van keldertuinen tot vensterbanken.

CREATIEF SCHUIVEN

Het woord 'ontwerpen' komt wellicht wat beangstigend op u over, alsof het een bezigheid is die alleen is voorbehouden aan een selecte groep deskundigen, mensen die precies weten wat esthetisch verantwoord is en wat niet. Toch bent u al voortdurend met ontwerpen bezig. Iedere keer als u in huis iets verplaatst of nieuw koopt, is dat volgens dezelfde principes als het ontwerpen van tuinen. U laat daarbij praktische overwegingen een rol spelen: is het gemakkelijk schoon te maken, staat die lamp zo goed om voldoende licht op tafel te geven? Maar ook wilt u de kleur, vorm en structuur van de spullen die bij elkaar staan zo goed mogelijk bij elkaar laten passen, zodat er een totaalbeeld ontstaat dat niet alleen functioneel is, maar ook fraai oogt.
In de tuin doen we niet anders. De verschillende tuinelementen, zoals een terras, vijver en planten, worden zo goed mogelijk gerangschikt. Een goed ontwerp benut de ruimte optimaal. Immers, hoe groter de samenhang tussen de onderdelen is, hoe ruimer de tuin lijkt.
De basistechnieken van het ontwerpen staan op de volgende zes bladzijden. Toepassing van kleur, vorm en specifieke effecten komt daarna aan bod. Als u dit alles heeft bekeken, kunt u aan de slag met uw eigen tuin, hoe gering de afmetingen ook mogen zijn en hoe ongunstig de ligging ervan ook mag zijn.

Alleen een muur *(boven). Zelfs als u alleen tegen een muur aankijkt, kan een creatief ontwerp een verrassend effect geven.*

Een gevoel van ruimte *(rechts). Een goed ontwerp kan een verbazende ruimte suggereren in een kleine tuin.*

HET ONTWERP

Ruimte benutten. *Bij het ontwerp maakt u zo goed mogelijk gebruik van de ruimte. Hier leiden twee verhoogde terrassen naar een vijver, waarvan de randen ook als zitplaats en ondergrond voor potten dienen.*

Ontwerpen bestaat uit vijf stappen: de vraag wat de mogelijkheden zijn en wat uw wensen zijn; het opmeten; het maken van een plattegrond; het maken van het basispatroon; en ten slotte de vertaling naar materialen en planten. Dit proces wordt geïllustreerd aan de hand van het ontwerp van een kleine stadstuin.

MOGELIJKHEDEN EN WENSEN

Kijk naar de ligging van de tuin. De lichtval en de beschutting tegen de wind hebben een belangrijke invloed op het ontwerp. Is er veel schaduw? Welke plaatsen krijgen zon? Zijn er lelijke plekken die verstopt moeten worden? Maak ook een lijst van de wensen van u en uw huisgenoten: wat wil ik in de tuin gaan doen? Wil ik veel buiten zitten? Is er veel tijd om in de tuin te werken? Wilt u uitgebreide mogelijkheden om tuinfeesten te organiseren of reserveert u liever wat ruimte voor de kinderen, die wellicht een eigen bloementuintje of een hoek met een zandbak eisen?

DE OPDRACHT VOOR HET ONTWERP

De kleine tuin in dit voorbeeld ligt achter een terraswoning en loopt af naar een garage. Overal was gras; achterin de tuin stond een lelijke olietank. Beide kamers beneden hebben tuindeuren. De eigenares wilde een tuin met weinig onderhoud, een duidelijk pad naar de garage en een terras bij de keuken. De ontsierende olietank moest blijven staan, maar diende geheel aan het oog te worden onttrokken. Ook moest er een vijver komen, om vogels aan te trekken: de eigenares had in haar vorige tuin een vogelbadje. Na bodemonderzoek bleek dat de grond ter plaatse basisch was, wat voor het kiezen van de juiste planten van belang was.

OPMETEN

Teken eerst een ruwe plattegrond, waarop u de afmetingen kunt noteren. Meet dan de breedte en de lengte van de tuin op. Als de tuin niet keurig rechthoekig is, moet u alle zijden opmeten. Maak aantekeningen van de maten van de belangrijkste tuinelementen (bomen, perken en in dit geval de olietank). Geef voor elk daarvan aan wat hun afmetingen, hoogte en ligging is. Geef bovendien op de schets al aan hoeveel de afstanden van deze tuinelementen tot het huis en de rand van de tuin bedragen. Bepaal ook de afmetingen van deuren en ramen, en de richting waarin ze opengaan, en geef hun ligging op de tekening aan.

DE PLATTEGROND

Vervolgens maakt u een nauwkeurige plattegrond met schaal 1:50 (1 cm op de tekening is dan in werkelijkheid 50 cm) of 1:25, naar gelang de grootte van het pa-

Opmeten *(rechts). Voordat het eigenlijke ontwerpen begint, maakt u eerst een ruwe schets van de plaats. Hierop geeft u de afmetingen (lengte en breedte) aan van de tuin en van de bestaande tuinelementen. Probeer erachter te komen waar leidingen en kabels liggen en maak er een aantekening van. Voor deze plattegrond werden de afmetingen van de tuinmuren, de ramen, deuren en de olietank genoteerd.*

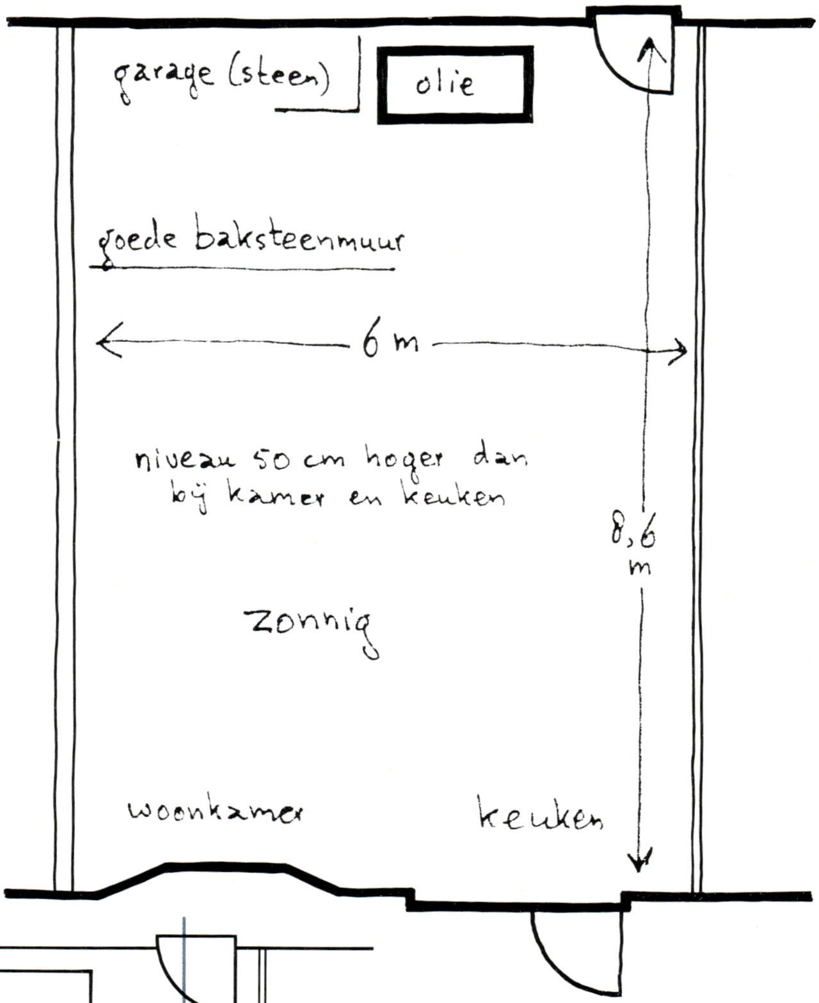

Schaaltekenen *(onder). Met behulp van een liniaal voor schaaltekenen wordt de ruwe plattegrond omgezet in een nette tekening (schaal 1:50 of 1:25, afhankelijk van de maten van het papier en de tuin). Op een apart vel wordt een rooster getekend waarvan de vierkanten gelijk zijn (of de helft of een veelvoud) aan de lengte van een bestaande structuur. Meestal is dit de breedte van een raam; hier is dat de breedte van keukenraam en -deur in de inspringende muur.*

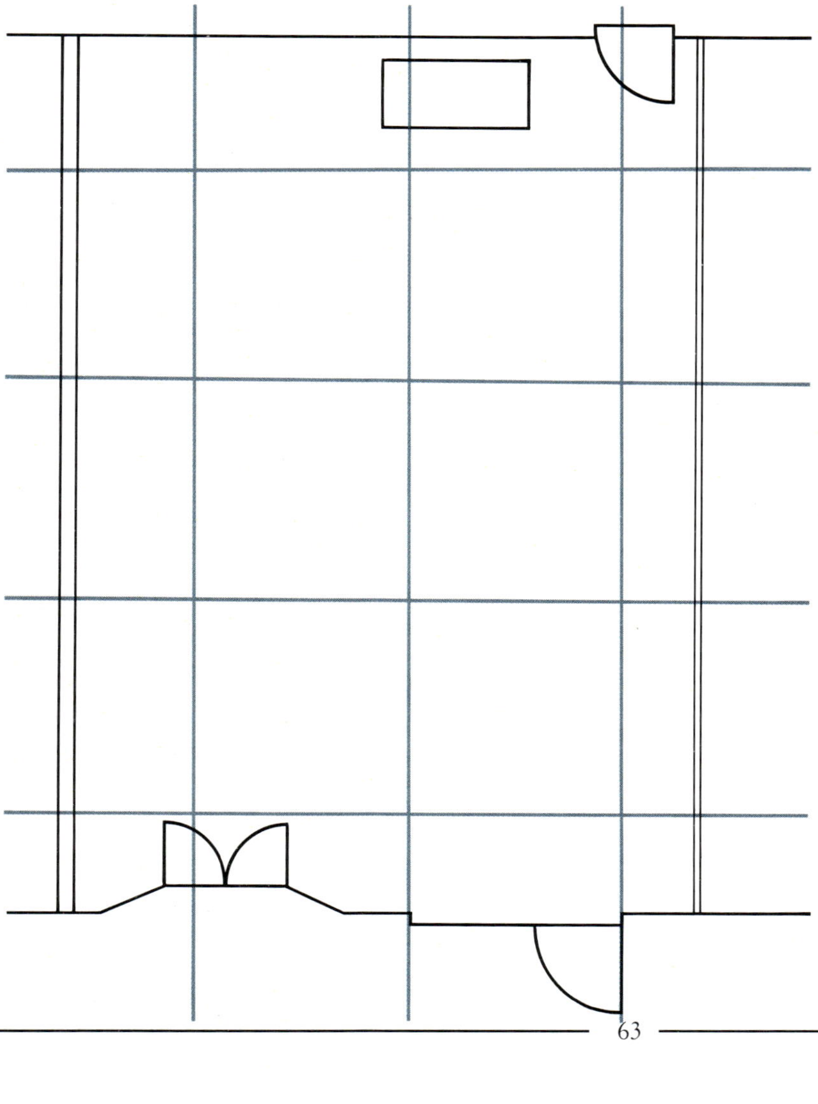

Overwegingen *(boven). Dit is nu de olietank die eerst de aanblik van de tuin overheerste. Een poging om hem te vermommen met latwerk gaf slechts een tegenovergesteld resultaat. Er was geen bergplaats voor vuilnisbakken: deze stonden altijd in het volle zicht.*

pier en uw tuin. Geef de afgrenzing van de tuin aan en teken de tuinelementen in. Vergeet daarbij de afmetingen van bijvoorbeeld borders en trappen die gehandhaafd moeten blijven niet, en noteer ook eventuele hoogteverschillen. Om dit werk te vergemakkelijken zijn er handige linialen voor schaaltekenen te koop.

HET ROOSTER

De volgende stap is het maken van een rooster. Teken op doorzichtig papier een rooster van vierkanten, waarvan de lengte gelijk is aan de afmeting van een of ander permanent element: de breedte van een deur, de hoogte van het keukenraam of de breedte van een trap. Als u nog niet zeker bent van de juiste maat van de vierkanten, kunt u verschillende roosters tekenen en hun effect vergelijken. In het voorbeeld hieronder is de breedte van het keukenraam plus de -deur gekozen als 'standaardmaat'. Het rooster moet over de plattegrond heengelegd kunnen worden, waarbij de laatste natuurlijk zichtbaar blijft.

EEN PATROON LEGGEN

Het maken van een patroon is de volgende opgave. U kunt hierbij gebruik maken van een handig hulpmiddel: stukjes karton. U knipt deze uit een groot vel en maakt de lengte van de vierkanten gelijk aan het roostervierkant. Maak ook vierkanten van dubbele en halve lengten. Schuif met deze vlakken over het rooster, als het ware een collage vormend, tot het resultaat u bevalt. Door deze werkwijze blijven de afmetingen onderling en met die van het huis in verband staan. In dit stadium denken we nog niet aan perken, terrassen of planten.

Patroon leggen. *Met stukjes karton (in lengte corresponderend met de basisvierkanten) wordt geschoven tot een aantrekkelijk patroon verkregen is. Het basisrooster ligt hier in een hoek van 90°.*

Het patroon kan recht op het huis gelegd worden, of in een hoek van 45°, of zelfs in een combinatie daarvan: in een deel van de tuin loopt het patroon evenwijdig aan de gevel, in het andere deel ligt het patroon schuin. Schuin leggen is een goede manier om de 'hoekigheid' van een kleine tuin te doorbreken. Kies liever geen hoeken die kleiner of groter zijn dan 45° in een kleine tuin: het resultaat is waarschijnlijk een moeilijk te hanteren basispatroon.

Sommige mensen hebben een afkeer van rechte lijnen en zien liever gebogen vormen. Bedenk echter dat als de verhoudingen goed zijn en de beplanting eenmaal volledig is uitgegroeid (al kan dat enige jaren duren), de strakke lijnen veel minder zichtbaar zijn. Wel kunt u cirkels toepassen, waarvan de diameter gelijk is aan de lengte van het roostervierkant (of die het dubbele of de helft daarvan zijn).

Het is verleidelijk om bij een ingesloten tuin te werken vanaf de tuingrenzen. Dit leidt vaak tot tuinontwerpen waarin de grenzen nog zichtbaar zijn, wat de beperkte ruimte alleen maar benadrukt. De 'collage'-methode voorkomt dit en dwingt om vanuit de verhoudingen van de afmetingen te werken. Welhaast vanzelf komt u zo tot een ontwerp waarin de afmetingen op elkaar zijn afgestemd.

VORMEN VERBINDEN

Houd bij het schuiven met de vlakken al in gedachten wat u in de tuin wilt doen, en probeer u voor te stellen wat de vierkanten in werkelijkheid gaan worden en hoe ze vanuit de woning eruit zullen zien.

In het voorbeeld van deze kleine tuin was een patroon nodig waarin een terras en een pad naar de garage gerealiseerd moesten worden, terwijl ook rekening ge-

Realisatie. *Geef aan wat de vierkanten en de ruimten eromheen in werkelijkheid gaan worden, zodat een eerste 'werktekening' ontstaat voor de terrassen, perken en andere tuinelementen.*

houden moest worden met de eis dat de olietank aan het zicht onttrokken werd.
Wanneer u eenmaal een tweedimensionaal ontwerp heeft, kunnen de hoogte en diepte (bijvoorbeeld voor vijvers) van de vlakken uitgewerkt worden. Door uitwerking van een derde dimensie worden de basisvierkanten dan 'kubussen' met verschillende hoogte of diepte. Door de hoogte van de tuinmuren en de blokken aan te geven ontstaat als het ware een sculptuur met reliëf. Kleur de ruimte tussen de basisvierkanten in: bij de keuze van de beplanting daar moet rekening worden gehouden met de grootte en hoogte van de blokken.

REALISATIE

Als alles goed verlopen is, heeft u nu een visueel aantrekkelijk grondpatroon ontworpen, dat in grote lijnen voldoet aan uw wensen en aan de mogelijkheden van de tuin. Nu wordt het tijd voor de praktische uitwerking. In het voorbeeld op deze bladzijden komen vragen aan de orde als: wat komt er tussen de basisvierkanten en de tuingrens? Wat moet het aandachtspunt van de tuin worden? Welke delen van de tuin worden verhard en welk materiaal moet voor dat doel en voor de nieuwe muren gebruikt worden? Wilt u de olietank afschermen met een schutting waar klimplanten over groeien, of met een gemetselde muur?

DE STRUCTUUR

In het voorbeeld werden als eerste de terrassen nader uitgewerkt; er kwam een zitgedeelte bij het huis en een bestraat deel dat het huis met de garage verbindt. Omdat de tuin iets oploopt, werden ook treden in het patroon opgenomen.
Vervolgens werd vastgesteld wat het 'middelpunt' van de tuin werd. In dit geval werd besloten om van een van de basisvierkanten een 40 cm verhoogde vijver te maken, die vanuit de woonkamer goed zichtbaar is. Achter de vijver staat een vrijstaande stenen muur met een fontein waaruit water in de vijver stroomt. Eenzelfde soort muur onttrekt de olietank aan het zicht. De muren lijken op coulissen zoals die bij het toneel gebruikt worden. Ze dienen hier niet alleen als achtergrond voor de beplanting, maar ook als afscherming voor vuilnisbakken.
De volgende stap was het kiezen van het meest geschikte bouwmateriaal. Als materiaal voor de terrassen en muren werd gekozen voor baksteen, vooral omdat de muren van het huis en de garage van baksteen waren en daarmee een sterke eenheid bereikt werd. Om te voorkomen dat de tuin te 'bakstenig' zou worden, werd een centraal gedeelte met grind en vierkante tegels aangelegd. De pergola werd van vurehout gemaakt en wit geverfd, dezelfde kleur als de omringende deuren en ramen, zodat een sterke visuele band ontstond tussen het terras en de aangrenzende keuken.

BEPLANTING

Wanneer een ontwerp als dit net aangelegd is, ziet de tuin er erg hard en stenig uit, maar al spoedig zullen de opgroeiende planten de aanblik gaan verzachten. Daarom moet de stijl van de planten (zowel hun vorm, kleur als structuur) overeenkomen met die van de structuur van de rest van de tuin, en ook met de stijl van de vertrekken in de woning. De eigenares van het huis was niet bepaald dol op tuinieren en daarom moesten de planten weinig zorg en onderhoud vergen. Vooral klimplanten zijn in dit geval nuttig gebleken. Hier is klimop gebruikt om een deel van de muur voor de olietank te bedekken. Kamperfoelie, een druif, een klimroos en clematis groeien over de pergola, wat vanuit de keuken een fraai gezicht oplevert en bovendien schaduw geeft. De klimplanten aan de achterzijde vormen een zachte achtergrond voor de hoekige vormen van de waterpartij.
Het kleurenschema werd bepaald door de kleuren in de woonkamer (donkergeel en roze) en de kleur van het metselwerk. Een *Prunus serrulata* 'Rosea' achterin trekt het meest de aandacht. De boom past qua grootte bij de achtermuur en hangt over de waterpartij heen, zodat beide tuinelementen visueel verbonden worden.

Het oorspronkelijke tuindeurdeel *(rechts). Het deel van de tuin voor de tuindeuren was weinig uitnodigend en het uitzicht vanuit de woonkamer ronduit saai.*

De nieuwe situatie *(geheel rechts). Voor de tuindeuren ligt nu een 'buitenkamer', afgebakend door de pergola (hier iets afwijkend geconstrueerd als op blz. 67 getekend), zodat een sterke verbinding ontstaat tussen tuin en huis. De klimplanten bij de pergola zullen uiteindelijk een volle en schaduw gevende beplanting vormen.*

Het voltooide ontwerp. *De tuin ziet er nu uit als een gezellige binnenplaats en heeft meer dan voldoende bruikbare ruimte. Niveauverschillen, contrasterende oppervlakken, de pergola en een waterpartij geven het geheel een sterke vorm en patroon, verzacht door de beplanting. Aan de linkerkant van de tuin wordt de blik via een reeks treden geleid naar de waterpartij en een Japanse kers; dit wordt in evenwicht gehouden door de muur die de olietank verbergt.*

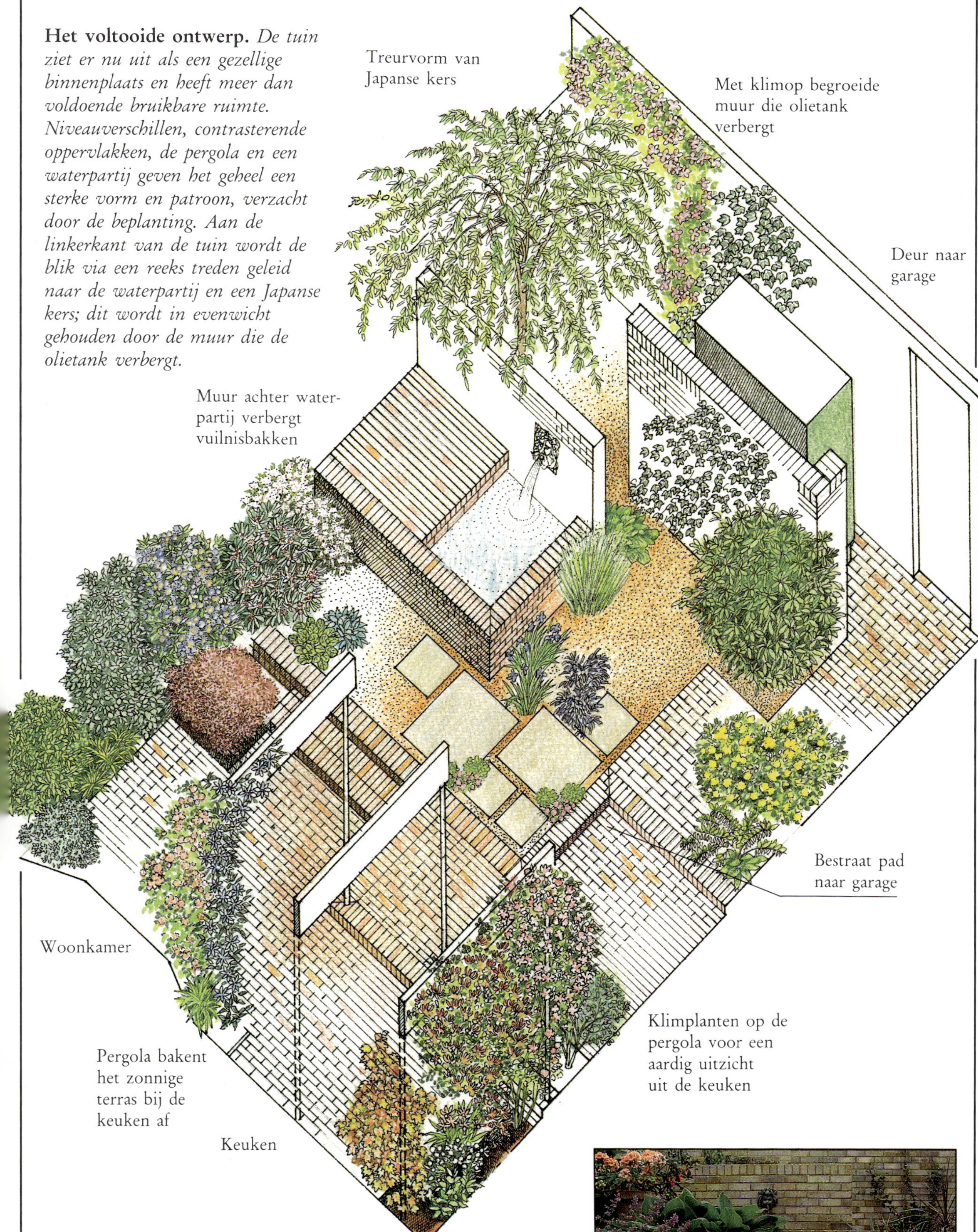

Uitzicht *(rechts). Het is belangrijk om na te gaan hoe de aanblik van de tuin vanuit de woning zal zijn. Vanuit de woonkamer ziet de tuin eruit als een soort toneel, bestaande uit krachtige structuren en opvallende bladvormen.*

KLEUR

Kleur heeft, net als geur en geluid, het vermogen om sfeer te geven. Bij het ontwerp is er geen bijzondere reden om al in detail kleuren in te vullen, maar toch kan het geen kwaad al te denken aan de sfeer van de tuin en de kleuren die daarbij passen. De ligging van de tuin, de materialen, de hoeveelheid zonlicht en de stijl van de aangrenzende vertrekken van de woning bepalen voor een belangrijk deel de sfeer.

HET EFFECT VAN KLEUR

Sommige kleuren zijn kalm en rustgevend, andere stimulerend en krachtig. Kies de kleuren die u het meest aanstaan en de sfeer van de tuin kunnen versterken. Een klein zonnig terras met een zwembad bijvoorbeeld is een plaats vol activiteit en daarom het meest gebaat bij krachtige gele en blauwe kleuren; grijze en paarse tinten zouden een lugubere indruk geven.
Anderzijds zijn in een kleine landelijke tuin met zijn kalme ontspannen sfeer te veel oranje en donkerbruin uit den boze. Daar passen veel beter kalme en luchtige kleuren, zoals wit, crème en zachte tinten blauw, roze en groen.

HET KLEURENSCHEMA

Vooral in een kleine ruimte is het van belang dat de kleuren goed samenwerken. Alle tuinelementen – van muren tot aan het kleinste plantje – staan dicht op elkaar en worden als geheel gezien. Zelfs de kleuren in de woning moeten we bij onze overwegingen betrekken. Kies voor de tuin een kleurenschema waarin alle elementen goed bij elkaar passen.
U kunt de planten met behulp van foto's uit een catalogus kiezen, maar het is beter een kwekerij te bezoeken, zodat u de kleuren in levende lijve kunt bewonderen.

HET EFFECT VAN LICHT

De lichtval beïnvloedt de werking van een kleur sterk. Bedenk dat kleuren er in de loop van de dag anders uit kunnen zien. Lichte kleuren zien er 's morgens en 's avonds vriendelijk uit, maar verbleken in fel zonlicht. Krachtige kleuren die opgewassen zijn tegen veel licht, kunnen erg druk en opdringerig worden bij zwakker licht. Door stukjes karton van verschillende kleur in de zon en schaduw te hangen krijgt u een idee van deze verschillen in de loop van de dag. Probeer u ook voor te stellen hoe het licht in de loop van het seizoen verandert: in de lente zijn de schaduwen fris en helder, in de herfst sterker en dieper.

Kleur in detail *(boven). Een eenvoudige combinatie van kleuren levert een aardige minicompositie op.*

Ferm ontwerp *(links). Forse vierkante zwarte en witte tegels, in evenwicht gehouden door sterke kleuren van de beplanting.*

Helder palet *(rechts). De kleuren in dit schema passen perfect bij zacht ochtend- en avondlicht. In het volle zonlicht worden deze kleuren te opzichtig.*

VORM EN PATROON

Het zijn vooral de vormen in het ontwerp en de patronen die ze maken die voor een groot deel de stijl van uw tuin bepalen. Er zijn eindeloze combinaties mogelijk, variërend van streng symmetrische patronen, resulterend in klassieke tuinen, tot los opgezette asymmetrische patronen van vormen, die leiden tot moderne en abstracte tuinen. Voor elke situatie bestaat een passende rangschikking van vormen.

VORMEN VOOR BEPERKTE RUIMTE

Omdat stadstuinen meestal rechthoekig van vorm zijn en niet door golvende beken en landerijen zijn afgebakend, is een ontwerp dat gebaseerd is op rechte lijnen het meest geschikt. Cirkels en (delen van) gebogen lijnen zijn overigens wel mogelijk, zolang ze maar passen in het basispatroon (zie blz. 64-65 voor het gebruik van cirkels in het basisrooster).

In kleine tuinen ontstaan de meest geslaagde ontwerpen vaak door uit te gaan van slechts één basisvorm. Als we gebruik maken van diagonalen samen met gebogen lijnen, is het meestal lastig om in een beperkte ruimte een logisch grondpatroon te bereiken.

De manier waarop de vormen zijn gerangschikt kan een indruk geven van beweging, of juist van rust. Lineaire vormen en patronen zijn dynamisch en leiden de blik ergens heen. In een kleine tuin moeten vrije gebogen vormen dezelfde functie hebben en de aandacht vestigen op een blikvanger, zoals een beeldje of (het kan ook buiten onze tuin) naar een boom bij de buren. Statische vormen kunnen gegroepeerd worden tot patronen die de aandacht vasthouden; deze geven meer rust en zijn geschikt voor plaatsen waar geen echt middelpunt is.

DRIE DIMENSIES

Een 'plat' ontwerp gaat pas leven als we een derde dimensie toevoegen en de hoogten met elkaar gaan combineren. We moeten kiezen welk materiaal we willen gebruiken, en beslissen of een verlaagd gedeelte een vijver of een zithoek zal worden. Soms bepaalt de hoogte van een vorm direct de hoogte van een naastliggend tuinelement. Denk ook aan het gebruik van diepte, bijvoorbeeld een vijver.

MATERIALEN

Het materiaal waarmee de basisvormen worden 'gevuld' heeft een grote invloed op het karakter van de tuin. Er zijn ruime keuzemogelijkheden: harde en zachte materialen, ruwe en gladde, donkere en spiegelende, in de vorm van baksteen, beton, gras, grind, hout en water.

Lineaire vormen. *Onregelmatig gevormde vlakken zijn lastig bij het ontwerpen. De vlakken met grind in deze tuin zijn vloeiend van vorm en vormen een duidelijke route tussen twee gebouwen. Het niveauverschil onderbreekt de lijnen. De krachtige hoekige vorm past in de stijl van het patroon dat gevormd wordt door de hoeken van de gebouwen die de ruimte begrenzen.*

Eenvoudig ontwerp met cirkels *(boven). Twee cirkels vormen een eenvoudig geometrisch patroon in een beperkte ruimte. De ronde vijver geeft het ontwerp diepte; het thema 'cirkel' herhaalt zich in de tafel.*

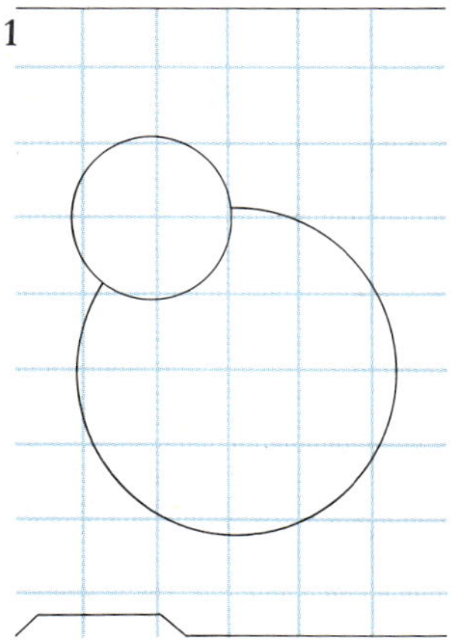

1. Cirkels in het plan *(rechts). Twee overlappende cirkels vormen de basis voor dit simpele maar effectieve patroon. Hun afmetingen stemmen overeen met die van de basisvierkanten (zie bladzijde 64-65). Zo wordt bereikt dat het ontwerp van de tuin nauw verbonden blijft met de woning.*

2. Afbakenen van de cirkels *(links). De groene delen bakenen de cirkels af en kunnen met planten gevuld worden; de rest van de tuin kan bestraat worden.*

3. Hoogte en diepte *(rechts). Geef de hoogte aan voor de zones voor de planten. De kleine cirkel wordt verhoogd tot een vijver.*

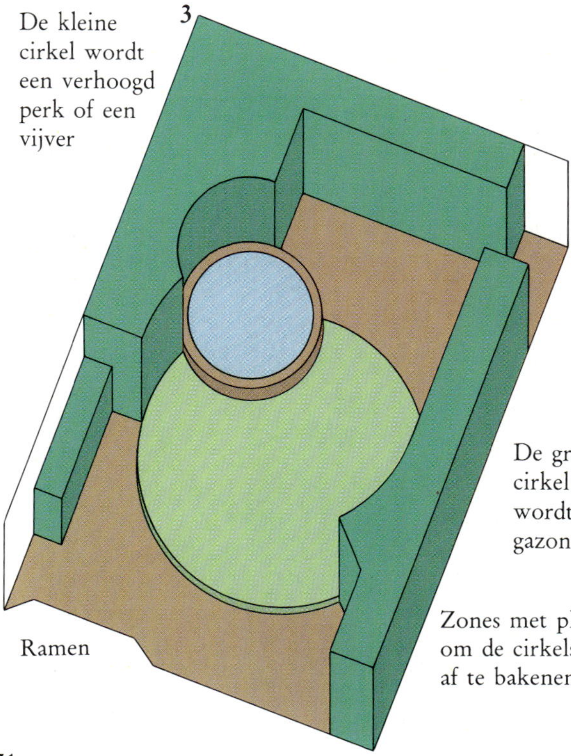

SPECIALE EFFECTEN

Er zijn nogal wat trucs mogelijk bij het ontwerpen. Met verf, traliewerk, spiegels en een slim gebruik van meer natuurlijke verschijnselen, zoals licht en donker, kan de tuin verder verfraaid worden, met als u wilt zelfs spectaculaire theater-effecten. Deze technieken misstaan niet in een door de mens gebouwde omgeving en bieden soms inventieve mogelijkheden voor plaatsen waar planten moeilijk kunnen groeien of alleen maar om een ruimere indruk te creëren.

TROMPE L'OEIL

De Italianen ten tijde van de Renaissance waren meesters in de trompe l'oeil, waarmee zij weelderige en ogenschijnlijk driedimensionale bouwwerken en idyllische landschappen schilderden op kale muren. Levendige en kleurige muurschilderingen komen we heden ten dage nog steeds tegen in de stad, vaak op schuttingen en blinde muren van huizen.

Gebruik van weerspiegelingen. *Een spiegel achter een groot beeld aangebracht geeft de illusie dat er nog een koele en lommerrijke tuin ligt achter deze 'toegangspoort' met zuilen.*

Ook op kleinere schaal kan zo'n (al of niet bedrieglijke) schildering effect hebben. U kunt 'extra' deuren en ramen schilderen om de indruk van de muur te verlevendigen of de suggestie te wekken dat uw tuin nog andere toegangen heeft. Een andere mogelijkheid is planten en bomen te schilderen op plaatsen waar de echte exemplaren niet kunnen groeien. Wie zijn stadstuin alleen 's avonds gebruikt, kan de muren nachtblauw verven en decoreren met – echte of geverfde – witte bloemen en grijze bladeren. In combinatie met een subtiele belichting zeker een spectaculair idee.
Let erop dat de verf geschikt is voor buitenwerk. Met mat of satijnglans is variatie mogelijk. 'Planten' kunt u aanbrengen met uitgesneden sjablonen (maak deze niet te gedetailleerd) en spuitbussen met verf. U kunt zich enige vermetelheid permitteren, want als het echt mislukt kunt u de muur gewoon overschilderen.

SCHADUWEN

U kunt planten en constructies zo plaatsen dat ze (als de zon tenminste flink wil schijnen) fraaie schaduwen werpen op de vlakken van omringende structuren. De liggers van een pergola bijvoorbeeld kunnen een sterk geometrisch patroon opleveren van schaduwen op muren. Ook planten met uitgesproken bladvormen (zoals *Euphorbia characias* ssp. *wulfenii*) die voor een neutrale achtergrond staan, leveren een boeiend spel van licht en donker op.
Als er door de ligging van de tuin altijd onvoldoende licht is, kunt u overwegen met verf (in verschillende tonen van dezelfde kleur) verschillende soorten schaduw na te bootsen. Denk eraan dat schaduwen dieper zijn naarmate het licht feller is.

SPIEGELS

Spiegelende vlakken zoals water, maar ook spiegels, kunnen toegepast worden om de illusie van ruimte te wekken. Strategisch geplaatste spiegels kunnen de tuinoppervlakte optisch verdubbelen of zelfs, als ze goed zijn opgesteld, de indruk van een oneindige ruimte geven. Donkere delen van de tuin of ruimten bij een kelderverdieping of nauwe gang kunnen op dezelfde wijze lichter gemaakt worden.
Gebruik altijd spiegels van minstens 6 mm dik. Bekleed de achterzijde met aluminiumfolie en bevestig de spiegel op hout. De randen moeten met bijvoorbeeld siliconekit afgedicht worden tegen intrekkend vocht. Let erop dat het gereflecteerde licht geen planten kan verbranden, dus zet ze altijd in de schaduw. Alleen schone spiegels geven het gewenste effect: dat betekent dat regelmatig schoonmaken nodig is om modder en dergelijke te verwijderen.
Een spiegel kan als een zelfstandig tuinelement geplaatst worden, maar ook worden 'verstopt' om de ar-

Natuurlijke schaduw *(links). Sterk zonlicht schijnt door de massieve liggers van een pergola en geeft een opwindend abstract patroon van schaduwen in deze kleine mediterrane tuin.*

Geverfde schaduw *(onder). Als de zonneschijn niet voldoende is, kan 'schaduw' verkregen worden met verf in verschillende nuances. Hier is een schaduwpatroon in blauwe tinten aangebracht. De weerspiegeling van de liggers van de pergola in het water draagt bij aan deze compositie in koele kleuren.*

geloze toeschouwer te misleiden. Deze toepassing is op de foto links te zien, waar een spiegel tussen twee zuilen de indruk wekt dat er nog een tuin achter ligt. Andere methoden zijn om spiegels achter een ijzeren hek of een louvredeur te plaatsen, zodat de illusie van een tweede ingang wordt gewekt.

Spiegels kunnen ook dienen om de aandacht op bijvoorbeeld een beeldje of een fraai gesnoeide plant te richten. Vooral in donkere hoekjes geeft het gereflecteerde licht een bijzondere en intieme sfeer.

WATERVLAKKEN

Een vijver, hoe ondiep ook, zorgt ervoor dat de tuin groter lijkt. Door de bodem donker te maken (bijvoorbeeld zwart vijverfolie) werkt het oppervlak als een spiegel waarin de omringende structuren zichtbaar zijn, en daardoor lijkt de vijver dieper. Met een lichte bodem (bijvoorbeeld spiegelende tegels) wordt weerspiegeld wat boven het water hangt, zoals een sculptuur of opvallende planten, en worden de waterpartij en de directe omgeving daarvan lichter.

Combinatie met een spiegel waarin de vijver inclusief zijn weerspiegelingen nog eens worden weerkaatst, maakt het geheel nog boeiender en doet de tuin nog groter lijken.

Namaakbalkon *(links). Een geschilderde trompe l'oeil, zoals dit charmante tafereeltje op een liftkoker bij een Franse bloemenmarkt, maar ook een abstracte muurschildering fleuren zelfs de kleinste en saaiste binnenplaats op.*

SOUTERRAINS

Toegang tot souterraintuin. *De vorm en afmetingen van grote planten met opvallende bladeren passen goed bij de sfeer van deze souterraintuin. Kleine en tere planten zouden volledig in het niet vallen naast de hoge structuren.*

Wonen 'half onder de grond' komt steeds vaker voor, omdat grote oude panden in etages worden gesplitst. De 'tuin' die nog over blijft aan de voorzijde is meestal een smalle strook grond. Aan de achterzijde ligt dan een diepe, meestal sombere en vochtige tuin die bijna bedolven dreigt te worden onder de hoog oprijzende gevels. Toch zijn er veel mogelijkheden om er iets moois van te maken.

VERBETERINGEN

Omdat zulke tuinen vaak erg vochtig zijn, kunt u het best beginnen met de muren te coaten, zodat u geen last krijgt van vocht dat in de muren trekt. Zorg ervoor dat het teveel aan regenwater gemakkelijk in de grond weg kan zakken en laat indien nodig (bijvoorbeeld als er een niet-waterdoorlatende laag onder de tuin ligt) een drainagesysteem aanleggen.
Voordat u met planten begint, graaft u eerst de grond tot 1 m diep af en brengt vervolgens een laag grof puin aan, met daarover tuingrond en compost waarin de planten gaan groeien.

ANDERE STRUCTUUR

Door stapsgewijs een aantal 'lagen' (in de vorm van terrassen, brede traptreden en dergelijke) aan te brengen, wordt de kelder- of souterraintuin dynamischer om te zien en blijft de aandacht binnen de tuin, in plaats van af te dwalen naar de gevels die boven de tuin uit torenen. Op de tekeningen rechts staan wat voorbeelden hoe dergelijke hoogteverschillen overbrugd en ten goede aangewend kunnen worden.
Kleur is een voor de hand liggende manier om een sombere ruimte op te vrolijken. Verf de muren in een lichte kleur, overweeg een trompe l'oeil of experimenteer met spiegels om de ruimte groter te doen lijken (zie blz. 72-73).

BLIKVANGERS

Een blikvanger is een belangrijk middel om de aandacht van de toeschouwer binnen de tuin te houden. Het kan een beeld, plant of tuinmeubel zijn. Kies een blikvanger vooral niet te klein, maar relatief groot ten opzichte van de omgeving waar hij staat. Kleine voorwerpen geven juist een tegengesteld effect.

KLEUREN

Een simpel kleurenschema bij de beplanting, bijvoorbeeld goud en zilver, is een goede manier om een souterraintuin op te vrolijken.
Bedenk bij de keuze van planten dat hoge planten een sterke neiging hebben om in de richting van het licht te groeien en over de tuin heen te gaan hangen. Een lijst van geschikte schaduwplanten is te vinden op blz. 208-209.

Ontwerpvariaties – souterraintuin *(onder). Deze tuin bestaat uit een verlaagd gedeelte tussen de straat en de ingang. Een steile trap loopt van de stoep naar een bestraat gedeelte, dat omgeven is door muren.*

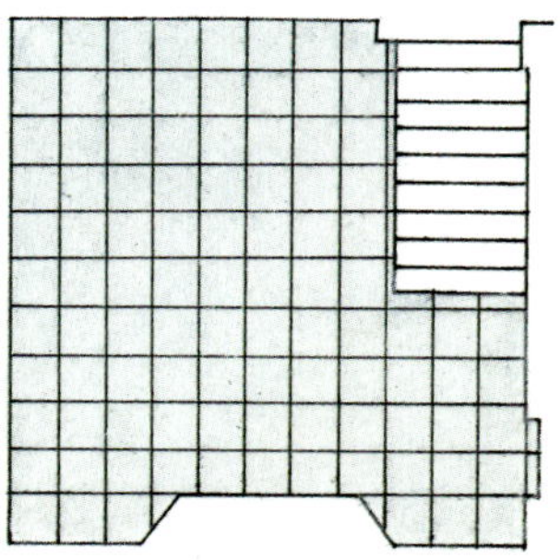

Oplossing – versie 1. *Het oorspronkelijke verlaagde terras is veranderd door de trap te vervangen door een reeks brede treden, waardoor de niveauverschillen veel geleidelijker zijn. De vormen van de treden, de opbergruimte en de perken, en het patroon van de bestrating geeft een stevige visuele achtergrond, die de aandacht binnen de tuin houdt. Een groot beeld dient als aandachtspunt. In de perken herhaalt zich het patroon.*

Oplossing – versie 2 *(onder). Opbergruimte is vaak een groot probleem in kleine tuinen. Hier is zo'n ruimte opgenomen als onderdeel van het ontwerp. Het dient als spil voor een aantal brede treden en geeft bovendien het deel naast het huis enige privacy.*

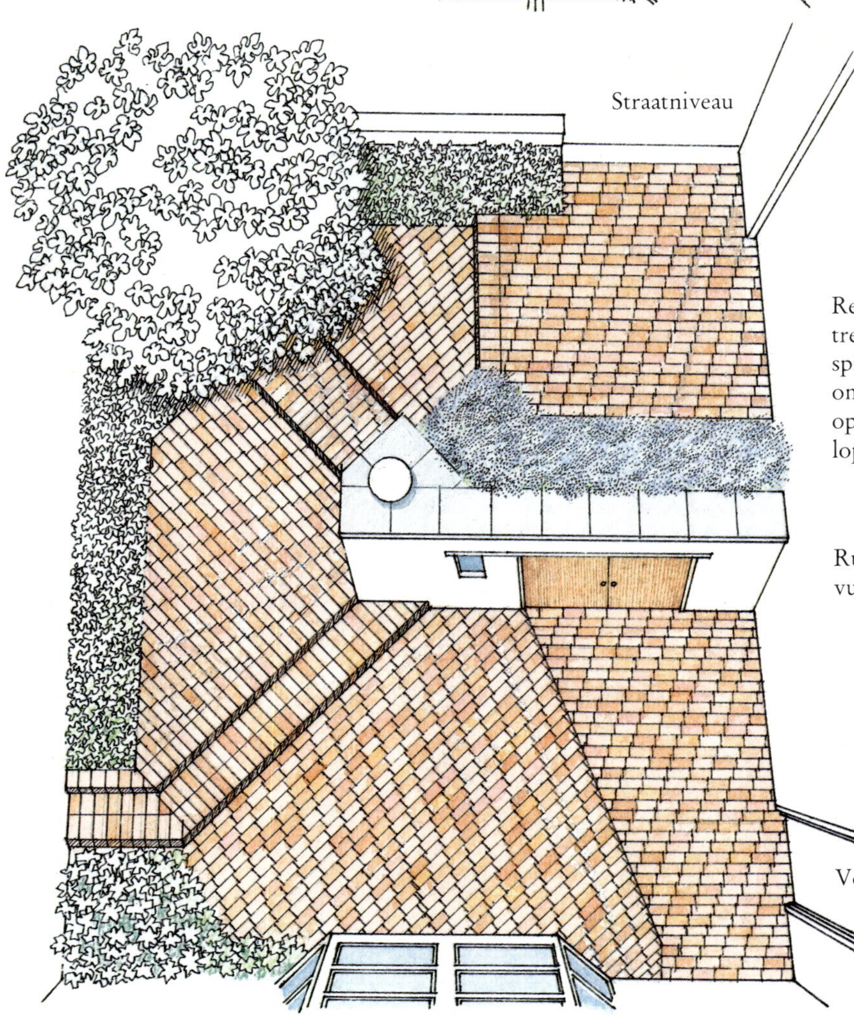

SMALLE TUINEN

Smalle tuinen of tuingedeelten zijn vaak donker, tochtig en onaantrekkelijk. Een ideale plaats voor het opbergen van vuilniszakken en afgedankte tuinmeubels, zo lijkt het op het eerste gezicht.
Toch kunnen deze ruimten met eenvoudige middelen, zoals het aanbrengen van structuren en beplanting, worden veranderd in aantrekkelijke onderdelen van de tuin, waar iedereen met plezier naar kijkt en waar het fijn is om te lopen. Mogelijkheden genoeg.

OPLOSSINGEN

Een smalle ruimte leidt de blik onontkoombaar naar het eindpunt van die ruimte. Vaak is dat geen hoogtepunt van de tuin: een afgetakelde schutting of muur. Gebruik deze eigenschap om de zaak ten goede te keren en de blik te richten op iets dat er positief uitziet: een beeldje, een grote vaas op een zuil of een trompe l'oeil die op de schutting is geschilderd.
Een indruk van meer breedte kunt u al bereiken door de blik van zijkant naar zijkant te leiden. Een simpele ingreep is bijvoorbeeld om afwisselend langs de zijwanden plantenbakken te plaatsen of dwarsstroken met tegels te leggen, of zelfs een combinatie van deze beide mogelijkheden toe te passen.

SCHERMEN EN PERGOLA'S

Met een scherm 'breekt' u de lengte van een smal tuingedeelte. Het scherm dient als omlijsting voor het uitzicht op het volgende deel. Als het scherm winddicht wordt gemaakt (bijvoorbeeld met hout, maar glas kan ook) houdt het ook de tocht tegen.
Hoge muren aan weerszijden geven al snel het idee van een diepe kloof. Door de liggers van een pergola dwars op de muren aan te brengen vermindert u deze indruk (zie blz. 197). Met mandjes die aan de liggers hangen en schermen van steen, beton of hout die als 'steunberen' tegen de muren staan, bereikt u dit effect ook. Laat er klimplanten tegen groeien voor de aankleding.

De blik leiden. *De lengte van de ruimte is benadrukt door een lineair patroon van lichtgekleurd grind en lage beplanting, dat de blik naar het beeldje aan het eind leidt.*

AANKLEDING

Als deze bouwkundige oplossingen zijn aangebracht, kunnen de lijnen van deze toegevoegde structuren verzacht worden door verdere beplanting.

Planten in bakken zijn eigenlijk onmisbaar, want ze nemen vrijwel geen kostbare tuingrond in beslag, als die al aanwezig is. De donkere en tochtige omstandigheden vragen om sterke planten. Geschikte groenblijvende struiken zijn bijvoorbeeld vuurdoorn (*Pyracantha* sp.) voor in de schaduw en *Fatsia japonica* voor in de halfschaduw. Als geschikte klimplanten voor grote muurvlakken kunt u *Parthenocissus* sp. (die goed bestand is tegen tocht) in de halfschaduw en *Hedera* sp. in de schaduw toepassen.

Ontwerpvariaties *(onder). Deze onaantrekkelijke zijingang kan op drie verschillende manieren veranderd worden, zoals op deze bladzijde wordt getoond. In de oude situatie blijft de aandacht niet gevangen in de ruimte. De ingang is bovendien tochtig: de wind blaast ongehinderd door deze trechter.*

Oplossing – versie 1 *(links). Drie stenen plantenbakken zijn dwars op de gang gemetseld en geven een idee van beweging, zodat de aandacht niet langer op de lengte valt. De breedte lijkt groter nu de blik ritmisch van links naar rechts geleid wordt. Groenblijvende struiken dienen om de wind te breken en vormen een afgeschermde bergruimte.*

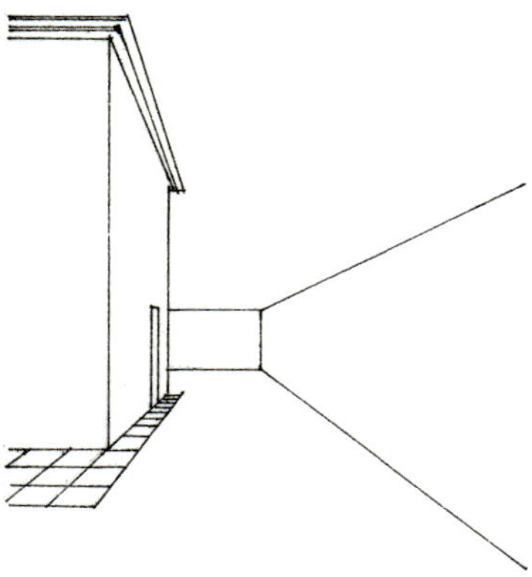

Oplossing – versie 2 *(rechts). Een houten raamwerk met glazen ruiten geeft beschutting tegen de wind, zonder dat het licht wordt tegengehouden. Om de inkijk te verminderen kunt u het glas deels door houten panelen in heldere kleuren vervangen. Geverfde bakstenen schermen dwars op de muren herhalen de vorm van de ruiten; de T-vormige bestrating geeft een indruk van breedte.*

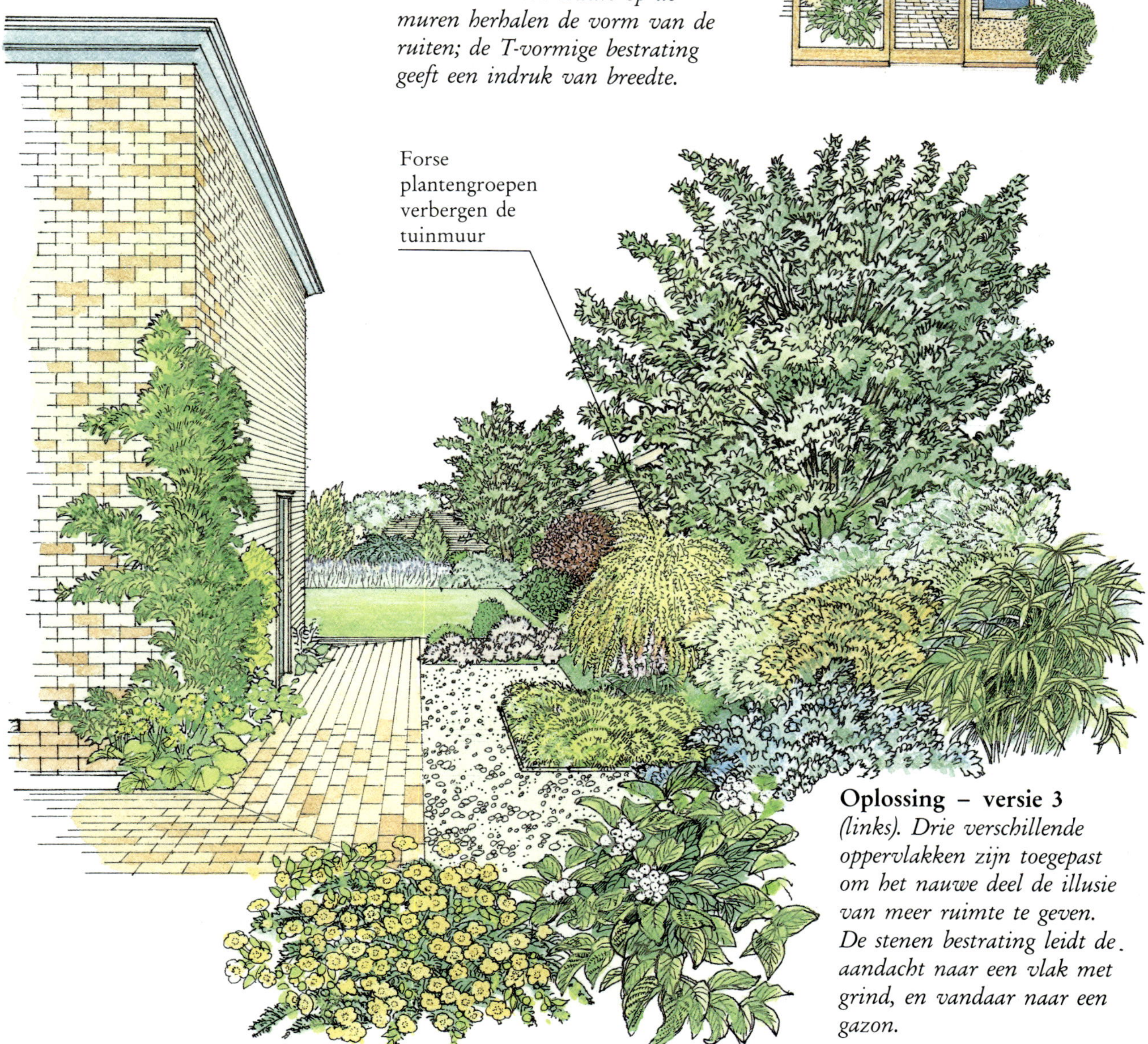

Oplossing – versie 3 *(links). Drie verschillende oppervlakken zijn toegepast om het nauwe deel de illusie van meer ruimte te geven. De stenen bestrating leidt de aandacht naar een vlak met grind, en vandaar naar een gazon.*

TRAPPEN

De meeste mensen vinden dat trappen niet in een tuin thuishoren. Toch vormen ze voor de met weinig ruimte bedeelde tuinliefhebber een waardevolle plaats voor planten en bieden ze volop mogelijkheden om ze in de stijl van huis en tuin in te passen en te verfraaien.

Trappentuin. *Deze opvallende trap buigt zich sierlijk om een vijvertje met een fontein en omsluit het terrasje met twee banken. De trap is het hoogtepunt in deze kleine tuin.*

Ontwerpvariaties – oude situatie *(onder). Deze oude en vervallen trap leidt van de straat naar een stadswoning. De trap is niet alleen onaantrekkelijk om te zien, maar ook gevaarlijk om te belopen. Hiernaast ziet u hoe de trap verbeterd kan worden.*

STIJL VOOR TRAPPEN

Als bestaande trappen beschadigd zijn, dienen ze eerst gerepareerd te worden. Dit maakt ze veiliger en aantrekkelijker om te zien. Bij die gelegenheid kunt u tevens de leuning en verlichting vernieuwen.

Een nieuwe trap moet zo ontworpen worden dat hij in de omringende structuur past. Gebruik gelijk of soortgelijk materiaal en probeer aspecten van de tuin te herhalen. Een gebogen trap bijvoorbeeld combineert mooi met de vormen van afgeronde deuren en ramen.

Een L-vorm onderaan een trap (zie versie 1 hiernaast) maakt de trap ruimer en is een goede plaats voor potten of beelden, zonder dat de doorgang wordt belemmerd. Een rechte trap in twee delen geeft een indruk van beweging en onder de trap is er een opbergmogelijkheid (zie versie 3 hiernaast).

PLANTEN VOOR TRAPPEN

Planten naast trappen moeten uitgesproken vormen hebben, om tegen de krachtige structuur van de trap opgewassen te kunnen zijn. Groenblijvende struiken zijn ideaal, omdat ze ook 's winters wat te bieden hebben. Leuningen en muren kunnen met klimplanten opgesierd worden, terwijl kleurige eenjarigen in potten op de trap (maar niet in de loop) een plaats vinden. Kies langs een drukke weg planten die tegen vervuilde lucht kunnen (zie hiervoor blz. 211).

Oplossing – versie 1 *(boven). De oude trap is opnieuw ontworpen en verbouwd. De L-vorm en de potten geven de indruk van meer ruimte.*

Oplossing – versie 2 *(onder). Stenen zuiltjes en lichtgekleurde betonnen bollen accentueren de trap en leiden de blik omhoog.*

Stenen zuiltjes en bollen benadrukken het ritme van de trap

De ronde vormen van de planten als echo van de stenen bollen

Nieuwe betonnen treden

Oplossing – versie 3 *(onder). De trap is vervangen door houten treden en een ingebouwde kastruimte. De zachte vormen van de beplanting contrasteren met de scherpe lijnen van de structuur.*

Beplanting in overeenstemming met de trap

Trap van gebeitst cederhout

Opbergkast voor tuingereedschap en vuilnisbakken

DAKTUINEN

Daktuinen bieden de echte binnenstadbewoner een uiterst waardevolle mogelijkheid om een aangenaam oord te maken voor zonnebaden, ontspanning en buiten eten. Zelfs kinderen kunnen er spelen, als de afscherming maar veilig is.

TUINKAMER OP HET DAK

Probeer om de daktuin zo te ontwerpen, dat u het gevoel hebt in een kamer te zitten, en niet er bovenop. Het ruime uitzicht boven ons en in de verte kan overweldigend overkomen.

Het beschilderen van muren, het aanbrengen van een nieuwe dakbedekking of lichtgewicht tegels en geschikte lampen en tuinmeubelen geven de daktuin op eenvoudige wijze een veel meer besloten en intiem karakter.

Met planten kan een frisse en groene sfeer gecreëerd worden, om de stenige omgeving enigszins te compenseren. De omstandigheden op het dak zijn verre van ideaal. Kies daarom sterke planten (zie blz. 176-177) of breng voldoende beschutting aan.

Daktuin *(boven). Veel planten geven een verfrissend contrast met het 'stadslandschap'.*

Zitruimte *(links). De beplanting is beperkt tot bakken langs de dakrand, zodat zoveel mogelijk ruimte om te zitten overblijft.*

Een goede watervoorziening en verzorging zijn noodzakelijk. De altijd waaiende wind heeft samen met de zon een sterk uitdrogend effect, vooral op planten die in potten staan.

Het is altijd verstandig om de huiseigenaar en/of een bouwkundige om toestemming respectievelijk advies te vragen, zeker wanneer het dak met veel extra gewicht belast dreigt te worden.

Ontwerpvariaties – daktuin *(onder). De twee manieren van aanpak op deze bladzijde laten tegengestelde ontwerpen zien om de ruimte van het dak te gebruiken. Het dak is bedekt met bitumen en links staat een niet meer gebruikte schoorsteen. De toegang wordt verkregen via een raam vanaf het punt vanwaar we kijken. In versie 1 is dit een deur geworden, in versie 2 is een geheel nieuwe toegang gemaakt in het met leisteen bedekte schuine dak en ook een nieuwe woonkamer.*

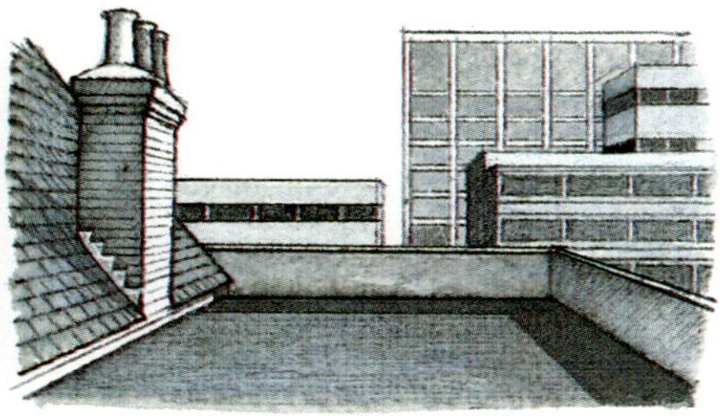

Oplossing – versie 1 *(boven). Het voordien niet gebruikte dak is veranderd in een heldere en informele ruimte, bedoeld voor ontspanning en feestjes. Bij de schoorsteen is een kleine bar gemaakt.*

Oplossing – versie 2 *(onder). Dit ontwerp is formeler en minder zwierig van stijl dan versie 1. Het is een visuele uitbreiding geworden van de nieuwe woonkamer die op de bovenste etage is gekomen.*

Plattegrond van versie 2

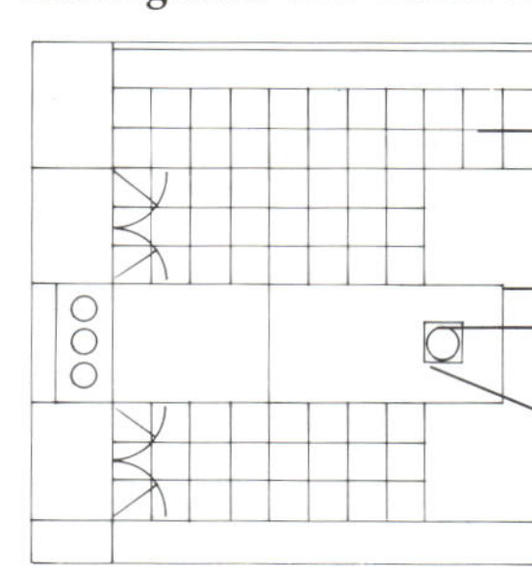

BALKONS

Balkons, hoe klein ze ook mogen zijn, kunnen altijd een waardevolle visuele uitbreiding van het aangrenzende vertrek worden, waar het hele jaar van genoten kan worden. Zelfs het meest winderige en stoffige balkonnetje biedt met wat planten 's zomers een plekje om rustig te kunnen zitten.

STIJL VOOR HET BALKON

Een erg eenvoudige maar doeltreffende manier om binnen en buiten te verbinden is om op de vloer van balkon en kamer hetzelfde te gebruiken. Met binnen wat planten in potten versterkt u die band. Zet op het balkon dezelfde stijl meubelen als in de kamer, verhuis ze naar behoefte (dat heeft als bijkomend voordeel dat er geen extra bergruimte nodig is) en gebruik voor de balkonmuren hetzelfde kleurenschema als voor de kamerwanden.
Met verlichting (buiten of van binnenuit) heeft u op zomeravonden ook profijt van het balkon. Maar ook 's winters is een verlicht balkon, vanuit de kamer gezien, een boeiende voorgrond voor de achtergrond van de verlichte stad.

SCHADUW EN BESCHUTTING

Met zonneschermen, parasols en jaloezieën houdt u natuurlijk fel zonlicht tegen, maar ook planten zijn hiervoor geschikt. Struiken zoals buxus of klimplanten zoals klimop die langs een hekwerk groeien, geven beschutting. Niet alleen tegen de zon en tegen de wind, maar ook tegen ongewenste inkijk. Als u veel planten heeft, is een kraan op of vlakbij het balkon erg handig om gesjouw met gieters te vermijden. Zie blz. 176-177 voor een lijst met geschikte planten.
Net als voor daktuinen geldt ook voor balkons dat bij het vermoeden van een grote belasting toestemming en advies nodig zijn van de huiseigenaar of een bouwkundige.

Opgewekte kleuren *(boven). Gele muurbloemen* (Cheiranthus cheiri) *staan hier in potten, kuipen en hangmandjes. Een uiterst kleurig balkon midden in de stad.*

Ontwerpvariaties – balkon *(onder). De drie ontwerpen hiernaast tonen hoe dit kleine balkon veranderd kan worden in een intieme en stijlvolle uitbreiding van de woonruimte. Het balkon is omgeven door een lage muur en van het balkon van de buren afgescheiden door een ruit. Twee glazen schuifdeuren vormen de verbinding met binnen.*

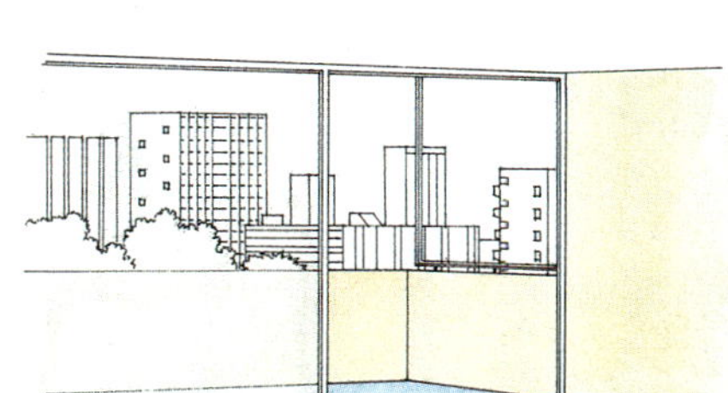

Oplossing – versie 1 *(boven). Sterke en tropische kleuren en vormen zijn binnen en buiten toegepast. Ze brengen licht en leven op het balkon en verbinden balkon en kamer met elkaar.*

Oplossing – versie 2 *(links). Een taxushaag geeft schaduw en privacy. Gesnoeide groenblijvende palmboompjes (*Buxus *sp.) dienen als permanente achtergrond; potten met bolgewassen en eenjarigen kleuren 's zomers het balkon.*

Oplossing – versie 3 *(rechts). Een muur sluit het balkon gedeeltelijk af en vormt twee 'ramen'. Schuivende louvredeuren maken een wisselend uitzicht op het balkon en de stad mogelijk, alsof het coulissen op een toneel zijn.*

RAMEN

Ramen lenen zich bij uitstek om opgesierd te worden met schilderwerk, latwerk en planten in potten of bakken. Dat geldt vooral voor wie geen 'echte' tuin heeft. Een goed 'beplante' vensterbank met raam kan niettemin veel voldoening geven!

VAN BINNEN OF BUITEN

Kies planten en potten die passen bij de stijl en het materiaal van het raamkozijn en de muur, en bij het kleurenschema van de kamer. Bedenk bij het uitkiezen en het plaatsen van de potten of het raam het meest van binnenuit (zie hiervoor versie 2 rechts) of van buitenaf (versie 3 rechts) bekeken zal worden. Plaats dan de potten en de planten zodanig dat ze van binnen respectievelijk van buitenaf zo goed mogelijk tot hun recht komen.
Als u geen vensterbank heeft, of de ramen openen naar buiten, dan is een andere mogelijkheid om plantenbakken of potten onder het raam te hangen, of u laat klimplanten van beneden af langs het raam groeien. Een raam op de begane grond kan met planten (die binnen of buiten kunnen staan) tegen nieuwsgierige blikken afgeschermd worden.

Vlammende kleuren *(boven). Een spectaculaire groep geraniums bij een zonovergoten raam.*

Bladerengordijn *(links). Bamboe (*Arundinaria *sp.) in een plantenbak op een beschaduwde vensterbank vormt een 'bladerengordijn' dat bescherming biedt tegen inkijk maar toch voldoende daglicht doorlaat.*

Ontwerpvariaties – oude situatie *(onder). De verschillende vormen van de ramen en de vensterbanken stellen verschillende eisen aan het ontwerp. De drie verschillende typen ramen hieronder worden in tegengestelde stijlen versierd. Gebruik wordt gemaakt van eenvoudige combinaties van planten, potten, latwerk en verf. Voor u met het ontwerp begint moet u zich afvragen of het raam bedoeld is om vooral van buiten of van binnen uit bekeken te worden.*

Oplossing – versie 1 *(boven). Een hangmandje geeft een verfrissend groen accent aan dit raam dat bij een flatwoning hoort en geen vensterbank heeft om potten op te zetten. Het mandje hangt aan een sterke draad die aan een metalen pin in de muur boven het raam is vastgemaakt.*

Oplossing – versie 2 *(boven). Een paneel met latwerk vormt een deel van het interieur en past goed bij de heldere landelijke kleuren en de korenschoven.*

Oplossing – versie 3 *(boven). Houten latwerk (zoals in versie 2) is aan de buitenzijde vastgemaakt voor gele klimrozen.*

Oplossing – versie 4. *Een mediterraan aandoende opstelling van terracotta potten met witte, gele en oranje begonia's en paarse basilicum vormt een kleurig contrast met de donkerblauwe raampartij en de lichtblauwe muur. De potten rond het raam zijn een fraai gezicht vanaf de straat; de potten op de vensterbank zijn van binnen uit te bewonderen.*

Oplossing – versie 5. *Kruiden groeien in een plantenbak onder een raam dat naar buiten opent.*

OPBERGRUIMTEN

Een probleem in veel kleine tuinen is vaak het gebrek aan opslagruimte. Niet alleen vuilniszakken, maar ook speelgoed, zakken compost en tuingereedschap schreeuwen om een plekje.
In grote tuinen is er gemakkelijk plaats voor een achterafstaand schuurtje te vinden; in kleine tuinen neemt zo'n opbergruimte relatief veel plaats in en staat eigenlijk altijd in het zicht. Er zijn echter oplossingen om de opbergruimte in of aan te bouwen of verdekt op te stellen.

GEÏNTEGREERDE RUIMTEN

Eén mogelijkheid is om de opbergruimte als volwaardig element op te nemen in het ontwerp van de tuin. Gebruik steen, hout of ander materiaal dat past bij de rest van de tuin. Maak gebruik van lastige hoekjes die nauwelijks te gebruiken zijn en ontwerp opbergkasten of -kisten die deze loze ruimte precies opvullen. De drie getekende ontwerpen laten verschillende manieren zien. Als onderdeel van een ingang of hek kan zo'n opbergruimte zelfs stijl krijgen.

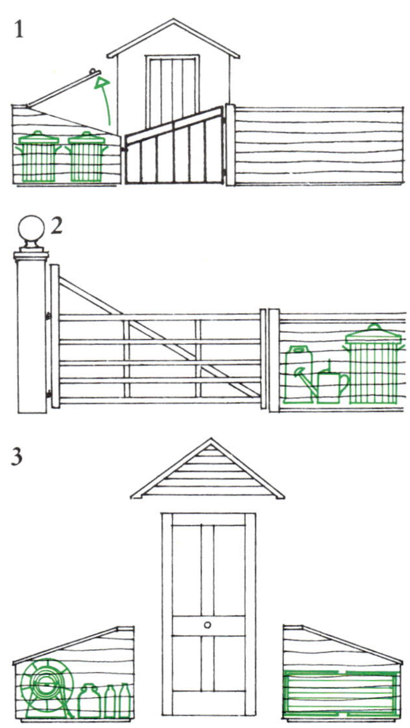

Oplossingen. *Drie stijlvolle oplossingen voor opbergruimte.*
1. *Een kist met deksel voor vaak gebruikte spullen.*
2. *Een opbergkist ontworpen als uitbreiding van het hekwerk.*
3. *Twee kisten die de schuine vorm van het afdakje herhalen.*

Aangebouwde opbergruimte *(boven). Een houten kast, geverfd in de kleur van de woning, biedt een onopvallende bergruimte.*

Kisten en kasten moeten gemakkelijk toegankelijk en schoon te maken zijn. Spullen die niet vaak nodig zijn kunnen op minder bereikbare plaatsen gelegd worden, bijvoorbeeld onder de opklapbare zitting van een holle stenen zitbank.

ANDERE OPLOSSINGEN

Met een open scherm (bijvoorbeeld latwerk met klimplanten) of een dicht scherm (zoals een rietmat of overlapscherm) kan een ruimte afgeperkt worden voor vuilniszakken of de composthoop. Ook heggen zijn voor dit doeleinde geschikt, maar neem dan wel groenblijvende struiken, anders is het effect 's winters weer verdwenen.

STRUCTUUR

De materialen in uw tuin, de manier waarop ze gecombineerd zijn en de stijl van de decoraties hebben een grote invloed op het karakter van de tuin.

In de hierna volgende hoofdstukken worden de praktische en visuele voor- en nadelen van verschillende materialen en constructiemethoden besproken. Bovendien wordt aan de hand van een aantal ideeën getoond hoe u bestaande structuren in een nieuw ontwerp kunt verwerken en hoe u daarbij passende kuipen, potten, verlichting en dergelijke kunt kiezen.

HET SKELET VAN DE TUIN

De structuur van een kleine tuin kan op zich al een boeiend gezicht zijn. Dat moet soms ook wel, want de omstandigheden zijn niet altijd geschikt voor een overdadige plantengroei. De vormen van de verschillende oppervlakken (zoals grind en paden), waterpartijen en muren en de aard van het materiaal vormen het 'skelet', dat de tuin een permanente structuur, patroon en karakter geeft.
Zelfs voor wie vooral in het kweken van planten is geïnteresseerd is dat skelet belangrijk, want een verzameling planten zonder een bindende structuur ontaardt in een rommelig geheel. Onderdelen van het skelet kunnen aandachtspunten op zich zijn, zoals de houten trap hieronder. In de tuin op de foto rechts is te zien hoe harde materialen en zachtere plantvormen in perfecte balans kunnen samengaan.
Het is die basisstructuur die de ruimte fysiek en visueel tot een eenheid maakt – huis, tuin en omgeving met elkaar verbindend. In het algemeen geldt dat hoe nauwer de band is tussen een kleine tuin en zijn directe omgeving (vaak het huis en het interieur), des te groter die tuin lijkt.
Een andere functie van het skelet is als beschutting tegen weer en inkijk. Daarnaast dienen andere delen van het skelet, zoals terrassen en paden, als een stevige ondergrond om op te lopen en de tuinmeubels op te zetten. Een goed ontworpen structuur voldoet aan de wensen van mensen, planten en andere elementen.

Plastische structuur *(boven). Deze houten treden zijn op zich al een boeiend onderdeel van de tuin.*

Structuur en beplanting *(rechts). Een perfecte balans tussen harde structuur en zachte vormen van planten.*

MUREN

Een van de redenen waarom veel bezitters van kleine stadstuinen zo gecharmeerd zijn van ommuurde plattelandstuinen, is dat hun eigen tuin ook omringd is door muren of schuttingen – die geven in dit geval de grens aan met de naburige huizen en tuinen. Maar een muur heeft in een kleine tuin (dit in tegenstelling tot een grote) al gauw een benauwend effect.

Soms moet inderdaad een nieuwe muur gebouwd worden, of een oude gerepareerd, maar vaker moeten we optreden tegen de invloed van bestaande tuinmuren. Hoe hoger die ommuring is, des te sterker neigt de blik omhoog, weg uit de put die onze tuin geworden is. Om dit effect tegen te gaan, moeten we aandachtspunten in de tuin aanbrengen (waarvan de afmetingen in overeenstemming zijn met de grootte van de muur), of kunnen we de muren beschilderen of op andere wijze versieren (zie blz. 94-95 voor voorbeelden).

Probeer weerstand te bieden aan de verleiding om in een kleine tuin priegelig te werk te gaan. De aandachtspunten moeten visueel kunnen 'opboksen' tegen de muren. Neem bijvoorbeeld een tuin omringd door een twee meter hoge muur. Houd deze maat aan bij het maken van het tuinontwerp en combineer deze met een fors perk van 2×2 m of een terras of zandbak, zodat de tuin minder ingesloten lijkt. Een ontwerp in vier opeenvolgende stappen volgens deze principes wordt in de tekeningen op blz. 92 geïllustreerd.

De stijl van de tuinelementen hangt vanzelfsprekend samen met de stijl van de woning en de materialen waaruit de woning en de muren die de tuin omringen

Ommuurde tuin *(rechts). De geverfde betonnen muren die deze tuin omsluiten, hebben door een strak houten latwerk een postmodern tintje gekregen.*

Muurcollage *(boven). Stukken cederhout zijn hier gebruikt voor een abstracte collage. Dit is een effectieve manier om neutrale muurvlakken te versieren.*

Spectaculair beton *(links). De hoogte en opstelling van deze betonnen muren (ter plekke gegoten) geven visuele spanning aan de tuin en bieden voldoende beschutting en privacy zonder benauwend te worden.*

zijn opgetrokken. Een zitbank of waterpartij die van hetzelfde materiaal is gemaakt als de ommuring, geeft de tuin een samenhangende en harmonieuze aanblik.

KEERMUREN

We kunnen de ommuring van de tuin als een achtergrond zien, en in de tuin lagere muurtjes gebruiken om de aandacht van de toeschouwers van buiten naar binnen, op de tuin zelf, te richten.
Als de tuinmuren stevig genoeg zijn, kunnen we de ruimte tussen tuinmuur en keermuur opvullen met grond (denk aan de waterafvoer) en beplanten. Maar maak niet de fout om in een kleine tuin overal langs de ommuring van de tuin zulke verhoogde borders aan te brengen, want u bereikt daarmee juist het tegenovergestelde effect: dan wordt de 'insluitende' werking van de muren alleen maar benadrukt. Onderbreek de keermuren op sommige punten en gebruik ze om structuur en vorm aan de tuin te geven.
De keermuren moeten stevig zijn en bestand tegen vocht (zie voor technische details blz. 194). Door nu wat extra aandacht aan de bouwkundige details te besteden, kunt u zich later veel tijd en geld besparen.
Met lage muren kunnen ook terrassen of brede trappen gevormd worden. Het patroon van deze tuinelementen moet passen in de vorm van de tuin en passen bij de stijl van de omringende bebouwing. Misschien past een

Ontwerp voor een ommuurde tuin.
Deze opbouw van een plattegrond tot een driedimensionaal ontwerp laat zien hoe u kunt werken met de tuinmuren om een ontwerp te bereiken dat het grondoppervlak en de muren verbindt. Dit voorkomt dat de muren de tuin gaan overheersen en een onaangename, ingesloten sfeer geven. Met twee vierkanten en een rechthoek is een patroon gevormd (in evenwicht gehouden door een groot object rechtsboven) dat het oog voldoende boeit en de aandacht binnen de tuin houdt.

1
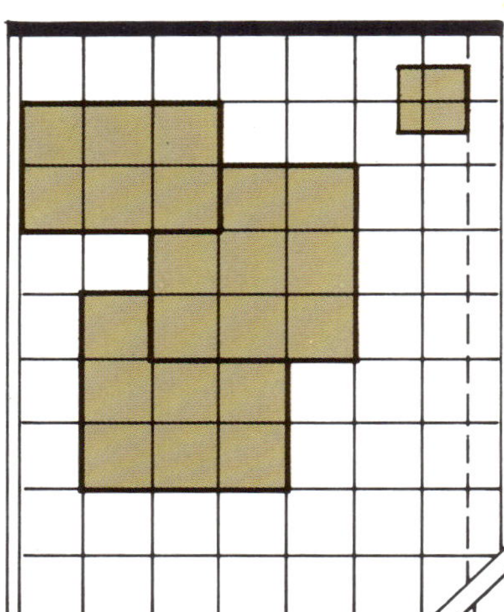

2
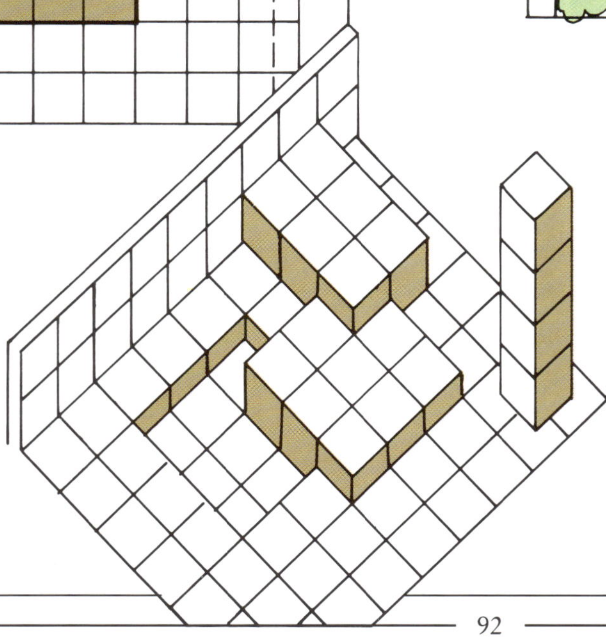

3

1. *Maak een evenwichtig patroon waarvan de vormen overeenstemmen met de afmetingen van de ruimte.*
2. *Bouw het ontwerp op door de vormen hoogte te geven, zodat een driedimensionaal beeld ontstaat.*
3. *Bedenk wat de vormen in werkelijkheid moeten worden.*
4. *In de uiteindelijke uitwerking geven delen met grind, bestrating, een waterpartij en de beplanting een sterk plastisch effect dat de aandacht binnen de tuin houdt.*

strak symmetrisch patroon uitstekend bij de stijl van uw woning en de afmetingen van de tuin, maar het kan ook zijn dat bij een hoekpunt van het huis met de tuin juist een asymmetrisch ontwerp op zijn plaats is (zie ook blz. 70-71 voor het invullen van het ontwerp met basisvormen).

ONDERHOUD

Het is belangrijk muren goed te onderhouden. Gemetselde muren hebben te lijden van vocht en plantewortels, die het cement aantasten. Vochtige muren moeten tijdig behandeld worden. Vraag desnoods om deskundig advies. Een andere oorzaak van vochtige muren die u heel gemakkelijk zelf kunt vaststellen, is een buurman die aan zíjn kant van de muur een verhoogde border heeft aangebracht – zonder eerst dit boek te lezen. Muren kunnen op allerlei manieren versierd worden: verven, betegelen, betimmeren, enzovoort. Dit soort methoden (zie de volgende bladzijden voor enige voorbeelden) zijn erg geschikt om de tuin op te fleuren zonder sloopwerk en zonder dat een vierkante centimeter grond verloren gaat.

In warmere streken beschildert men de muren vaak om ze minder verblindend te maken; bij ons is de bedoeling juist om ze wat op te vrolijken. Helderwit lijkt daarvoor op het eerste gezicht een goede keus, maar dit verkleurt in nattere jaargetijden al snel tot modderig

4

grijs. Muren in verschillende kleuren of kleurnuances zijn minder besmettelijk. Ze maken een kleine ruimte levendiger en minder beklemmend van sfeer. Het aanbrengen van abstracte patronen, zogenaamde 'schaduwen' of geschilderde silhouetten van planten is een andere methode om muren te versieren en levert boeiende effecten op als er ook echte schaduwen op vallen (zie blz. 72-73).

PLANKEN EN PANELEN

Verzamelingen van sierpotten, stenen en schelpen kunt u uitstallen op planken die aan de buitenmuren bevestigd zijn. Kijk eerst of de muur stevig genoeg is om het gewicht van de planken en de voorwerpen die erop staan te kunnen torsen. Wie een daktuin heeft, kan de belasting van het dak verminderen door plantenbakken en andere voorwerpen aan de dragende muren te bevestigen, of te plaatsen op planken die aan zulke muren zijn bevestigd.

Wandsculpturen kunnen ook als decoratie dienen. Een vlakke muur wordt een stuk spannender als er een collage van hout aan hangt. Zoiets is vrij gemakkelijk te maken door stukken afvalhout te verven of te beitsen en op een houten paneel te bevestigen.

KLIMPLANTEN

Klimplanten of planten die langs draden geleid worden vormen een natuurlijke en kleurige versiering van een muur of schutting, en kosten maar weinig van de beperkte tuinoppervlakte (zie blz. 152-155).

Spectaculaire resultaten bereikt u door een muur te schilderen en er een klimplant in een contrasterende kleur tegen te laten groeien. Met latwerk, al of niet begroeid, kunt u lelijke muren aan het oog onttrekken. Sommige planten, zoals klimop, gaan na verloop van langere tijd de voegen van oude muren aantasten. Nieuwere muren zijn gemetseld met specie die minder kalk bevat en zijn goed bestand tegen planten. Alle klimplanten moeten wel goed gesnoeid worden. Dit voorkomt dat er dode takken blijven zitten en dat vogels hun nestjes tussen de takken gaan maken. Dat ziet er leuk uit, maar kan wel vochtdoorslag veroorzaken.

Bron van inspiratie. *Deze muur is door Gaudi gemaakt van heldergekleurde stukken tegel. We gebruiken tegels om de muren in huis te verfraaien, dus waarom zouden we dat ook niet doen met de tuinmuren?*

AANDACHT VOOR MUREN

Grappig, dat we onze muren binnen versieren met mooi gevlamde wandpanelen, schilderijen en foto's ophangen en planken aan de muur bevestigen om die vol te zetten met allerlei voorwerpen die we mooi vinden, terwijl we kennelijk te beduusd zijn om de muren in onze tuin op dezelfde manier te decoreren.
Door dit soort methoden ook op buitenmuren toe te passen versterken we niet alleen het idee van een 'buitenkamer', maar kunnen we ook genieten van de kleuren en geuren van klimplanten die tegen de muren opgroeien. Ook verminderen we zo het gevoel van beklemming dat uitgaat van een kleine tuin die aan alle kanten omgeven is door hoogoprijzende kale muren. We kunnen de muur zelf de functie van aandachtspunt geven, of tot een passende achtergrond voor andere tuinelementen maken.

Muur als achtergrond. *Deze zandkleurige muur vormt de simpele achtergrond voor een Afrikaanse wandsculptuur en past goed bij de intense steen- en aardekleur daarvan. De compositie wordt versterkt door de spitse gebogen bladeren van een* Cycas revoluta *die opvallende schaduwen werpt.*

Muursculptuur. *Gebogen halfronde bakstenen zijn gebruikt om de vorm van een boom af te beelden op deze muur. De beplanting onderaan de boom en twee metalen vogels die op de 'takken' rusten maken het beeld compleet. Levende vogels kunt u aantrekken door stukjes brood of nootjes op de bakstenen te leggen.*

Keramiek. *Een terracotta zon vormt de blikvanger voor deze muur die met cederhout is bekleed. De zon is omgeven door potten met* Pelargonium tomentosum, *waarvan de bladeren de compositie compleet maken.*

Kleurige klimmers. *Planten kunnen gebruikt worden om de lijnen van een muur te verzachten. Hier kruipen takken van een lilakleurige* Ceanothus *sp. (die het liefst in volle zon groeit) over een geverfde betonnen muur.*

Groenblijvend kleed. *Groenblijvende klimplanten, zoals deze klimop (*Hedera *sp.) zijn een ideale manier om tuinmuren te bekleden. De kleur en structuur van hun bladeren blijft het hele jaar door zichtbaar.*

MATERIAAL VOOR MUREN

Bij het kiezen van materiaal moeten we bedenken of kleur, structuur en grootte passen bij de omringende structuren in de tuin. Daarbij moeten we bedenken hoe dat leuke steentje zal staan als er een hele muur van gemetseld is: het is vaak lastig om de overgang van één steentje naar een groot vlak te maken.
Baksteen is het meest populair, dankzij de grote keuze in kleuren en oppervlakte. Omdat de stenen zelf vrij klein zijn, is het een ideaal materiaal om gebogen of andere vormen te maken; daarom zijn ze geschikt voor ingewikkelde muurtjes en zitbanken. Omdat het ook tegen water bestand is, kan baksteen uitstekend gebruikt worden voor het maken van een waterpartij.
Muren kunnen gebouwd worden van klinkers, machinaal of handgevormde baksteen of van gebruikte baksteen. Klinkers zijn het hardst, en daarom worden ze ook voor bestratingen gebruikt. Machinaal gevormde baksteen is in verschillende formaten en kleuren verkrijgbaar, maar is wat minder hard en daarom minder geschikt voor bestrating.
Machinaal gevormde stenen resulteren in een vrij gladde muur. Met handgevormde of gebruikte bakstenen krijgt u een muur met een oneffen oppervlak; deze zijn erg geschikt voor metselwerk naast oude bestaande muren. Naast de variatie in baksteen is er nog meer afwisseling mogelijk door verschillende 'verbanden' (rangschikkingen van stenen) te kiezen, 'sculpturen' te maken (zie blz. 95) of de voegen anders af te werken.
Betonblokken worden ook in verschillende vormen en kleuren vervaardigd. Ze bestaan zowel in dichte uitvoering, voor de simpele recht-toe recht-aan muren, als opengewerkte blokken die een luchtiger type muur geven, waar klimplanten een haast natuurlijk houvast vinden. Voordelen van betonblokken zijn dat ze relatief goedkoper zijn en dat er sneller mee gebouwd kan worden (zie blz. 194 voor technische details). Een nadeel is echter dat er geen ingewikkelde vormen mee gemaakt kunnen worden. Beton kan ook ter plekke in vormen gegoten worden tot randen en muren, precies naar uw behoefte.

Baksteen is verkrijgbaar in veel maten en kleuren

Zandkleurige baksteen met fijnkorrelige oppervlakte

Machinaal gevormde steen van lichte klei

Baksteen van lichte kleisoort met subtiele nuances in kleur

Baksteen met golfstructuur en donkere spikkels

Licht zandkleurige baksteen met grof oppervlak

Neem gebruikte baksteen voor een rustiek effect

Verschillende materialen *(links). Vierkant gehouwen keien die in beton zijn gelegd en stenen tegels vormen hier een schaakbordpatroon. Geel korstmos verzacht de stenige lijnen. Een interessante structuur die boeiend is om te zien.*

HOUTEN AFSCHEIDINGEN

Houten afscheidingen zijn handig en goed bruikbaar in kleine tuinen. Met hoge massieve schuttingen bouwt u een 'muur' die beschutting en privacy biedt, met daarbij het voordeel dat schuttingen goedkoper, lichter en gemakkelijker te plaatsen zijn dan muren. Daarom zijn ze ideaal voor daktuinen en balkons. Opengewerkte afscheidingen en latwerk worden vaak gebruikt ter versiering of om bestaande muren te verhogen.
Andere typen, zoals hekken, worden toegepast om de tuingrenzen aan te geven, waarbij ze geen barrière vormen, maar nog een glimp van de buitenwereld laten zien, zodat de tuin minder ingesloten lijkt. In een kleine tuin dienen houten elementen ook om lelijke voorwerpen aan het oog te onttrekken, als beschutting voor mens en plant, als kader voor blikvangers en als decoratieve ondersteuning voor klimplanten.
Er zijn veel verschillende soorten houten afscheidingen (zie blz. 102-103 voor een selectie). Sommige zijn kant en klaar verkrijgbaar als panelen, zoals de overlapschermen en de vlechtschermen, andere moeten ter plekke opgebouwd worden.
Het uiteindelijke effect hangt af van de hoogte van de afscheiding, maar ook van het materiaal dat gebruikt is en de kleur en structuur van andere tuinelementen, zoals beton, baksteen of metaal. De keuze zal uiteindelijk afhangen van de 'zwaarte' van de afscheiding die u nodig heeft en van de materialen in de rest van uw tuin.

SIERLIJKE AFSCHEIDING

Vaak is het nodig de tuin duidelijk af te grenzen van de omgeving. Dat kan een laag hekje voor de voortuin zijn, om stoep en tuin visueel te scheiden zonder dat u de bedoeling heeft daar een echte hindernis van te

Tuin met schuttingen. *Een horizontale schutting (gemaakt van stammetjes larikshout) omsluit deze tuin. De schutting past goed bij de houten treden en randen langs de borders. Hoge beplanting langs de schutting 'breekt' de schutting visueel en verzacht de massieve indruk van het hout, zodat de schutting de aanblik van de tuin niet gaat overheersen.*

Combinatie van afscheidingen *(boven). Verschillende soorten tuinafscheidingen met wisselende hoogte omsluiten hier een kleine tuin, zonder dat ze een ingesloten gevoel veroorzaken. Er is voldoende variatie om een aantrekkelijke en ritmische vorm te creëren.*

Gezicht vanaf de grond

Houten scherm *(onder). Een aardig spel van licht en schaduw door een houten latwerk.*

maken. Het kan ook zijn dat u juist meer bescherming tegen inkijk wilt dan de bekende paaltjes met draad bieden die om onnaspeurbare redenen tuinen van nieuwbouwhuizen zo aardig afbakenen. De keuze van een houten afscheiding hangt van een aantal vragen af. Moet de tuin geheel afgeschermd worden of gaat het u alleen maar om een afbakening? Wilt u uitzicht naar buiten hebben of dient de schutting om bepaalde zaken aan het oog te onttrekken?

SCHUTTING RONDOM

In onze ijver om privacy en beschutting te hebben zijn we snel geneigd de tuin te veranderen in een doos met hoge en solide muren. Dit benadrukt de geringe ruimte en werkt benauwend. Er zijn verschillende manieren om dit effect te verkleinen. Een daarvan is de schutting visueel in evenwicht te brengen met de tuin, op dezelfde manier als wanneer de tuin omringd is met hoge muren (zie blz. 92-93 voor een ontwerp dat tuin en ommuring met elkaar in evenwicht brengt). Ook kunt u langs de schutting grote plantengroepen zetten. Deze oplossingen blijken effectief in een kleine tuin, zoals blijkt uit de foto op blz. 98.
Afscheidingen van verschillende materialen en afmetingen kunnen ook gecombineerd worden met bestaande bomen en grote struiken (zie bovenaan blz.

Sierlijke omheining. *De strakke lijnen van dit crèmekleurige hekwerk passen schitterend bij het karakter van de woning. Samen met de toegangspoort in dezelfde kleur vormt dit een sierlijke afscheiding, die toch niet overheersend is in de kleine tuin erachter.*

99), waardoor de tuin effectief wordt afgeschermd en een sfeer van beslotenheid wordt bereikt, zonder een benauwend 'houten kist' uitzicht.
Bij kleine tuinen kan het voordelig werken om de ruimte visueel te delen met de tuinen van de buren. Een kleine onderbreking in een schutting geeft nog meer dan voldoende privacy in de rest van de tuin, maar vermindert het gevoel van ingesloten zijn al sterk.

OPEN AFSCHEIDINGEN

Een open afscheiding geeft nog meer gevoel van ruimte. Zo'n afscheiding biedt uitzicht op andere tuinen, maar houdt voor kinderen en – althans sommige – huisdieren zijn beschermende functie. Er zijn veel soorten van zulke afscheidingen verkrijgbaar (hout, metaal of gaas); het is niet moeilijk om er een te kiezen die bij de stijl van uw tuin past.
Zo'n open afscheiding is ook een goede steun voor klimplanten, die ideaal zijn voor kleine tuinen omdat ze zo weinig oppervlakte vragen. Met klimplanten kan het uitzicht gereguleerd worden om ('s zomers of het hele jaar door) voor privacy te zorgen. Een uitstekend alternatief is om klimplanten te laten groeien langs draad, dat tussen houten palen is gespannen (zie blz. 195). Dit is een lichte en gemakkelijk aan te brengen constructie.
Schuttingen en hekwerken zijn veel lichter van gewicht dan muren en kunnen daarom goed op daktuinen en balkons toegepast worden. Zorg wel dat de hoogte niet in strijd is met de gemeentelijke bouwverordeningen en dat de constructie voldoende stevig is om bestand te zijn tegen het beukende geweld van herfststormen.

AFSCHUTTINGEN IN DE TUIN

Schuttingen e.d. kunnen niet alleen rond de tuin, maar ook daarbinnen toegepast worden. Ze kunnen dienen om onaantrekkelijke delen van de tuin te verbergen (plaats voor vuilniszakken, composthoop). Overlapschermen of vlechtwerkschermen zijn erg geschikt voor dit doel, evenals een open hekwerk dat begroeid is met een wintergroene klimplant.
Een deel van de tuin dat bestemd is om er te eten of te zonnebaden krijgt een veel intiemer karakter door het geheel of gedeeltelijk met schuttingen af te scheiden van de rest van de tuin.
Schermen en hekwerken kunnen we ook puur om hun visuele kwaliteit gebruiken, bijvoorbeeld als omlijsting voor een groep beelden of om er interessante vormen mee op te bouwen. Een bijkomend voordeel van een niet geheel dichte afschutting is nog, dat deze een vaag beeld geeft van wat er in de rest van de tuin te zien is en op die manier een illusie van ruimte in de kleinste tuin schept.

Muur met latwerk *(rechts). Houten latwerk, verbonden door een dik koord, als versiering voor een bakstenen muur.*

Kleurcontrast. *Houten hekwerk kan geschilderd worden als contrast met een eenvoudige achtergrond* (onder), *of afsteken bij een kleurige beplanting* (geheel onder).

HET KIEZEN VAN EEN AFSCHEIDING

Een omheining moet beantwoorden aan de afschermende functie en bovendien wat betreft de stijl overeenstemmen met de omgeving. Zwart gelakt hekwerk past prima bij een eetterras met weinig planten en elegante zwarte tuinmeubels; een ruwhouten schutting scheidt een tuintje in landelijke stijl van de tuin van de buren af.

Plastic, metaal en hout worden het meest gebruikt als materiaal voor omheiningen; beton eigenlijk alleen in de vorm van steunpalen. De meeste schuttingen zijn gedeeltelijk geprefabriceerd en worden ter plekke gemonteerd (zie blz. 195 voor het zetten van de palen). Het kan zijn dat de panelen soms te groot zijn; door zelf een schutting te ontwerpen krijgt u maatwerk dat precies past bij de afmetingen en stijl van uw tuin.

Plastic is als materiaal geschikt voor stadstuinen en vraagt geen onderhoud, maar is niet verkrijgbaar in grote hoogten. Plastic hekwerk dient eerder ter afbakening dan ter afscherming. Metaalgaas, al of niet geplastificeerd, heeft het voordeel dat het in allerlei bochten aangebracht kan worden. Het kan met metalen of houten palen gesteund worden of in panelen gezet worden (zie onder). De geplastificeerde vormen zijn minder gevoelig voor roest.

Met hout zijn zoveel afscheidingsvarianten mogelijk, dat er altijd een voor u geschikte vorm is. Tenzij u met – duur – hardhout werkt, moet het hout met verf, beits of een conserveermiddel beschermd worden tegen rot. Hout dat in direct contact met de grond staat, gaat vroeg of laat altijd rotten op het grensvlak tussen lucht en bodem. Daarom moeten houten palen via een metalen strip worden verankerd aan een betonnen voet in de grond. Het hout mag de grond niet raken (zie blz. 195-196).

Geplastificeerd gaas in een houten raamwerk

Schutting van horizontale planken

Bamboestokken kunnen tot een dicht of open scherm bijeen gebonden worden

Houten latwerk dient om muren te versieren
of in de hoogte uit te breiden

Zwarte ijzeren ketting voor bevestiging tussen paaltjes

Geverfd houten hekwerk als sierlijke afscheiding

Dichte schutting van planken (messing en groef)
op horizontaal latwerk

INGANG EN UITGANG

Ingang bij patio. *De pure stijl van deze mediterrane ingang is nauwelijks te verbeteren. De bestrating werkt als een neutrale achtergrond voor de heldere kleuren van het houtwerk, de kussens en de planten.*

Een ingang is belangrijk, niet alleen omdat de eerste indruk de bezoeker het meeste bij blijft, maar ook omdat in de stad het stukje bestrating bij de ingang zelf (een stoep of paadje) vaak de eigenlijke 'voortuin' vormt.

OUD EN NIEUW

De traditionele toegang tot het huis bestaat uit een tuinpoort, een toegangspad en de voordeur. Meestal zijn deze drie in dezelfde stijl ontworpen, waarbij poort en voordeur bij elkaar passen. De nieuwere bouwvormen, met hun appartementen, split-level woningen en veiligheidsmaatregelen, leiden tot een andere aanpak, waarbij de 'tuin' wordt gevormd door trappartijen, gangen en muren van gebouwen, en de bekende indeling van de voortuin niet meer opgaat.

Toch kan ook in deze omgeving een stijlvol geheel ontstaan, zodat u een aantrekkelijke overgang tussen de openbare ruimten en de woning kunt bereiken. Of uw huis nu een gewone rijtjeswoning is of een onderdeel van een onconventioneel ontworpen complex, het verdient een levendige en uitnodigende toegang.

VOORPROEFJE

Het materiaal van het tuinpad, voorportaal of galerij, de kleur van de voordeur (inclusief het beslag), de kuipen en potten met planten in de voortuin: ze moeten allemaal passen bij de stijl van het huis en als het ware een voorproefje zijn van wat zich daarbinnen bevindt. De architectuur van het huis dient daarbij de leidraad

Traditionele poort *(rechts). Een poort in typische traditionele stijl die tegelijk mooi is om te zien en veiligheid biedt. De bewoner kan zien wie er voor de deur staat en de voorbijganger kan een glimp van de tuin opvangen.*

Gedurfde ingang *(geheel rechts). Een eigentijdse tegenhanger van de traditionele poort links. Het gewaagde ontwerp maakt de bezoekers duidelijk dat ze aangekomen zijn.*

Stijl verbinden. *Deze grijze houten poort past goed bij de verstilde sfeer van de omringende structuren en bovendien bij de deur en de raamluiken. Deze visuele verbindingen vormen samen een ingang die past bij het karakter van de tuin en van de woning.*

te zijn. Probeer karakteristieke punten te herhalen in de voordeur en het toegangshek. Er zijn talloze stijlen, van streng klassieke ijzeren poorten tot landelijke houten hekken (zie blz. 196 voor details van de constructie). Met name een herhaling van de stijl van de voordeur in die van het hek (vorm, kleur, materiaal) schept een verbinding en maakt de ruimte ertussen tot een eenheid. Een gladde gemetselde muur bijvoorbeeld past goed bij een strak modern ontwerp met gelakt houtwerk, terwijl we een ruwstenen muur zullen combineren met tuinelementen die van ruw en onbewerkt hout zijn vervaardigd (zie blz. 106 voor illustraties van verschillende stijlen). Daarnaast moeten voordeur en hek ook passen bij de rest van de straat, want ze maken evenzeer deel uit van de directe omgeving.

EEN VEILIG HEK

Steeds meer mensen maken zich bezorgd om hun veiligheid en laten bij het ontwerp van de toegang tot het huis veiligheidsaspecten meespelen. Dit levert hoge en stevige hekken op, die meestal van metaal gemaakt zijn. Ook dit soort hekken kunnen, mits goed ontworpen en passend bij de omgeving, wel degelijk aantrekkelijkheid combineren met doelmatigheid.
Een ander aspect is privacy, een gegeven dat vooral belangrijk is voor mensen die aan een drukke weg wonen. Een hoge muur of een dichte schutting, samen met een dichte poort van hout of metaal, geven een volledige bescherming tegen nieuwsgierige blikken (zie blz. 196 voor details van de constructie van een ijzeren poort). Zo'n voortuin, voorzien van grind (een andere vorm van verharding is natuurlijk ook mogelijk), zitgelegenheid en wat planten in potten, kan een plezierig binnenhofje zijn, dat een gezellige zitplek en een veilige speelgelegenheid voor kinderen in zich verenigt.
Ook andere soorten hekken (laag houten hekwerk, ijzeren spijlen) houden kinderen en sommige huisdie-

ren binnen de poort. Toch heeft dit soort hekwerk voornamelijk een functie als decoratieve afscheiding en is het geen visuele hindernis, laat staan dat ongenode bezoekers erdoor weerhouden worden uw huis een bezoek te brengen. Ze geven slechts de ingang aan en laten zicht van binnen naar buiten en andersom toe. Een laag deel in een verder hoog hek heeft het voordeel dat de tuin ruimer lijkt en vermindert het gevoel ingesloten te zijn.

DE AANPAK

Hoewel de toegang tot het huis, of het nu een breed pad is of een smalle trap, veilig en praktisch moet zijn, mag de stijl niet ondergeschikt worden gemaakt aan deze functionele eisen. Zeker als de ruimte die direct voor het huis ligt de enige tuin is waarover u beschikt, zult u er het toch het beste van willen maken. Enige ideeën voor ontwerpen voor smalle paden worden getoond op blz. 76-77, voor trappen op blz. 78-79.
Een smal pad dat rechtstreeks van de straat naar de voordeur loopt, maakt de tuin kleiner. Maak liever een soort 'voordeurterras', dat past in het patroon van de tuin. Zie ook blz. 115 voor het effect dat verschillende bestratingen kunnen hebben. Een andere mogelijkheid is om gebruik te maken van grind om de tuin een uniforme aanblik te geven, zodat deze groter lijkt.
Omdat zo'n terras vooral bedoeld is als looppad, is een praktische overweging om gladde gedeelten, obstakels en niveauverschillen te vermijden. Materiaal met een ruw oppervlak, zoals baksteen, is daarom beter geschikt dan gladde betontegels.
Vaak moet ook de auto een plaatsje voor het huis krijgen. Zorg ervoor dat zo'n 'parkeerterrein' zoveel mogelijk vrij is van hindernissen, om het parkeren niet moeilijker te maken dan het al is. Denk eraan dat u rondom de parkeerplaats afvoergeulen voor het water aanbrengt, zodat bij het wassen van de auto de tuin niet onder het sop loopt. Zoals bekend is shampoo niet bevorderlijk voor het welzijn van planten.

DEUREN EN TREDEN

Of de voordeur nu direct aan de straat grenst of in de tuin ligt, probeer hem een verwelkomend karakter te geven dat als het ware uitnodigt om verder het huis in te komen. Met verf fleurt u de deur zelf en de nabije omgeving (lijstwerk, regenpijpen) snel, goedkoop en gemakkelijk op.
De drempel kunt u verbreden door aan weerszijden of aan de voorkant een extra rand te maken. Een goed geplaatste bak met planten erbij of een guirlande die aan de voordeur hangt, geeft de ingang een eigen sfeer en verwelkomt de bezoekers. Als u direct aan straat

Stijlen van poorten en deuren.
1. *Deze traditionele houten deur past in een oude stenen muur en geeft het binnenhofje daarachter complete privacy.*
2. *Een geverfde houten deur, omgeven door klassieke zuilen, vormt een voorproefje van de stijl in de kleine tuin.*
3. *De vorm van de bollen boven deze moderne ijzeren poort wordt herhaald in het ronde motief dat de aandacht leidt naar de deur verderop.*

1. *Traditionele houten deur*

2. *Klassieke toegangspoort*

3. *Moderne ijzeren poort*

woont, moet een en ander wel stevig vastzitten, want al die leuke versieringen zijn sneller gestolen dan ontworpen en aangebracht. Een pergola-achtige structuur (aan de ene zijde vastgemaakt aan een muur, aan de andere rustend op vrijstaande palen) is een goede manier om bezoekers naar een minder opvallende ingang te leiden (zie voor andere toepassingen van pergola's ook de volgende bladzijden).
De vuilniszakken moeten soms ook een plaats bij de voordeur vinden. Als er voldoende ruimte is, kunt u een opbergkast maken (zie blz. 86) van steen, hout of een ander materiaal dat bij de voorgevel past. Eventueel maakt u een plantenbak erbij van hetzelfde materiaal. Een andere mogelijkheid is om het afval te verstoppen achter een groenblijvende struik, of achter een latwerk dat begroeid is met een groenblijvende klimplant. *Hedera helix* 'Goldheart', een klimop-variëteit, is daarvoor erg geschikt.

Entree met stijl. *De opvallende architectonische behandeling van deze ingang vormt een sterk contrast met de klassieke hal daarachter.*

Het is prettig voor bezoekers (en als het laat geworden is ook voor onszelf) dat ze ons huis gemakkelijk vinden, vooral in het donker. Het verlichten van de voordeur en het huisnummer doen hier wonderen. Laat het licht vanaf de grond naar boven schijnen. Een hooggeplaatste lamp geeft namelijk harde en donkere schaduwen op de gevel die een naargeestige indruk kunnen geven (zie blz. 136 voor enkele verschillende manieren om verlichting in de tuin aan te brengen). Kies een lamp die bij de stijl van het huis en de rest van de tuin past; neem bijvoorbeeld geen oude koetsierslantaarn voor een voortuin die volgens een strak modern ontwerp is ingericht.

PERGOLA'S

Het woord 'pergola' roept associaties op met grote, met druiveranken bedekte balken, die in beter met zon bedeelde streken als een lommerrijke uitbreiding van de huizen dienen. Pergola's hebben echter nog andere functies. Ook in ons wat koudere klimaat kunnen we deze tuinelementen gebruiken om het idee van een 'buitenkamer' gestalte te geven, als beschut plekje, of om het visuele aspect van de tuin te versterken.

DYNAMISCHE PERGOLA'S

Pergola's zoals afgebeeld op de foto's linksonder en hiernaast, leiden van de ene ruimte naar de andere en hebben daardoor een dynamisch, leidend karakter. Pergola's die een grotere ruimte overspannen en afbakenen en niet er 'door' lopen, zijn statisch van aard.

Leidende pergola's kunnen vrij staan of langs een gebouw lopen. De vrijstaande vorm leidt de blik in de diepte en verkort daardoor het perspectief van de voorgrond. Soms is dit ook de bedoeling, wanneer we bijvoorbeeld de aandacht op een deur willen vestigen of wanneer de pergola een pad overdekt (zie de foto hiernaast). De ruimte naast de pergola wordt echter gemakkelijk een strook grond die 'overgebleven' is en waarvoor niet altijd gemakkelijk een goede bestemming is te vinden.

Een pergola langs de muur geeft het effect van een zuilengalerij en kan een nuttige functie hebben: deze kan dienen om een ingang te overdekken of om de warmte van de zon te temperen. In warme streken geven de liggers zelf en de klimplanten die erover groeien niet voldoende bescherming tegen de hitte. In dat geval kan

Beschutte ruimte *(boven en rechts). De pergola boven geeft beschutting aan deze voordeur in een warme mediterrane straat. Rechts vormt de pergola het 'plafond' van een buitenkamer waar 's zomers buiten geleefd kan worden.*

Dynamische pergola *(bladzijde hiernaast). Deze houten pergola is boven een betegeld pad aangebracht en heeft een krachtige en dynamische werking.*

over de pergola een zeil of kleed gelegd worden om extra schaduw te geven. Ook rieten of bamboe matten kunnen op de liggers bevestigd worden. Behalve dat ze verkoeling brengen, hebben ze ook het voordeel dat ze interessante patronen van licht en donker op de grond en muur vormen. In koelere klimaten is zo'n permanente afdekking niet nodig, omdat het bladerdek van klimplanten dan voldoende is. 's Winters kan het licht dan ongehinderd in het huis komen.

STATISCHE PERGOLA'S

Statische pergola's, die geen richting aangeven maar een ruimte overspannen, zijn erg geschikt om de sfeer van de woning naar buiten te brengen en om – in ieder geval visueel – het idee van een buitenkamer te verwezenlijken. Door een 'plafond' (in dit geval gevormd door de liggers van de pergola) aan te brengen, wordt de indruk versterkt dat we ons in een echte kamer bevinden, waardoor de grenzen tussen binnen en buiten vervagen en de ruimte groter lijkt.

Een statische pergola staat meestal niet volkomen vrij van muren. Het kan zelfs zijn dat de tuin zo klein is dat er eenvoudig geen ruimte is voor het maken van een vrijstaande constructie. De liggers kunnen dan aan één zijde bevestigd worden aan de muur, en aan de an-

Afbakenen en insluiten *(boven en onder). Een eenvoudige pergola van metalen bogen (boven), begroeid met klimrozen, benadrukt de vorm van het pad. De stoere, met een druif begroeide pergola hieronder bakent een klein hoekterras af.*

dere zijde op verticale staanders. Staanders zijn zelfs helemaal niet nodig als de liggers tussen twee muren aangebracht worden (bijvoorbeeld tussen twee zijgevels of tussen de huis- en tuinmuur).

Architectonische uitbreiding. *Deze geverfde houten pergola, bedekt met blauweregen, is een perfecte uitbreiding voor het houten huis.*

PERGOLA'S OP HET DAK

Daktuinen liggen vaak onbeschut, niet alleen wat betreft de wind maar ook visueel. Een pergola op het dak geeft een besloten gevoel; begroeid met klimplanten geeft hij beschutting tegen zon, wind en inkijk.
Het is belangrijk om de sterkte van het dak te controleren voordat de pergola wordt gemaakt, want het gewicht kan aanzienlijk zijn; bovendien kan er toestemming van de eigenaar van de woning vereist zijn. Metalen constructies zijn lichter van gewicht dan constructies van hout. Als er aan weerszijden muren staan, kunnen daar draden tussen gespannen worden als een ultralichte 'pergola'.

PLANTEN

Pergola's, of ze nu vrijstaan of tegen een muur aan, vormen een ideaal houvast voor klimplanten. Een van de fraaiste aspecten van een met planten begroeide pergola is het zonlicht, dat door de bladeren gefilterd wordt. De planten zullen de harde lijnen van de structuur verzachten en geven schaduw en privacy. Dit laatste is van groot belang in een omgeving waar van bovenaf op de tuinen wordt neergekeken. Het verticaal laten groeien van planten spaart ook kostbare tuinoppervlakte. Zo krijgt u veel groen op luttele vierkante meters. Bedenk dat het gewicht van de planten de pergola belast en soms te veel kan zijn, zeker als deze slechts bestaat uit gespannen draden. Probeer u ook een voorstelling te maken hoe diep de schaduw is en welk deel van het jaar de pergola begroeid is. Groenblijvende klimplanten bijvoorbeeld maken het 's winters al gauw te donker en daardoor somber in huis.

PERGOLA'S ALS PLAFOND

In veel binnensteden zijn de afmetingen van de tuinen klein vergeleken met de hoge omringende bebouwing. Een pergola kan hier dienen om de hoogte van de ruimte te verminderen en een evenwichtige en aantrekkelijke tuin te krijgen, waar het prettig verblijven is.
Als de stijl van de pergola past bij die van de omringende gebouwen, wordt de eenheid tussen tuin en omgeving groter, en ook de ruimte zelf zal groter lijken.
Een van de bijkomende voordelen van een pergola is dat de verticale en horizontale lijnen een visueel kader vormen voor het ontwerp van de rest van de tuin. De horizontale lijnen kunnen herhaald worden in terrassen en borders met dezelfde maat. Dit draagt bij tot een coherent geheel, waardoor een kleine tuin juist zo aantrekkelijk kan zijn.

HET KIEZEN VAN EEN PERGOLA

Natuurlijk moet een pergola in overeenstemming zijn met de sfeer en stijl van de rest van de tuin. De foto's op deze bladzijden laten zien dat er – zelfs wanneer we ons tot hout beperken – sterk verschillende uitvoeringen mogelijk zijn.

De liggers van de pergola kunnen variëren in grootte en materiaal, afhankelijk van uw voorkeur en de hoeveelheid licht die er tussendoor moet vallen. De staanders moeten van een materiaal zijn gemaakt dat sterk genoeg is om de liggers – inclusief de gehele begroeiing en ook bij sterke wind – te dragen. Visueel moeten de liggers echter veel 'zwaarder' lijken dan de staanders. De tekeningen op bladzijde 197 laten enkele soorten constructies zien.

Hout wordt het meest gebruikt. Ruw of geschaafd vurehout geeft respectievelijk een ruwe of gladde structuur. Hardhout is veel duurder, maar ook duurzamer. Alle houtsoorten kunnen geverfd, gebeitst of met een conserveermiddel behandeld worden. De uiteinden van de liggers kunnen in een voor de tuin kenmerkende stijl worden afgewerkt (zie voorbeelden op deze bladzijden).

Ook metaal kan voor pergola's gebruikt worden. Het maakt de pergola lichter en minder massief dan dit het geval zou zijn met hout. Een erg 'luchtige' pergola kunt u maken met staaldraad of gekleurde koorden die als liggers met behulp van schroefogen tussen twee muren gespannen worden.

Houten liggers voor een pergola – de groene en zwarte zijn van gebeitst ongeschaafd hout, de witte is van gelakt geschaafd hout

Een oude balk van iepehout, waarvan het uiteinde eenvoudigweg is afgezaagd

Vurehouten ligger die met een conserveringsmiddel is behandeld en daarom donker van tint is

Staaldraad tussen draadspanners vormt een strakke 'ligger'

Geverfde vurehouten ligger (waarvan het uiteinde decoratief is afgewerkt) op een witgeverfde staander

Een kleurige ligger, afgezaagd in een schuine hoek en aangebracht op een metalen staander

BESTRATING

De bestrating van de tuin moet evenzeer passen bij de tuin als de vloerbedekking in huis past bij het interieur van de vertrekken. Bij de keuze moet u vanzelfsprekend letten op een passende stijl, maar laat ook de prijs en praktische aspecten van de verschillende materialen meetellen.

De bestrating is een van de meest nuttige delen van de tuinoppervlakte. Het is een ondergrond voor tuinmeubelen, potten en beelden, vraagt weinig onderhoud en kan zowel een neutrale achtergrond als een aandachtspunt op zich vormen.

ONTWERP

Het eerste waar we op moeten letten voordat we het materiaal kiezen, is de algemene rangschikking van de bestrate vlakken en de positie van de afzonderlijke tegels of stenen daarin. Dit moet al in een vroeg stadium van het ontwerp beslist worden, omdat het patroon van de bestrating de aanblik van een tuin ingrijpend kan beïnvloeden. De tekeningen op blz. 115 laten zien dat verschillende ontwerpen een heel ander effect kunnen hebben.

In het algemeen gesproken kan een patroon 'statisch' of 'dynamisch' zijn. Een statisch patroon houdt de aandacht binnen de ruimte (of een deel daarvan) vast, een dynamisch patroon leidt de blik door die ruimte heen. Sommige patronen lijken een ruimte in een aantal kleinere ruimten te verdelen; andere, vooral die met een drukke en dichte rangschikking, vestigen de aandacht juist op dit patroon. Geen of een weinig uitgesproken patroon benadrukt de algemene vorm van de ruimte en vormt een neutrale achtergrond voor andere tuinelementen in het ontwerp.

DYNAMISCHE PATRONEN

Het zijn de dynamische patronen die een gevoel van beweging geven en de blik richten. In een grote tuin kan dit uitgewerkt zijn in de vorm van verharde paden die langs gazons en perken lopen. Zulke strakke lijnen werken altijd dynamisch. In een kleine tuin, waar het bestrate gedeelte misschien al een groot deel van de tuin uitmaakt, kunt u zo'n dynamiek alleen in het patroon zelf bereiken, bijvoorbeeld door de ligging en grootte van de tegels of groepen van tegels daarin te variëren.

Een lineair patroon is bijzonder goed toe te passen als de blik van de toeschouwer in een zinvolle richting wordt geleid, bijvoorbeeld naar een fraai uitzicht, een

beeldje of de voordeur. Een statisch ontwerp is op zijn plaats voor een besloten ruimte zonder aandachtspunten, zoals een terras waar gelegenheid is om te eten. Of het nu een dynamisch of statisch ontwerp wordt, bedenk dat een ruimte groter lijkt door een simpel patroon aan te houden en de overige tuinelementen niet te klein te maken. Daarentegen maakt een ingewikkeld patroon de ruimte druk en vol, waardoor de beperkte ruimte alleen maar wordt benadrukt.

ASSORTIMENT

Bij de keuze van het materiaal spelen niet alleen de sfeer en de stijl van de omgeving een rol, maar ook de verkrijgbaarheid en het onderhoud.
Let ook op de oppervlakte en kleur van de verschillende bestratingsmaterialen voor u uw keus maakt. Bij een huis bijvoorbeeld met bakstenen muren en houten schutting, passen een bakstenen terras of houten vlonders uitstekend. Toepassing van natuurstenen tegels zou hier geen goede keuze zijn, omdat ze niet passen bij baksteen; daarbij geven veel verschillende materialen een drukke totaalindruk.
In tegenstelling daarmee vraagt een ruimte die naast een huis ligt waarin grotere stenen verwerkt zijn (en waar een betonnen muur omheen staat) om het gebruik van andere bouwmaterialen: hout en bijvoorbeeld betontegels. Baksteen of kleine tegels zouden visueel niet opgewassen zijn tegen zo'n omgeving.

Creatieve combinatie *(links). Bestrating is een goed en handig alternatief voor kleine grasveldjes. Hier rukken grote grijze betontegels op in de richting van diagonale, lichtbruine stenen in een krachtig patroon. De beplanting in de kuipen en tussen de voegen verzacht het effect.*

Gekleurd plaveisel *(geheel boven). Onregelmatige betonnen tegels zijn gekleurd en tot een levendig mozaïek gecombineerd.*

Pad met patroon *(boven). Klinkers tussen vierkante betontegels vormen een strak geometrisch patroon.*

PATRONEN

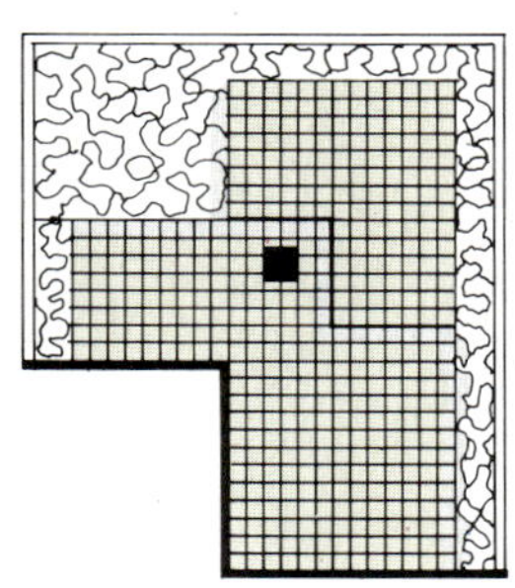

1. Dit patroon geeft een diagonale richting naar de rechterbovenhoek.

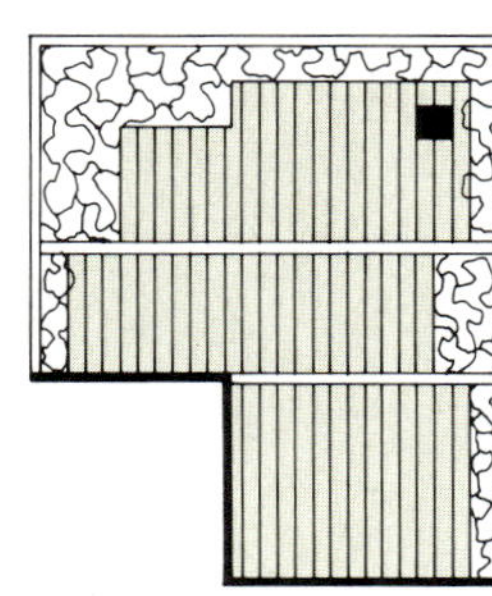

2. Tegels die in stroken door de ruimte lopen leiden de aandacht naar het object.

Deze plattegronden laten zien hoe het patroon van de bestrating verschillende effecten in een kleine ruimte kan hebben. De hoek linksonder is de woning, het zwarte vierkant een object.

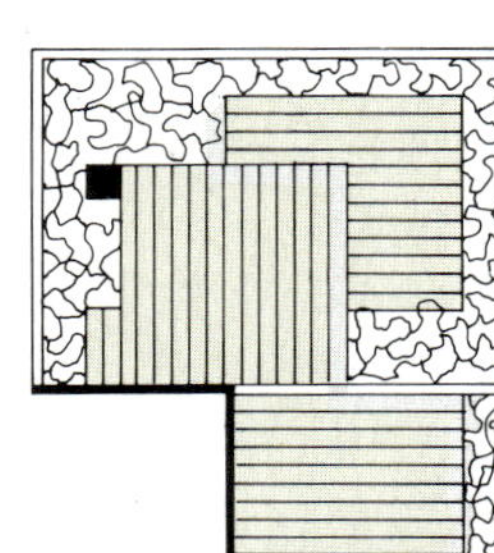

3. Dit patroon geeft een gevoel van beweging.

KEUZE VAN BESTRATING

Natuurlijke materialen zijn vaak de meest praktische en geschikte materialen om gebruikt te worden voor bestrating. In een stedelijke omgeving zijn beton en baksteen de meest 'natuurlijke' materialen, in die zin dat deze het meest in de nabije omgeving voorkomen. Er zijn veel soorten tegels, keien en andere vormen in beton verkrijgbaar, variërend van kleine blokken die op klinkers lijken tot grote platen. In het algemeen zijn vlakke en neutraal getinte soorten het meest geschikt. Een ruwe en opvallend gekleurde tegel is misschien in zijn eentje mooi, maar een heel terras is funest. Beton kan ook ter plekke gestort worden, waarbij het oppervlak bewerkt kan worden voordat het beton hard is (zie blz. 198).

Behalve klinkers (die speciaal bedoeld zijn voor bestrating) kunnen ook machinaal of handgevormde bakstenen gebruikt worden, hoewel beide laatste soorten een minder hard oppervlak hebben en kunnen verweren. Samen met ander klein materiaal zoals granieten keitjes of blokken, zijn ze ideaal voor het bestraten van kleine of grillig gevormde vlakken. Zie blz. 198 voor aanwijzingen bij het leggen.

U kunt de grote verscheidenheid aan materiaal zien als een palet, waaruit u de kleuren en structuren kiest die het best bij uw tuin passen. Door een vlak te bestraten met hetzelfde materiaal als de omringende muren, krijgt de gehele tuin meer eenheid en lijkt groter.

Vergeet de praktische aspecten niet. Gladde tegels kunnen bij sneeuw en regen gevaarlijk zijn; een ruw oppervlak geeft meer houvast.

Taps toelopende betonstenen

Gladde ronde betontegel

Bakstenen en klinkers worden in veel verschillende vormen en maten gebakken – ze geven een strak effect

Granieten keien in twee maten

Achthoekige betontegel

Gemengde bestrating. *Een aantrekkelijk geheel: uitgewassen grindtegels, keitjes en grind liggen hier tussen ter plekke vervaardigde roodgekleurde betonelementen.*

Machinaal gevormde bakstenen

Neo-klassieke rand

Gladde betonnen hoeksteen

Geglazuurde hoeksteen met sierrand

Ruwe baksteen van blauwe klei

Betonnen deksteen

ZACHTE OPPERVLAKKEN

Grind en andere 'zacht ogende' materialen, zoals split en boomschors, combineren een praktische bruikbaarheid met een aantrekkelijk uiterlijk. Ze zijn goedkoper en gemakkelijker hanteerbaar dan hard materiaal zoals beton en steen en vormen een ideale overgang van harde bestrating naar gazons en planten in perken.
Split (steenslag) en grind kunnen los gestort worden. Dit is prettig voor delen van de tuin die lastig te bestraten zijn. Een nadeel is dat ze niet geruisloos zijn om over te lopen. Voor de eigenaar van de tuin kan dat hinderlijk zijn, maar zo'n pad maakt het inbrekers juist moeilijker.
Dit materiaal is ook ideaal voor plaatsen waar weinig wil groeien en waar bestrating onpraktisch is, zoals onder bomen. Gevallen bladeren moeten wel weggeharkt of weggeblazen worden om een nette aanblik te houden.
Grind of split dat ingerold is in een verharde ondergrond vormt een vrij stevige oppervlakte. Zie blz. 198 voor de werkwijze bij de aanleg. Het is een perfect oppervlak om toe te passen naast een verhard terras: een uitwijkplaats als bij een tuinfeest het terras overvol raakt. Bovendien draagt het door zijn doorlatendheid bij aan een snelle afvoer van het regenwater.
In de binnenstad kan een heel strakke aanblik verkregen worden door grind of split te gebruiken in plaats van gras, dat veel meer onderhoud vraagt, eerder 'versleten' is en 's winters meestal een somber uiterlijk

Harde en zachte oppervlakken *(boven). Lichtgekleurd grind geeft een scherp en strak effect samen met donker gekleurde bielzen en de diepgroene puntige bladeren van* Uncinia unciniata.

Splittuin *(rechts). Het split is ingerold in een stevige ondergrond en is daarom bestand tegen gesjouw met tuinstoelen. De lichte kleur en het korrelige oppervlak vormen een uitstekende achtergrond voor de zacht donkergroene bladeren van palmen* (Trachycarpus fortunei) *en bamboe* (Arundinaria murielae).

GRIND- EN SPLITPATRONEN

Grindtuin. *Fijn grind is aangeharkt rond een 'rotseiland' in deze tuin in Japanse stijl, ontworpen door Patrick Watson.*

Abstracte vormen. *Een wervelend ontwerp voor een kleine ommuurde tuin. Er zijn vlakken gemaakt met split in verschillende kleuren, van elkaar gescheiden door aluminium strips.*

Straalvormig ontwerp. *Twee kleuren split lopen straalsgewijs weg vanuit een hoek met planten. De bakstenen randen die het split afscheiden zijn een integraal deel van het ontwerp.*

heeft. Het grind moet wel door een stenen rand of iets dergelijks op zijn plaats gehouden worden.

PLANTEN IN GRIND OF SPLIT

Struiken, vaste planten, eenjarigen en bolgewassen kunnen allemaal prima groeien in lagen fijn grind, grit en/of split die niet meer dan 10 cm diep zijn. De planten wortelen in en voeden zich uit de onderlaag. Tenslotte zijn rotstuinen ook aangelegd met stenen die op een goed gedraineerde ondergrond liggen – dit zijn de natuurlijke groeiomstandigheden voor rotsplanten.
Planten die in grind staan, geven de tuin een informele en ontspannen sfeer. Ze dienen als een visuele schakel tussen enerzijds perken en plantenbakken, en anderzijds verharde terrassen en paden. De tuin zal daardoor ook groter lijken, omdat de oppervlakte dan minder in afzonderlijke delen is gesplitst.

JAPANSE STIJL

In Japan wordt grind al eeuwenlang als een basismateriaal voor tuinen toegepast. Het wordt dan in abstracte patronen geharkt, lijkend op waterstromen en draaikolken rond eilandjes van rotsen en mos.
De foto op deze bladzijde toont dat deze aanpak ook in een kleine tuin met succes toegepast kan worden. Het vraagt wel om regelmatig, zelfs dagelijks onderhoud, want iedere regenbui en onoplettende voetstap verstoren het patroon.
Even effectief (en aanzienlijk minder intensief in onderhoud!) is de combinatie van los grind of split met grotere rotsblokken. Een kleine tuin verandert hierdoor in een interessante en meer abstracte ruimte. Rotsblokken uit steengroeven zijn meestal hoekig van vorm, maar er zijn ook grote afgeronde keien uit rivierbeddingen verkrijgbaar.

ONTWERPEN MET GRIND EN SPLIT

In de zeventiende-eeuwse klassieke tuinen gebruikte men in Italië en Frankrijk grind of steenslag tussen haagjes van buxus. Ook in kleine tuinen kan grind gebruikt worden, in combinatie met perken met planten, om een geometrisch patroon te krijgen.
Split en grind zijn verkrijgbaar in verschillende grootte en kleur, zodat er duidelijke kleurvlakken gemaakt kunnen worden, van een schaakbordpatroon tot meer abstracte patronen. De tekeningen links tonen een strak en een vloeiend ontworpen patroon, beide bruikbaar in een kleine ruimte. De vlakken met split moeten met stenen of aluminium strips gescheiden worden. De eerste kunnen als deel van het patroon beschouwd worden.
Naast deze toepassingen is grind ook bruikbaar als bedekking van daken waarop van bovenaf zicht is, of van plaatsen rond het huis waar, bijvoorbeeld door het ontbreken van zonlicht, geen planten kunnen gedijen.

HET KIEZEN VAN EEN ZACHTE ONDERGROND

Het uiterlijk van de ondergrond wordt sterk bepaald door de kleur en grootte van het split of grind. Split bestaat in feite uit kleine stukjes rots, en daarom zijn er in theorie evenveel mogelijkheden als er verschillende soorten gesteenten bestaan. De keuze in split loopt uiteen van wit en lichtbeige tot grijs, rood, bruin en zwart. In grind is de variatie aan kleuren wat minder groot.

Beide materialen passen eigenlijk bij ieder type tuin. Bedenk wel dat ze de neiging hebben met het sneeuwruimen los te raken; bovendien geven de lichte soorten nogal wat weerkaatsing op open plekken met scherp zonlicht. Kiezels en afgeronde steentjes zijn veiliger voor kinderen om op te spelen, omdat ze geen scherpe hoeken hebben.

De prijzen van deze materialen hangen vooral af van de vervoerskosten; daarom is materiaal wat uit de buurt vandaan komt meestal het goedkoopst. Het loont zeker de moeite om bij verschillende leveranciers de prijzen op te vragen.

Zowel split, grind als boomschors kunnen gebruikt worden in combinatie met 'hardere' materialen. Vlakken met grind binnen in een met tegels of stenen bestraat terras verzachten de totale aanblik en geven een aardig contrast in structuur.

Grind of split dat direct grenst aan een harde oppervlakte in de vorm van een betonnen pad of stenen muurtje heeft geen omranding nodig. Naast een gazon of een perk echter moet er een barrière gemaakt worden, anders spreidt het grind zich tussen de planten of over het gras uit. Hiervoor kunnen hout, klinkers of beton toegepast worden (zie blz. 117). Kies voor de omranding materiaal dat het beste past bij uw tuin als geheel of bij een onderdeel ervan, zoals een muur. Een tekening op bladzijde 198 toont een betonnen rand langs een grindpad.

Ruwe split van witte kalksteen vormt los gelegd een helder en strak oppervlak

Riviergrind heeft afgeronde hoeken en is daarom veiliger voor kinderen om te spelen dan scherp split

Grijze granietsteentjes als alternatief voor fijn grind

Met witte granietsteentjes kunnen patronen gelegd worden

Ontwerp met structuren. *Grind en grote keien vormen een boeiend samenspel van vormen, lijkend op een droge rivierbedding.*

In gewassen fijn grind kunnen heel goed planten gezet worden

Boomschors kan onder bomen en struiken gestrooid worden voor een 'organische' sfeer

Lichtbruin split kan voor een warmere tint naast lichtgekleurde soorten toegepast worden

Ook in fijn grit (puur of gemengd met split) kunnen planten gezet worden

VLONDERS

De toepassing van vlonders en houten dekken is buiten de tuin al eeuwenoud. Als tuinelement is hun gebruik betrekkelijk nieuw, al is het verschil met houten balkons niet zo erg groot. Zulke houten constructies kunnen dienen als uitbreiding van balkons, als grondbedekking in plaats van of in combinatie met stenen tegels, of als complete verhoogde terrassen, die op aanzienlijke hoogte in de tuin zijn aangebracht.

TOEPASSING VAN VLONDERS

Erg nuttig is het gebruik van vlonders bij schuine vlakken, zoals heuvelhellingen en dijken. Met behulp van een vlonder wordt de helling 'rechtgetrokken', er wordt een horizontaal vlak aangebracht. In dit geval vormt de vlonder een overgang tussen de – hoger liggende – benedenverdieping van de woning en de rest van de tuin. Soms is dit de enige mogelijkheid om een voldoende groot vlak terras te maken.

In de Verenigde Staten is een traditionele manier van bouwen om het woongedeelte iets boven de grond te plaatsen, zodat er ruimte is voor een grote kelder die onder het hele huis doorloopt. Een houten dek dat om het huis loopt vormt dan als het ware een uitbreiding van de begane grond, vanwaar houten treden naar de tuin beneden leiden.

In onze streken worden houten constructies steeds vaker gebruikt als alternatief voor stenen bestrating. In combinatie met een houten schutting brengt dit eenheid in de tuin, zoals de foto van de gang uiterst links toont.

Voor dit effect is het niet nodig om grote delen van de tuin van hout te voorzien; afgewisseld met een stenen of betonnen bestrating kunnen kleine vlonders al inte-

Lage vloer *(boven). Een houten dek kan een alternatief zijn voor bestrating op grondniveau. De combinatie van de houten deur, schutting en vloer geeft een coherente aanblik die de stijl van de nauwe gang ten goede komt.*

Hoge vlonder *(rechts). Deze verhoogde vlonder is op maat gemaakt om de boomstammen vrij te laten. Via de naden tussen de planken bereikt het regenwater de voet van de boom.*

ressante patronen en aantrekkelijke tegenstellingen in structuur geven. Samen met water zijn heel fraaie effecten mogelijk, bijvoorbeeld rond een vijver of zwembad. De gelijkenis met steigers dringt zich hier op; inderdaad vormen hout en water in deze combinatie van vormen een geslaagde combinatie.
Hout is ook een ideale bedekking voor daktuinen. Vierkante panelen, in afmetingen ongeveer gelijk aan stenen tegels, kunnen aan elkaar bevestigd worden tot een aantrekkelijke 'vloer', die veel lichter is dan steen. Tussen de panelen en de dakbedekking worden latten aangebracht voor de afvoer van regenwater.
Hardhout is het beste materiaal, omdat er geen conserverende behandeling nodig is. Zachtere houtsoorten moeten niet alleen geschaafd worden om splinteren te voorkomen, maar ook behandeld worden tegen rotting. Bij nat weer worden houten tegels al snel glad.
In ons vochtige klimaat is regelmatig onderhoud nodig om deze vorm van 'bestrating' in goede conditie te houden. De groei van algen op dit soort houten tegels is een beruchte oorzaak van valpartijen. U kunt het hout bespuiten met een middel dat algengroei tegengaat en/of kiezen voor hout dat een oppervlak met ribbeltjes heeft.

CONSTRUCTIE

Een lage vlonder is niet moeilijk te maken. De deklatten liggen op houten balken die via betonnen steunen op de grond rusten. Een eenvoudig voorbeeld van een dergelijke constructie staat op blz. 199. Een ambitieus ontwerp, bijvoorbeeld om een helling 'recht te trekken' of voor een vlonder op grotere hoogte boven het grondoppervlak, moet u uitbesteden of met een bouwkundige doornemen.

Verhoogde tuin. *De strakke lijnen van dit houten dek weerspiegelen de sfeer van het huis en vormen een gezellige uitbreiding van de woonruimte binnen.*

TRAPPEN

Niet alleen zijn kleine tuinen soms alleen maar bereikbaar via trappen, soms *is* de trap de tuin zelf. Trappen dienen allereerst als verbinding tussen verschillende hoogten, maar ze kunnen wel degelijk een stijlvol onderdeel van de tuin zijn, of een mini-tuin op zichzelf vormen.

MAKEN EN VERSIEREN VAN TRAPPEN

Planten in potten en kuipen zijn een simpele en doeltreffende manier om een trap op te sieren, waarbij de zachte vormen van de bladeren en bloemen samengaan met de hardere lijnen van de constructie. Het schilderen van de treden of naastliggende muren (in kleuren die passen bij de omgeving) geeft nieuw leven aan een saaie trap. Een leuning (zie blz. 200) en verlichting kunnen als functionele decoraties toegevoegd worden. Behalve het aanbrengen of vernieuwen van een trap die toegang geeft tot het huis of de tuin, kunt u ook overwegen om in de tuin zelf trappen aan te brengen, in plaats van een reeks aflopende terrassen. Dit geeft de tuin meer dynamiek en doet de ruimte groter lijken (zie blz. 200 voor details van de constructie).

Het uiteindelijke effect hangt sterk af van de vorm en afmetingen van de trap, de hellingshoek en de aangrenzende structuren in de tuin. De drie ontwerpen linksonder zijn zowel geschikt voor 'nuttige' trappen (die op de eerste plaats een verbinding zijn) als voor 'siertrappen' in de tuin.

AFMETINGEN EN MATERIAAL

De ideale maat voor een trede (van een trap die als verbinding dient) is 20 cm hoog en 40-50 cm diep. Trappen die zigzag of rond lopen hebben nog diepere treden nodig, zodat een rustig wandeltempo mogelijk is. Een trap die gebouwd is van hetzelfde materiaal als de omgeving versmelt als het ware daarmee en kan daarmee een harmonieus geheel vormen. De veiligheid mogen we echter niet verwaarlozen. Trappen die vaak worden gebruikt mogen geen glad oppervlak hebben. Treden met gladde tegels en hout worden bij nat weer glibberig. Materiaal met een ruw oppervlak, zoals klinkers of ruwe tegels, zijn in dit geval beter geschikt. Er

Trap met planten *(rechts). Eenvoudige stenen treden, versierd met geelbloeiende* Erigeron karvinskianus, *vormen een aanwinst voor deze kleine tuin.*

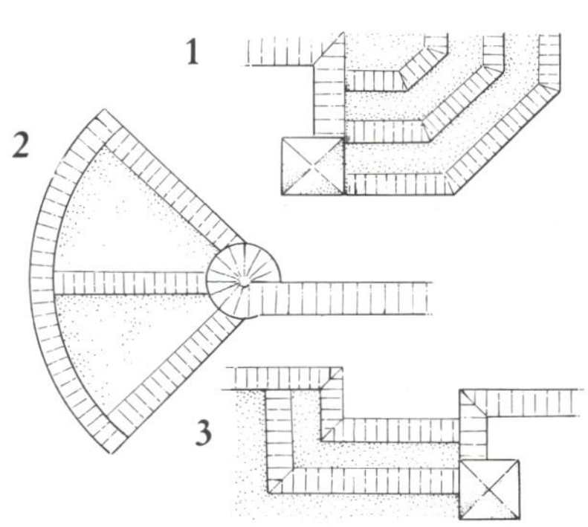

Ontwerpen voor trappen *(boven). De trappen in deze ontwerpen zijn bruikbaar als toegang, maar ook om hoogteverschillen in de tuin te verbinden. De hoek tussen de treden maakt de trappen boeiender.*
1. *Treden draaien 45°, wat een zijwaartse beweging geeft.*
2. *Brede treden in een bocht voor een rustig wandeltempo.*
3. *Een gevoel van ruimte door hoeken van 90°.*

Traptuinen *(boven en rechts). Terracotta potten met vetplanten benadrukken de hoek in de houten trap boven. Rechts geven geraniums het ritme van de muurtrap aan.*

horen omwille van de veiligheid geen planten op de treden van een 'nuttige' trap te staan, want zulke obstakels maken de trap in het donker of bij nat weer gevaarlijk om te belopen.

GEËRFDE TRAPPEN

Wanneer grote oude woningen worden verbouwd tot appartementen, worden trappen die oorspronkelijk als achteruitgang of brandtrap dienden opeens de hoofdingang. En de monumentale hoofdingang – *sic transit gloria mundi* – leidt dan nog slechts naar een klein tweekamer-appartement.
Een lelijke oude metalen trap krijgt een nieuw leven door hem vrolijk te versieren met verf of door er klimplanten langs te laten groeien. Te brede monumentale traptreden kunnen van een brede rand voorzien worden, waarop planten in potten gezet worden.
Bij het splitsen van grote tuinen kunnen ook siertrappen in de tuin plotseling geen doel meer hebben. Probeer zo'n trap in het ontwerp te integreren, en zie hem niet als een hindernis die onmiddellijk verwijderd moet worden. Beschouw het als een overgeërfd tuinelement, dat misschien goed bruikbaar is als achtergrond voor de beplanting of als een alternatieve zithoek.

WATER

Water heeft een fascinerende werking. Zelfs het kleinste tuintje wordt met water levendiger en lichter. Het is op allerlei manieren en binnen elke architectonische stijl toe te passen.
Een waterpartij moet, ongeacht de stijl ervan, behandeld worden als een integraal onderdeel van het patroon van de tuin, zodat de afmetingen in overeenstemming zijn met die van de omringende tuinelementen.

CREATIEF MET WATER

De beschikbare ruimte is natuurlijk een beperking voor de hoeveelheid water in een kleine tuin. Een waterpartij kan echter op een heel kleine oppervlakte gerealiseerd worden. Als de ruimte minimaal is, kan de verticale dimensie gebruikt worden: vallend water is een blikvanger met een sterke werking. Dit idee kan op eenvoudige wijze uitgewerkt worden als een dun straaltje dat uit een beeldje komt, maar ook in de vorm van een massieve verticale muur van water.
Water kan associaties met koude regen oproepen, maar door het creatief toe te passen wordt het werkelijk een hoogtepunt in de tuin, soms met een hypnotiserende werking. Een belangrijk aspect in verband met stadstuinen (dat vaak vergeten wordt) is dat het geluid van kabbelend en klaterend water het drukke verkeerslawaai naar de achtergrond dringt. Op warme dagen komt daar nog als extraatje bij dat stromend of vallend water een verkoelend effect heeft.
Een watervlak op grondniveau werkt in een tuin als een spiegel. Als de bodem van de waterpartij donker van kleur is, wordt de weerspiegeling sterker. Een bodem in lichte kleur (geglazuurde tegels) vermindert de weerspiegeling. In het laatste geval wordt de aandacht meer gericht op wat er onder water te zien is, waardoor de tuin alleen maar interessanter wordt en letterlijk en figuurlijk een extra dimensie krijgt. Zonlicht dat op het oppervlak van stilstaand water schijnt, weerkaatst in steeds wisselende lichtpatronen.
Het watervlak zelf en de oevers kunnen ook beplant worden, bijvoorbeeld met waterlelies en lisdodden (zie blz. 190-192 en blz. 215 voor een lijst van water- en oeverplanten). Overhangende bloesemtakken boven het water vormen een verbinding tussen het grondpatroon van de tuin en de driedimensionale vormen van de beplanting. Als waterplanten in stromend water staan, bijvoorbeeld bij een fontein of waterval, wordt de relatie tussen structuur en beplanting meer dynamisch.

Wateroase *(links). Een kleine vijver is het middelpunt van deze met schuttingen omgeven kleine tuin.*

Weerspiegelingen *(boven en rechts). Een weelderige beplanting, zowel in als bij het water, verzacht de harde lijnen van de L-vormige vijver die de vorm van het terras bij deze woning (in Washington D.C.) bepaalt.*

Ontwerpprincipes. *Deze tekeningen laten zien hoe het ontwerp rond de vijver gestalte krijgt.*

Een strak gevormde verzonken vijver die in grootte past bij de ommuring van de tuin

Door de vijver te verhogen wordt het verband met de muren verder versterkt

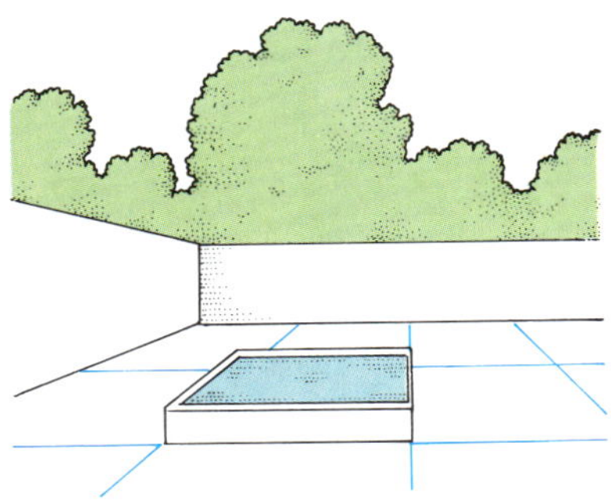

Een plastische uitwerking door bassins op verschillende hoogte te verbinden

Hier zijn planten gebruikt om de relatie vijver-tuinmuren te versterken

De meest boeiende oplossing: de beplanting in balans net de bassins

Water als object. *Ondiepe, met water gevulde schalen kunnen tot ware objecten gerangschikt worden. Een simpele manier om in een kleine tuin water toe te passen, met zijn lichtweerkaatsingen en badende vogels.*

Watervlakken kunnen op verschillende niveaus liggen, om een visuele overgang te krijgen tussen het grondoppervlak en de tuingrens. Water dat van het ene bassin naar het andere stroomt, of een 'New York plaza effect' op kleine schaal (een waterval die langs een muur stroomt) kunnen blikvangers van de eerste orde in een tuin zijn.
Water is ook 'los' toepasbaar, in tegenstelling tot de toepassing als vast element in de structuur van de tuin. Toch is het van belang, juist omdat water zo snel de aandacht trekt en opeist, dat het water – ook in losse vorm – de ruimte niet gaat overheersen en in evenwicht wordt gehouden door een krachtig patroon in de tuin.
Zulke toepassingen zijn bijvoorbeeld een spuitend beeldje, of een reeks ondiepe schalen met stilstaand water die afzonderlijk staan (zie de foto boven) of die onderling verbonden zijn en waarbij het water dus doorstroomt.

VIJVERS

Een natuurlijk gevormde vijver is niet zo op zijn plaats in een stadstuin. Hoewel ik niet graag zie dat de Japanse watertuin buiten zijn gewone omgeving wordt nagebootst, vind ik die benadering van natuurlijkheid nog meer geschikt voor toepassing in de stad dan een namaak-vennetje met een vloeiende oeverlijn.
In het algemeen geldt dat in een kleine tuin het effect van water sterker zal zijn naarmate het eenvoudiger wordt gebruikt. Ik denk hierbij aan een binnenplaats die ik ergens in Zuid-Frankrijk zag, met een ondiepe

vijver waarin tegels in het patroon van een vis liggen – simpel, maar indrukwekkend. Voor zo'n uitwerking moet het water kristalhelder zijn. Regelmatig schoonmaken is dan ook het parool. Er zijn apparaten te koop die het water schoonhouden, maar de installatie daarvan is meestal een zaak voor de vakman. (Zie ook blz. 201.)

ONTSPANNING EN INSPANNING

Zwembaden worden steeds populairder. Niet de pompeuze buitenbaden, maar kleine baden die geschikt zijn voor regelmatige lichaamsoefening. Zo'n bad hoeft niet breder dan drie meter te zijn, maar moet wel minstens zeven meter lang zijn wil er van echt zwemmen sprake zijn. Een zwembad van deze afmetingen past nog in een kleine tuin, al blijft er niet veel ruimte over voor iets anders.
Ook een zwembad moet op zijn plaats zijn in het totale ontwerp. Het verband tussen afmetingen en vorm van het bad met de rest van de tuin krijgt meestal te weinig aandacht. Peervormige of niervormige zwembaden, zo luid bejubeld door hun fabrikanten, moeten wel in een rechthoekig patroon passen. Het probleem is nu dat de overgebleven ruimte niet goed harmonieert, noch met het bad, noch met de rest van de tuin.
Baden kunnen nog kleiner uitgevoerd worden. Er kan dan niet echt in gezwommen worden, maar in combinatie met een installatie die een golfslag veroorzaakt, kunt u tegen de stroom in toch de nodige lichaamsbeweging nemen. Zo'n bad is vooral bij feestjes op mooie zomerdagen een natuurlijk middelpunt.
Nog kleiner van afmeting is de zgn. hot whirlpool, die bijvoorbeeld in een beschut gedeelte van de tuin aangelegd kan worden. Als hij dicht bij het huis ligt, kan hij zelfs 's winters gebruikt worden. Als het vriest is een verblijf in het warme water met alleen het hoofd in de koude lucht een stimulerende, zo niet bizarre, ervaring.
Water verwarmen vraagt veel energie. Afdekking van het bad tijdens de perioden dat het niet gebruikt wordt kan veel stookkosten besparen; hoe eenvoudiger van vorm het bad, des te makkelijker is dat uitvoerbaar. Er zijn installaties waardoor met een druk op de knop een afdekzeil over het bad getrokken wordt. Bovendien houdt een afdekking het water schoner.

Binnen/buitenbad. *Een glijdende constructie maakt het mogelijk om dit bad zowel 's winters als 's zomers te gebruiken. Een fraai voorbeeld van de toepassing van een zwembad in een kleine tuin.*

POTTEN EN KUIPEN

Potten, kuipen en allerlei andere bakken zijn een onmisbaar middel om stijl aan een ruimte te geven. Ik gebruik met opzet het woord 'tuin' niet, omdat hun gebruik niet strikt daartoe beperkt is. Toepassing van deze elementen is een van de meest praktische en simpele manieren om daken, balkons en vensterbanken, maar ook 'normale' tuinen, een stuk op te vrolijken.

TOEPASSINGEN

Niet alleen dragen potten door hun vorm, kleur en versiering veel bij aan de stijl, maar door een zorgvuldige plaatsing benadrukken ze het ontwerp van een kleine tuin, of vormen ze zelfs een aandachtspunt (zie ook blz. 135). Op sommige plaatsen zijn potten de enige manier om planten te laten groeien (zie blz. 168-171 voor enkele ideeën).

Populaire vertegenwoordigers van potten zijn bruin geglazuurde mediterrane potten, overlopend van kleurige eenjarige bloemen. Maar er zijn veel meer variaties mogelijk in de boeiende relatievormen tussen pot en plant. Een mooie pot kan zelfs zonder beplanting een pronkstuk zijn met dezelfde allure als een beeld. In de achttiende eeuw werd de grens tussen planten, potten en ondergrond opzettelijk vervaagd door klimplanten te laten groeien over siervazen die op muren stonden. Bij het maken van een keuze is de vraag of de aandacht op de pot, kuip of bak zelf moet vallen, of dat het om de beplanting gaat. In het eerste geval zijn er niet eens planten nodig. Een fraai gevormde houten karnton bijvoorbeeld kan op zichzelf al veel kijkgenot verschaffen. In het andere geval voldoet, extreem gesproken, alles waar grond in kan, omdat alle nadruk op de planten

Pottenbakkerstuin? *Deze ontspannen groepering van allerlei soorten potten tussen de 'gewone' beplanting heeft een eigen charme.*

ligt. Als beide even belangrijk zijn, moet er een visueel evenwicht zijn.

SCHAAL EN STIJL

Bedenk ook hoe de pot wat betreft afmetingen en vorm combineert met de achtergrond. De stijl moet natuurlijk passen in de stijl en de sfeer van de tuin. Een los groepje potten kan in de juiste omgeving erg aardig staan, maar bedenk dat er slechts een geringe marge bestaat tussen een 'los groepje' en een 'slordige verzameling'. Een tuinvaas in klassieke stijl, ook al is die gemaakt van beton of kunststof, past niet in een omgeving met een bescheiden karakter. Een pot die door grootte en stijl niet past in zijn omgeving, kan het hele effect van de tuin bederven.

MATERIALEN

De natuurlijke materialen waar potten en dergelijke van gemaakt worden, zijn steen, vergruisde steen (gemengd met cement en/of kunsthars en in vormen gegoten), terracotta, hout, aardewerk en soms leisteen. Daarnaast kunnen – mits toegepast in de juiste omgeving en passend in stijl bij de rest van de tuin – ook betonnen, metalen en kunststof vormen gebruikt worden om met aarde te vullen en er planten in te zetten. Alles wat hol is komt in theorie in aanmerking. Potten die het hele jaar door buiten staan moeten bestand zijn tegen vorst.

Zonder planten *(boven). Een middeleeuws aandoende groep, waaronder een in ongenade gevallen doopvont.*

Naast het water *(onder). Planten, kiezelstenen en terracotta potten in een interessante groep met contrasterende vormen, kleuren en structuren.*

Gelukkig kunnen planten in allerlei soorten potten groeien, zolang een teveel aan water maar kan weglopen en er een goede kwaliteit grond in zit; wat dat betreft is er geen enkele belemmering om een pot te kiezen die bij uw tuin en planten past. In een strakke, moderne omgeving kunnen dat *Yucca*'s of cactussen zijn, die in een – bij voorkeur – simpel gevormde pot staan.

HET KIEZEN VAN EEN POT

Veel tuinliefhebbers zijn bereid nogal wat geld te besteden aan een fraaie pot of vaas. Een spectaculaire vaas, bedoeld als pronkstuk van de tuin, kan heel goed z'n hoge prijs waard zijn. Maar wie toch van plan is om zo'n vaas vol te zetten met vlijtige liesjes, doet er beter aan een gewone aardewerken pot te nemen in plaats van een geïmporteerde Italiaanse vaas, die nauwelijks opvalt naast deze bloemenweelde.

Als u de pot wilt kunnen verplaatsen, gaat het gewicht een belangrijke rol spelen. Vooral als de potgrond nat is, kan het geheel erg zwaar worden. Daarom moeten balkon en daktuinen ook niet overladen worden met grote kuipen of bakken; vraag in geval van twijfel een vakman om raad. Als het dak inderdaad zijn beperkingen blijkt te hebben, kunt u het best lichtgewicht bakken nemen die langs de zijkanten van het dak staan, en niet in het midden, zodat vooral de dragende muren belast worden. Zorg voor een stevige bevestiging in verband met de wind.

PLAATSING VAN POTTEN

Potten met planten kunnen niet overal staan: er moet voldoende zonlicht zijn. Bovendien moet u op regelmatige tijden erbij kunnen voor hun verzorging. Op een zinken dak of een onbeschutte vensterbank moeten de planten soms tweemaal per dag water krijgen, zodat een automatisch watergeefsysteem het overwegen waard is.

Aantrekkelijke composities. *De lichtgekleurde stenen vaas op een eenvoudig voetstuk vormt tegen een helderblauwe achtergrond een verrassende compositie. Het klassieke ontwerp van de vaas wordt sterk benadrukt door de bloemstengels van* Aloe.
Een ander en zeker zo goed gebruik van zo'n vaas is hieronder te zien. Een vriendelijke beplanting met kruiden vult de ronde vormen van de vaas aan, die het best tot zijn recht komt tegen een neutrale witte schutting.

POTTEN NADER BEKEKEN

Potten, bakken en kuipen zijn ideale elementen om kleine en sombere plaatsen mee op te vrolijken. Spectaculaire, grappige of meer subtiele effecten zijn mogelijk. Een individuele pot kan dienen als blikvanger; een serie beplante potten als een miniatuurtuin langs de trap. De keuze is niet beperkt tot 'echte' potten, want alles wat u met grond kunt vullen en waarin een waterafvoer zit (of gemaakt kan worden) is in principe bruikbaar. De echte inventievelingen zien er niet tegenop om oude kolenkitten en laarzen tot een verblijfplaats voor planten te promoveren.
Langs de Middellandse Zee, maar ook in Mexico, wordt letterlijk alles vrolijk beschilderd, met planten gevuld en bij elkaar gezet in steegjes en binnenplaatsen. De foto's hieronder tonen hoe verschillende potten en vazen met planten gecombineerd kunnen worden.

Sterke vormen. *Dit fraaie stel potten is ontworpen door Dina Princeloo. De puntige bladeren van* Aloe *leiden de aandacht niet af, maar vullen het krachtige patroon eerder aan.*

Schoorsteenpot. *Een oud eindstuk van een schoorsteenkanaal biedt hier plaats aan lichtroze fuchsia's. Samen een mooi contrast voor de spectaculaire muurschildering daarachter.*

Ruimtebesparing. *Deze oude Provençaalse oliekruik is half in de muur verzonken. De ronde vorm is nog steeds zichtbaar, dankzij de eenvoudige beplanting met* Pelargonium peltatum.

Potten op planten. *Deze groep potten van keramiek is opgehangen tegen de achtergrond van een met bosrank begroeide muur. Weer eens iets anders dan de bekende hangmandjes mét planten.*

Vergane glorie. *Dieprode bloemen leiden het oog naar een licht gekleurde vaas, die staat op de pastelkleurige vloer van een binnenplaatsje met wat gefilterd zonlicht.*

Processie. *Oude schoenen staan in paren opgesteld en zijn gevuld met cactussen en andere vetplanten. Ze vormen een geestige processie die de trap van deze landelijke tuin afdaalt.*

BEELDEN

Een kleine tuin heeft een visueel aandachtspunt nodig als het 'hoogtepunt' van het totale ontwerp. Dat kan water zijn, een groep tuinmeubelen, maar ook beelden (alles van bescheiden beeldjes tot complete groepen) zijn hiervoor uitstekend geschikt.

KEUZE

Bij een modern ontwerp kan gedacht worden aan een abstracte sculptuur, bij een traditioneel ontwerp aan een figuratief beeld. Men kan ook naar een tussenoplossing zoeken, want een sculptuur is vaak te prijzig en een beeld te groot. In plaats daarvan kan een groep potten (zie hieronder), een kuip met planten of een groot rotsblok gaan fungeren als 'beeldengroep'. Ook een muurnis, een glimp van een uitzicht door een hek of een houtsculptuur aan de tuinmuur kan zo'n werking hebben. Wat u ook kiest, het moet de aandacht trekken en een *raison d'être* zijn voor de structuur van de tuin of de beplanting.

DURF HEBBEN

Vaak zijn we te bang, te voorzichtig bij het kiezen van dergelijke objecten, met als resultaat dat ze visueel niet

Blikvanger *(boven). Sedum vult deze grote opengestrekte hand. Een opvallende en knappe constructie in zachte tinten, die samen met de achtergrond van weelderig donkergroen blad een blikvanger voor de tuin vormt.*

Potten als kunstwerk *(onder). Schaduwen van het felle zonlicht maken deze compositie van fraaie potten nog overtuigender. De krachtige vormen van de potten contrasteren met de muurnis en worden benadrukt door de eenvoudige beplanting.*

Beeldentuin *(links). Een buitengewone verzameling* objects trouvés *vormt tegen de achtergrond van groen gebladerte een fascinerend gezicht. Deze beelden bepalen eerder de stijl van de tuin, dan dat ze er een aanvulling op zijn.*

Decoratieve eenvoud *(onder). Twee bronzen kraanvogels staan elegant naast twee berken* (Betula pendula). *De eenvoudig gehouden achtergrond versterkt het totaal.*

opgewassen zijn tegen de rest van de tuin, of tussen de planten schuilgaan. Daarbij staan ze vaak te laag, zodat ze vanuit een stoel niet te zien zijn.

Laat het object goed zichtbaar zijn, al hoeft het de tuin niet altijd te domineren. Een deel van het effect is ook te danken aan de combinatie met de omgeving, zoals een boom of eventueel het uitzicht op een huis aan de overkant.

Vroeger stonden beelden meestal midden in de tuin, maar onze huidige tuinen hebben meestal niet meer de symmetrie om dit traditionele ontwerp na te volgen. Een plaats langs de zijkant van de tuin is een manier om een idee van beweging aan een kleine ruimte te geven.

DE JUISTE GROOTTE

In het algemeen gesproken moet een object niet te klein gekozen worden, want behalve dat het een blikvanger voor de tuin zelf is, moet het ook vanuit de woning goed zichtbaar zijn. Dit is met name het geval als de ruimte te klein of te ongunstig gelegen is om er een echte tuin van te maken, en alleen dient om naar te kijken (zie blz. 36-37). Door een goede belichting 's avonds (zie blz. 136 voor verschillende methoden) kan het object een boeiend uitzicht vanuit de woonkamer opleveren; een concept dat binnen en buiten tot één geheel maakt.

VOORAF METEN

Een bekend vervolg van de keuze van een te klein object is dat er – als snel bedachte noodmaatregel – nog een broertje bij komt: een tweede pot, en als dat niet helpt struikjes in de potten om het geheel meer 'body' te geven. Het eindresultaat is dat de aandacht wordt gericht op een onsamenhangend groepje voorwerpen, en dat de oorspronkelijke bedoeling niet meer naar voren komt.

Het probleem bij de keuze is dat het object wordt gekocht, zonder dat de tuin er ter vergelijking bij is. Omdat dit laatste zijn praktische beperkingen kent, is een betere mogelijkheid om vooraf een optimale hoogte en breedte vast te stellen. Houd deze maten als leidraad bij het winkelen, zodat u iets aanschaft wat qua afmetingen bij de tuin past.

VERLICHTING

Met tuinverlichting haalt u het maximale profijt uit de tuin. Op warme zomeravonden (maar ook de late lente en het vroege najaar hebben mooie avonden) maakt verlichting het mogelijk om buiten te eten, te lezen of zo maar wat rond te lopen. Als de tuin van binnenuit zichtbaar is, heeft u het hele jaar door, ook als het donker is, plezier van de tuin.
Verlichting is noodzakelijk op plaatsen die snel donker zijn en die overdag te heet zijn om er ontspanning te zoeken. Zelfs op warme en lichte zomeravonden kan een subtiele verlichting extra sfeer geven aan een maaltijd buiten, en er bovendien voor zorgen dat het invallende duister u en uw bezoekers niet naar binnen jaagt.

CREATIEF EN FUNCTIONEEL

Bij tuinverlichting denken velen aan een kerstboom met lampjes in de tuin, maar er is natuurlijk veel meer mogelijk. Gebruik verlichting om in alle seizoenen van het jaar de takken van een fraaie boom uit te lichten, of om een groep potten of een beeld te benadrukken, ook al ligt er een laag sneeuw in de tuin. Vooral als zulke objecten op een plaats staan waar u zelf niet kunt zitten, heeft u er met de juiste verlichting extra plezier van.
Behalve als versiering kan licht ook een praktische toepassing hebben. Lampen langs een tuinpad of trap geven in het donker de juiste route aan. Denk ook aan gevelverlichting als onderdeel van anti-inbraak maatregelen.

HET EFFECT

De toepassing bepaalt hoe de verlichting uitgevoerd moet worden. Bepaal eerst wat u precies wilt verlichten en welk effect u wilt bereiken. Wees praktisch – subtiel schemerlicht ziet er sprookjesachtig uit, maar als u glazen vol wilt schenken wordt het knoeien. Voor dit soort bezigheden en voor het verlichten van paden en trappen is een directe lichtbron nodig. Plaats de lampen naast het te verlichten gedeelte, maar niet te hoog. De zogenaamde 'bull's eye' lampen zijn erg geschikt. Om buiten te eten of te lezen kunt u een gewone verplaatsbare buitenlamp nemen. Laat voor deze

Overal licht. *De hele tuin wordt verlicht door een krachtige lamp die hoog aan de gevel is gemonteerd. Deze methode geeft een overvloed aan licht in de hele tuin, maar vanuit de tuin zelf kan het verblindend werken.*

Licht en schaduw. *De lichtbron wordt afgeschermd door een dwarsmuur, zodat vanuit het huis gezien een 'theatereffect' ontstaat. Als het deel op de voorgrond ook gebruikt wordt, moet er aanvullende verlichting komen, bijvoorbeeld met zwakke lampen of kaarsen.*

Subtiele verlichting. *Een lamp onder de boom schijnt naar boven, direct op de takken, maar geeft voldoende licht in de rest van de tuin. Om verschillende effecten te bereiken kunt u beide vorige methoden hiermee combineren.*

lampen waterdichte contactdozen aanleggen, zodat u er op meer plaatsen gebruik van kunt maken.
Voor speciale gelegenheden is er niets mooier dan flakkerend kaarslicht. Samen met het licht dat vanuit het huis komt, is dat meestal voldoende.

ARMATUREN EN INSTALLATIE

Kies armaturen die praktisch zijn en passen bij de stijl van de tuin. Als u aarzelt, neem dan eenvoudige, sterke lampen van een neutraal karakter. De lampen moeten beslist bedoeld zijn voor gebruik buiten; het plaatsen van de lampen en het leggen van de stroomkabels is werk voor de vakman. Het makkelijkste is het om de tuinverlichting op een bestaande stroomgroep aan te laten sluiten, in plaats van een nieuwe groep voor de tuin te laten aanleggen. Alle armaturen en aansluitingen moeten druipwaterdicht zijn; de kabels moeten gewapend zijn om beschadigingen tijdens graven en spitten te voorkomen.

Avondsfeer. *Een spotlight beschijnt de gotische boog (links); binnenverlichting geeft samen met de tuinverlichting in deze kleine ruimte een warme gloed (onder).*

DOEK EN ZEIL

Luxueus terras. *Het ivoorkleurige doek geeft dit terras een luxueuze sfeer, ondersteund door de subtiele tuinmeubels en kussens.*

In een grote tuin wordt het effect van stoelkussens, parasols en zonneschermen als het ware 'verdund' door de beplanting en de grotere afstanden. In een kleine tuin echter gaat het textiel een nadrukkelijker rol spelen, waarbij het een indruk van luxe en zachtheid geeft. Dit draagt zeker bij aan een comfortabel en uitnodigend karakter van onze 'buitenkamer'.

STRUCTUUR EN TUINMEUBELEN

Een plafond van textiel in de vorm van een zonnescherm geeft bescherming tegen hitte en regen, maar ook tegen inkijk van bovenaf als tegenover uw tuin de flatwoningen oprijzen. Kleine standaard zonneschermen (bedoeld voor aan de muur of als vrijstaand scherm op een buizenframe) zijn als bouwpakket te koop. Als de omstandigheden bij uw huis of in uw tuin afwijkend zijn, kan het nodig zijn zelf een scherm te ontwerpen of te maken (zie blz. 198 voor details van de constructie). Een doorhangend scherm kan gemaakt worden door een doek over de liggers van een pergola te draperen.
Grote parasols zijn ideale verplaatsbare 'plafonds' voor kleine tuinen. Ze kunnen op de goede plek gezet worden om een tafel of ligstoel schaduw te geven, en nemen in opgevouwen toestand vrijwel geen plaats in. Verticale 'muren' van doek zorgen voor privacy en geven beschutting tegen de wind (zie blz. 198).
Stoelkussens, dekens en tafelkleden zijn bijkomende tuinelementen, die – tijdelijk – veel kunnen bijdragen aan de sfeer van een tuin. Leg op een zonnige dag wat grote kussens op een kleed, en uw tuin, dakterras of balkon verandert in een uitnodigende en comfortabele plek om te ontspannen.

KEUZE

Doek dat buiten gebruikt wordt moet stevig zijn, bij voorkeur wasbaar en passen bij de stijl van de tuin. Weefsels met een patroon zijn minder besmettelijk dan effen soorten, en daarom handig in een omgeving zoals de binnenstad.
Neem stalen van het weefsel mee naar buiten en probeer u voor te stellen hoe het, in de vorm van een stoelkussen of parasol, zal staan bij de kleuren in uw tuin. Een sterk weefsel (canvas of zeildoek) dat bestand is tegen de inwerking van regen en zonlicht is vereist voor de buitenzijde van het doek. De onderzijde kan bekleed worden met een meer verfijnde stof voor een exotisch 'tent-effect'. Een fraai voorbeeld zijn de met vlechtwerk en spiegeltjes ingelegde kleden uit het Midden-Oosten.

Canvas schermen *(boven en links). Canvas doeken zijn gespannen in een metalen frame, wat deze kleine daktuin van boven en opzij beschermt. Het driehoekige zijscherm (boven) biedt bescherming tegen inkijk en tocht. Het andere scherm (links) geeft een deel van de daktuin schaduw.*

Praktische stijl *(rechts). Deze stevige parasols zijn gemaakt van canvas. Ze zijn praktisch, maar hebben ook interessante vormen. Parasols zijn een uitstekende verplaatsbare beschutting tegen zon en lichte regen, en nemen bovendien maar weinig bergruimte in.*

VRIJSTAANDE TUINMEUBELEN

Het tuinmeubilair moet geïntegreerd zijn in het totale ontwerp van de tuin en niet iets wat achteraf wordt bepaald. Dit geldt voor grote tuinen, maar nog sterker voor kleine tuinen, waar het heel belangrijk is vanaf het begin van het ontwerp met het meubilair rekening te houden.

Stel uzelf enige kritische vragen. Werkt of eet u wel eens buiten? Moeten de tuinstoelen bestand zijn tegen de wilde spelletjes van uw kinderen, of is de houten zitbank die u in gedachten heeft alleen bedoeld om lekker in het zonnetje uit te rusten? Wilt u buiten bij de keukendeur een tafel om groente schoon te maken?

VORMEN VERBINDEN

De manier waarop de vorm en groepering van tuinmeubelen, of een losse tuinbank, zich verhouden tot de rest van de tuin is even belangrijk als het ontwerp van de beplanting. Kijk niet alleen naar de praktische aspecten van de meubelen, maar ook naar hun stijl en naar het effect van hun afmetingen en kleuren.

Een belangrijke overweging is of de meubelen het hele jaar door buiten moeten staan, zodat ze een permanent deel van de tuin vormen, of dat ze er tijdelijk staan, een paar maanden of alleen als het mooi weer is. Tafels en stoelen die permanent in de tuin staan, dienen een stevig uiterlijk te hebben, in overeenstemming met de afmetingen en stijl van de tuin. Een goede manier om dat te bereiken is vaak om 'ingebouwde' meubels te maken (zie blz. 144 voor enkele ideeën). Een gemetselde zithoek bijvoorbeeld kan een aandachtspunt op zich in de tuin worden en inspirerend werken op het ontwerp voor (en de keuze van materiaal in) de rest van de tuin. Dit wil niet zeggen dat tuinmeubels die slechts tijdelijk buiten staan daarom geen aandacht moeten krijgen. Zorg ervoor dat ze niet rommelig bij elkaar staan, een gevaar dat met losse stoelen al gauw dreigt. Maar zorg ook dat het terras in lege toestand een vriendelijke sfeer houdt. Probeer u bij het ontwerp voor te stellen hoe de ruimte er zowel mét als zonder tuinmeubels uit zal zien.

Grote kleurvlakken *(onder). U kunt tuinmeubelen gebruiken om ze bij of tussen grote kleurvlakken in een kleine tuin te zetten.*

Chique metaal *(rechts). De lijnen van deze zwarte metalen tuinmeubelen herhalen het fijne patroon in het gebladerte van de boom.*

Comfort en praktisch gemak aan de ene kant en een stijlvol ontwerp aan de andere kant behoeven elkaar niet noodzakelijk uit te sluiten, hoewel dat helaas bij veel in de handel verkrijgbare tuinmeubelen wel een regel lijkt. Neem de tijd om meubelen uit te zoeken die zowel functioneel als aantrekkelijk zijn. Een bontgekleurd plastic tuinstoeltje ziet er in de volle zon en naast een diepblauw zwembad misschien aardig uit, maar eenmaal in een kleine stadstuin, bij somber weer, blijft er weinig van het effect over. Bedenk altijd hoe het in úw tuin zal staan.

DE JUISTE STIJL

Wat is nu de beste oplossing? Meubels gemaakt van natuurlijke materialen, in neutrale tinten afgewerkt, passen in het algemeen beter bij natuurlijke vormen, evenals golvende organische vormen. Maar zo'n 'natuurlijk' uiterlijk hoeft niet altijd te passen bij de rest van de tuin, de architectuur van het huis of de stijl van het interieur.
Hieronder zal blijken dat ieder materiaal zijn eigen karakter heeft, zodat het glimmende metalen frame van een stoel opeens goed past bij de spijlen van het balkon en de stijl van het interieur in de aangrenzende kamer.

MEUBELEN ALS VISUELE VERBINDING

Een fraai ontworpen stoel, die de sleutel is voor een goede verbinding tussen binnen en buiten, is zijn geld zeker waard. In een tuin met kleine afmetingen is zo'n verbinding van bijzondere betekenis. De scheiding tussen huis en tuin wordt verzacht door meubelen in eenzelfde stijl, of door overeenkomsten in kleur en structuur van hun aankleding. Bij het opstellen van tuinmeubelen speelt ook een rol op welke manier ze vanuit de woning zichtbaar zijn.

COMFORT IS OOK BELANGRIJK

Naast een bij de tuin passend uiterlijk is voldoende zitcomfort een vereiste voor tuinstoelen. Een stoel die bedoeld is om bij een eettafel te staan moet niet alleen steun in de rug bieden en voldoende hoog zijn, maar moet ook geschikt zijn om eens achterover te leunen tijdens het natafelen. Stoelen van ijzer of aluminium bieden dit comfort zelden, evenmin als stoelen met canvas zitting en leuning – de 'regisseursstoel' – of rechte keukenstoelen.
Voor het buiten lezen van de krant of boeken is een luie, komvormige stoel erg geschikt; zelfs zo'n schommelende tuinbank is onmiskenbaar comfortabel (maar 's winters nauwelijks op te bergen). Opklapbare lichtgewicht stoelen zijn gemakkelijk op te bergen en handig om even ergens te gaan zitten, maar te enen male ongeschikt om langere tijd genietend in te verblijven. Stretchers zijn praktisch, comfortabel en aantrekkelijk om te zien, maar neem niet die apparaten met wielen en instelbare leuningen, want die vragen veel bergruimte en veel geduld bij het neerzetten. Langs een klein zwembad passen eenvoudige meubelen trouwens beter dan drukke en lompe exemplaren.
Probeer dus het meubilair te vinden dat bij uw manier van leven past. Naar mijn mening is er veel verkrijgbaar dat niet echt bruikbaar is, omdat het doorschiet naar een eigenwijze elegantie, of juist naar een te rustieke en wat ouderwetse uitvoering.

Natuurlijke kleuren. *Het frisse wit van deze keurige rij stoelen vormt een plezierig contrast met het warmbruine schilderwerk. De groene rand van de stoelen combineert met het diepe groen van de luiken en het gras.*

MATERIAAL

Hout dat goed behandeld is gaat minstens een generatie mee, ondanks de invloeden van hitte, regen en vorst. Het is ook een gemakkelijk materiaal om zelf meubelen mee te maken. Als u het afwerkt met blanke lak harmonieert het prima met de natuurlijke vormen van de tuin. Geschilderd in bijvoorbeeld de kleur van een tuinmuur of keukendeur kan het een nieuwe dimensie aan de tuin toevoegen.
Metaal laat zich uitstekend combineren met een modern ontwerp, maar niet met vocht. Als het niet geplastificeerd is, moet het regelmatig geverfd worden om een roestig en verwaarloosd uiterlijk te voorkomen. Plastic daarentegen vraagt geen onderhoud, is bestand tegen ieder klimaat en licht: ideaal voor verplaatsbaar meubilair. Maar in tegenstelling tot bijvoorbeeld steen, wordt plastic er in de loop der jaren niet mooier op.

Even ontspannen. *Een uitnodigend stel kussens op een Perzisch kleed straalt een ontspannen sfeer uit en geeft het gevoel van een intieme 'buitenkamer'. Het groen en grijsgroen van de bladeren en het bruin van de rieten mand en kruk passen goed bij de neutrale kleur van de kussens.*

Lattenbank. *De kleur en vloeiende vorm van deze bank en de beplanting vormen samen een prettige plaats om te zien en te zitten.*

Zuivere kleuren. *De centrale plaats van deze eenvoudige witte houten bank trekt de aandacht naar een elegant groepje goudgele* Coreopsis verticillata.

INGEBOUWDE MEUBELEN

Het inbouwen van meubelen in de structuur van de tuin is een goede manier om een effectief gebruik van de beschikbare ruimte te maken, zowel in ruimtelijk als visueel opzicht. Het belangrijkste voordeel is dat de meubelen een geïntegreerd onderdeel van de tuin gaan uitmaken. Immers, ze zijn gemaakt van hetzelfde materiaal als de andere tuinelementen, waardoor de nodige eenheid in uitvoering vanzelf wordt bereikt. Hierdoor vormt de tuin één geheel en lijkt ruimer. Een bijkomend voordeel is dat er geen sprake is van de chaos die losse tuinstoelen vaak veroorzaken, en evenmin van opbergproblemen. Zelfs de kleinste vrijstaande tafel met stoelen aan weerszijden vraagt altijd nog minimaal twee meter vrije ruimte – dat kan veel zijn in een kleine tuin.

BESTAANDE TUINELEMENTEN

Bestaande of nieuwe tuinelementen kunnen zo veranderd of ontworpen worden dat ze ook zitgelegenheid bieden. Een verhoogde rand rond een vijver kan als bank of ondergrond voor potten gebruikt worden. Keermuren kunnen zo hoog gemaakt worden dat ze een extra zithoek vormen. Oplopende terrassen in het patroon van de tuin kunnen als tafel of stoel dienen. Ook hier vermijdt u zo een rommelige indruk en opbergproblemen.

BOMEN EN ZANDBAKKEN

Bomen nemen in een kleine tuin vaak veel ruimte in beslag. Maak er nuttig gebruik door er ook ruimte mee uit te sparen, bijvoorbeeld door er een hangmat of lampen aan te bevestigen. Grote bomen kunnen als speelgelegenheid voor de kinderen van pas komen: u kunt een boomhut voor ze maken, of een schommel, touwladder of klimtouw aan een stevige tak bevestigen. Zulk speelgoed is gemakkelijk te verwijderen als de kinderen ouder worden.

Bij een speelgelegenheid met een meer permanent karakter is het verstandig om al jaren van te voren rekening te houden met een mogelijke andere bestemming: een gemetselde zandbak kan bijvoorbeeld later in een waterpartij veranderd worden.

MATERIAAL

Kies materiaal dat past bij de rest van de tuin om een coherent geheel te bereiken. Als u hout toepast, neem dan hardhout of geschaafd vurehout. Beton is goedkoop en duurzaam, maar ziet er wat grimmig uit. Met planten of in combinatie met hout kan die indruk verzacht worden. Baksteen is een van de nuttigste materialen. U kunt er allerlei vormen van metselen, en baksteen is verkrijgbaar in verschillende afmetingen, kleuren en structuren.

Hoekbank. *Een bakstenen zitbank is gemaakt tegen een keermuur. Een nuttig tuinmeubel en tegelijk een integraal deel van het tuinontwerp.*

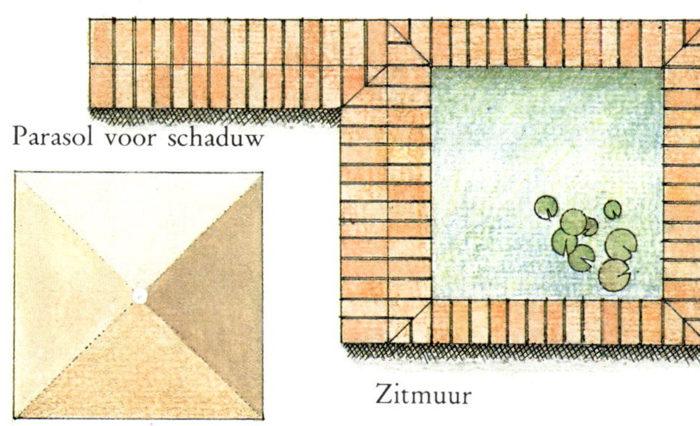

Langs het water. *De muurtjes rond deze vijver zijn verhoogd zodat ze als extra zitplaats kunnen dienen. Ook een zandbak kan zo aangelegd worden, maar dan moet er een deksel op als bescherming tegen onzindelijke katten.*

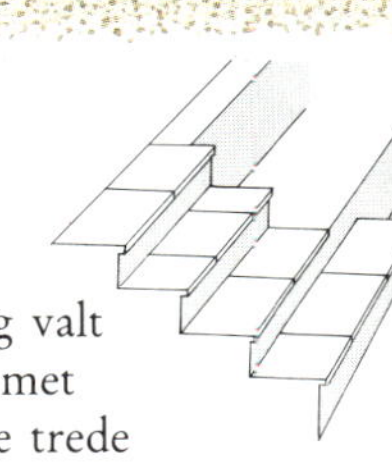

Stenen zitting. *Een ingebouwde zitbank (gezien van boven en opzij) waarin de vormen van de ernaast gelegen trap herhaald worden.*

DE PLANTEN

Er is zo'n overweldigend aanbod aan tuinplanten, dat er voor iedere tuin en stijl een groot aantal in aanmerking komt – zoveel dat het maken van een keuze een zware opgave kan worden.

Dit hoofdstuk behandelt het ontwerpen van de beplanting en het maken van creatieve combinaties met kleuren, vormen en structuren; maar ook leert u welke struiken geschikt zijn voor een winderig balkon en welke geurende klimplanten over een pergola kunnen groeien.

PLANTEN EN MENSEN

Ik ben een aanhanger van de filosofie dat tuinen op de eerste plaats voor mensen bedoeld zijn, maar planten zijn toch ook belangrijk. Ze zorgen dat de 'buitenkamer' een plaats wordt om te ontspannen – een toevluchtsoord voor de druk van het dagelijkse leven. Het uiterlijk, de geur en het geluid van planten brengen ons weer op krachten. Voor veel mensen is het verzorgen en begieten van de tuin een wonderlijk kalmerend middel.

Planten moeten beschouwd worden als een integraal onderdeel van het ontwerp. Zo moeten de afmetingen van de borders en perken, en van de potten en bakken waar planten in staan, in verhouding zijn met de afmetingen van de andere tuinelementen; de kleuren van de planten met de kleuren in de rest van de tuin. Het is zeker niet waar dat een kleine tuin 'opgepept' moet worden met veel kleine details en drukke miniatuur-perkjes. Het tegendeel is eerder waar: krachtige en eenvoudige patronen en een beperkte variatie in plantesoorten zijn bijna altijd het meest effectief.

Het ontwerpen van de beplanting is een zaak van ervaring. Probeer niet meteen een grandioos ontwerp te maken, maar begin eenvoudig. Een van de grootste geneugten is te zien hoe langzaam, met het groeien van de planten, het ideaalbeeld ontstaat dat u voor ogen had.

Sterke vormen *(boven). De kracht van dit ontwerp ligt in de groepering van sterke, strakke plantvormen.*

Spectaculaire kleur *(rechts). Gele en groene planten zijn hier gecombineerd tot een zeer opvallende compositie.*

ONTWERP VAN DE BEPLANTING

Veel tuinen zijn een verzameling van de favoriete plantesoorten van hun eigenaars, netjes in rijen gerangschikt. Een zorgvuldig ontwerp echter brengt tuin en planten met elkaar in harmonie en werkt als een katalysator die de tuin tot leven doet komen.

KIEZEN VAN PLANTEN

Neem alleen planten die u kent. Zoek ze op in een tuinboek of catalogus, en bekijk ze vervolgens in levende lijve bij een kweker. Dit mag dan de keus beperken, maar heeft alleen maar voordelen. Te veel verschillende vormen en kleuren geven een bonte, onsamenhangende plantenmassa, in plaats van het harmonieuze samenspel van kleur en vorm waar we tenslotte naar streven. De volgende stap is het groeperen van de planten, beginnend met de grootste en eindigend met de kleinste.

AANDACHTTREKKERS EN ACHTERGROND

Bepaal nu eerst welke planten de aandacht moeten krijgen. Deze 'specials' kunnen dienen als een visuele verbinding tussen de beplanting en de architectuur van de tuin, zoals de treurvorm van een kers die boven een ommuurde vijver hangt. Op kleinere schaal kunt u denken aan een *Yucca,* die het groenblijvende middelpunt van een perk met eenjarigen vormt. Er zijn zelfs twee van zulke aandachttrekkers mogelijk, die elkaar aanvullen in het totale ontwerp.
Hierna worden de 'achtergrond'-planten gekozen. Dat moeten wintergroene struiken of bomen zijn, die een permanente structuur in de tuin zijn. Dit versterkt het totaalbeeld, vormt de achtergrond voor de rest van de tuin en dient als afscherming en beschutting.

Probeer u voor te stellen hoe de planten er in volgroeide vorm uitzien en laat dat de onderlinge afstand bepalen. Als u op het ontwerp de afmetingen van de volwassen planten intekent, heeft u een indruk van de ruimte die over is. Tijdens de groei van de achtergrondbeplanting kunt u altijd nog snelgroeiende 'instantplanten' nemen om de tussenruimten op te vullen (zie het overzicht op blz. 156-159).

VERDER INVULLEN

Na de keuze van de achtergrondbeplanting kunt u gaan nadenken over de verdere invulling met planten. Daarbij houdt u de gewenste stijl en sfeer in het oog, en begint opnieuw met de grootste planten. Groepeer de struiken in overeenstemming met de afmetingen van de tuin: bijvoorbeeld even breed als het terras waar ze langs staan, of even hoog als de schutting of boom op de achtergrond. Gebruik niet te veel afzonderlijke planten, want anders kan het effect van de 'specials' verloren gaan.

DE LEUKE PLANTEN

De volgende stap is het uitkiezen van wat ik de 'leuke planten' noem. In deze categorie vallen struiken zoals *Santolina* sp., sommige *Hebe* sp., alle vaste planten en diverse kruiden. Tenzij u een heel kleine tuin heeft, moeten ze in grote aantallen geplant worden, daarbij bedenkend hoe kleur en structuur van de bladeren (die zijn in tegenstelling tot de bloemen veel langer aanwezig) passen bij de omringende planten. Ook goed bruikbaar zijn bolgewassen (zoals tulpen en irissen), zichzelf uitzaaiende tweejarigen, eenjarigen (zonnebloemen) en bodembedekkers *(Hosta* en *Ajuga).*

Opstellen van een plantenschema. *Het plantenschema moet opgezet worden in relatie tot het gehele tuinontwerp en dient om de harde structuren te verzachten. De beste manier is om eerst de plaats en afmetingen van de planten (in volwassen toestand) op een plattegrond aan te geven. Het schema hiernaast is voor de tuin die in het voorbeeld op de bladzijden 62-67 ontworpen is.*

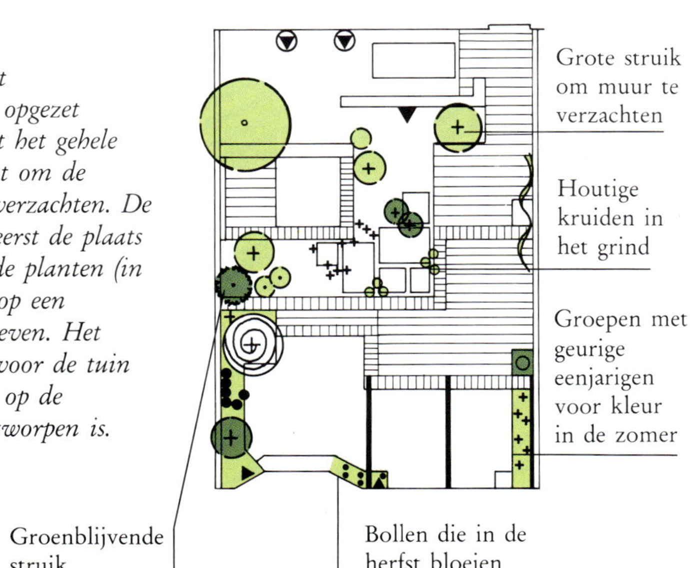

Symbolen. *Gebruik symbolen om de verschillende typen planten aan te geven.*

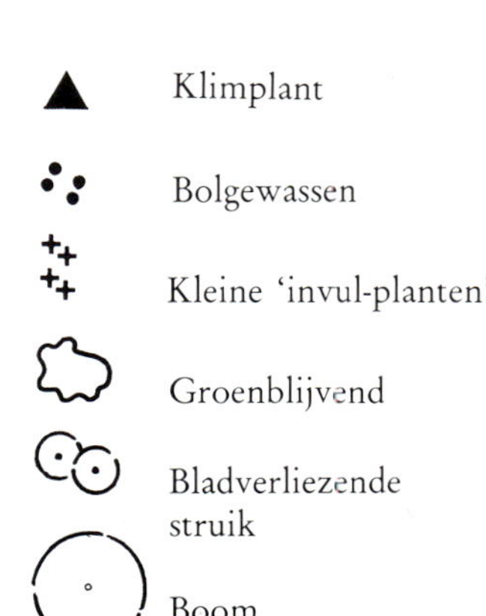

Zilver met grijs. Er zijn veel planten met grijs en zilverkleurig blad, die in combinatie met elkaar een lichte en luchtige sfeer scheppen. De intensiteit van de kleur hangt af van de structuur en dichtheid van het blad; dit maakt variaties van luchtige en ijle perken tot massieve plantengroepen mogelijk.
De 'special' in dit schema is een opvallende *Yucca*. De scherpe, opvallende vorm wordt in evenwicht gehouden door de ronde vorm van twee grijze *Ozothamnus* sp. De bladkleur loopt van lichtzilver tot grijsgroen.
De bloemkleuren passen hier goed bij: gele *Senecio laxifolius, Anthemis cupaniana* met gele hartjes, de paarse bloemen van de zilverbladige *Erysimum* sp. en de zachtroze *Ozothamnus* sp.

Overzicht *(boven). Dit kleine perk is het hele jaar door interessant door de variatie in grijs- en zilverkleurig blad.*

Uitplanten *(links). De planten worden in kleine vierkante perken gezet. Het resultaat na twee jaar is hierboven te zien.*

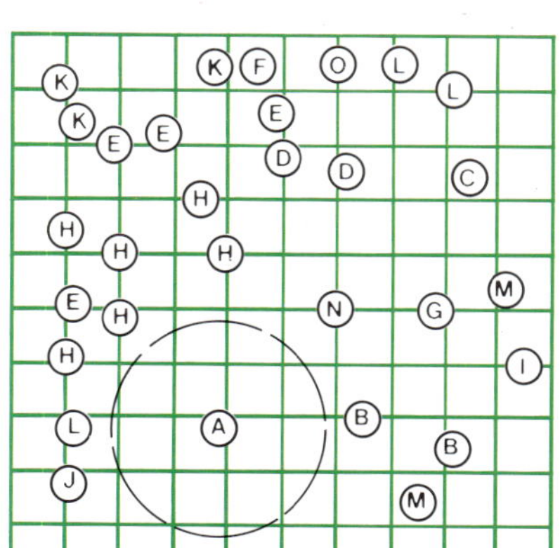

A *Yucca* sp.
B *Senecio laxifolius*
C *Ozothamnus* sp.
D *Artemisia* 'Powis Castle'
E *Ruta graveolens* 'Jackman's Blue'
F *Achillea filipendulina* 'Gold Plate'
G *Verbascum bombyciferum*
H *Erysimum variegatum*
I *Hosta tokudama*
J *Hedera helix*
K *Lamium maculatum*
L *Anthemis cupaniana*
M *Digitalis grandiflora*
N *Senecio* sp.
O *Artemisia* sp.

Paars. Paars is een opdringerige kleur (vaker voorkomend als bladkleur dan als bloemkleur) en lastig te combineren. Een schema met verschillende tinten paars heeft echter een verrassend effect en geeft een stemmige sfeer.

Er zijn maar weinig bladhoudende paarsbladige struiken. Hier vormen *Berberis* × *interposita* 'Wallich's Purple' en de paarse *Sambucus nigra* 'Purpurea' de achtergrond voor de grote bladeren van een *Ligularia dentata* 'Desdemona'. Venkel *(Foeniculum vulgare)* vormt een zacht en ijl contrast met het stevige, vlezige blad van *Sedum telephium* 'Atropurpureum'.

Als bodembedekker om het kleurenschema te complementeren zijn gekozen een bronskleurige *Ajuga reptans* 'Atropurpurea' en *Saxifraga* sp.

Overzicht *(boven). Rijke kleuren en sterke contrasten in vorm geven dit paarse schema een opvallend karakter.*

Uitplanten *(links). Bij het planten is de begroeiing nog iel en lijkt weinig op het tuinontwerp.*

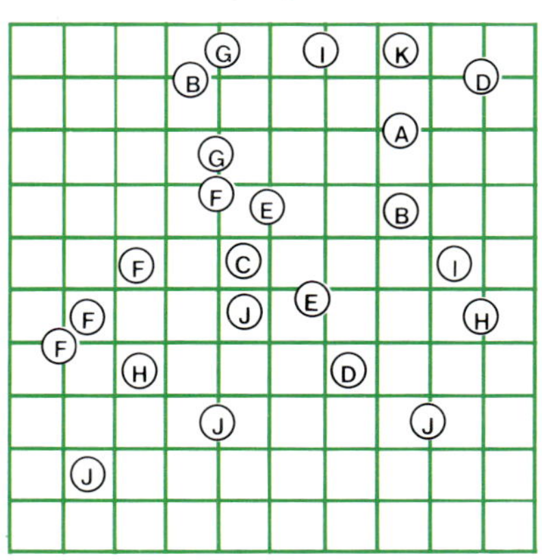

A *Sambucus nigra* 'Purpurea'
B *Weigela* sp.
C *Ligularia dentata* 'Desdemona'
D *Berberis* × *interposita* 'Wallich's Purple'
E *Foeniculum vulgare*
F *Sedum* 'Ruby Mantle'
G *Saxifraga* sp.
H *Ajuga reptans* 'Atropurpurea'
I *Euphorbia amygdaloides* var. *robbiae*
J *Erysimum linifolium* 'Bowles Mauve'
K *Sedum telephium* 'Atropurpureum'

Goud en geel. Goud is een warme en zonnige kleur die zelfs op sombere dagen elke tuin opvrolijkt. Goudkleurig blad combineert goed met groene, crème en (citroen)gele bloemen. Wat blauw erbij maakt het geheel spannender.
Twee irissen (*Iris pseudacorus* 'Variegata') vormen het hoogtepunt in dit schema. Hun sterke verticale vorm van geelgestreepte bladeren contrasteert met de kleinbladige struiken *Lonicera nitida* 'Baggesen's Gold' en *Symphoricarpos orbiculatus* 'Foliis Variegatis', die een zachtgouden achtergrond vormen en het geheel wat massiever maken. Een vlier (*Sambucus nigra* 'Aurea') en een goudkleurige *Physocarpus* sp. zorgen voor de hoogte en vormen met hun afgetekende bladvormen een goede achtergrond voor een groep *Salvia* sp. 's Winters geven vingerhoedskruid en moederkruid extra kleur.

Overzicht *(boven). De kleur en de structuur van het gebladerte, die de basis voor het schema vormen, worden aangevuld door de bloemkleuren.*

Uitplanten *(links). Tussen de vaste planten is ruimte voor invulling met eenjarigen en bolgewassen.*

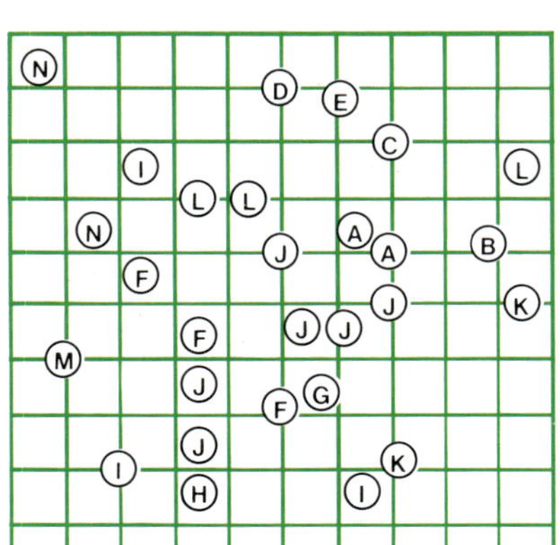

A *Iris pseudacorus* 'Variegata'
B *Lonicera nitida* 'Baggesen's Gold'
C *Sambucus nigra* 'Aurea'
D *Physocarpus* sp.
E *Symphoricarpos orbiculatus* 'Foliis Variegatis'
F *Euonymus fortunei* 'Emerald 'n Gold'
G *Hypericum* × *inodorum* 'Ysella'
H *Sedum spectabile* 'Variegatum'
I *Chrysanthemum parthenium*
J *Digitalis grandiflora*
K *Melissa officinalis* 'Aurea'
L *Salvia officinalis* 'Icterina'
M *Primula bulleyana*
N *Lysimachia nummularia*

VERTICALE BEPLANTING

Klimplanten zijn onmisbaar in een kleine tuin. Niet alleen besparen ze kostbare tuinoppervlakte, maar ze zijn ook uiterst geschikt om de harde lijnen van andere tuinelementen te verzachten en lelijke plekken te verbergen. In combinatie met een pergola of een open hekwerk geven ze privacy, schaduw en beschutting tegen de wind.

SOORTEN KLIMPLANTEN

Sommige klimplanten, zoals klimop (*Hedera* sp.), hebben hechtwortels waarmee ze zichzelf vastmaken aan verticale oppervlakken, zodat ze geen verdere steun nodig hebben. Andere, zoals *Lathyrus* sp. en *Clematis* sp., hebben ranken die zich winden om roosters, latwerk of een andere plant. We dienen in de meeste gevallen zelf voor voldoende houvast te zorgen.
Naast deze echte klimplanten zijn er ook (zoals *Cotoneaster horizontalis*) die zich omhoog duwen langs een verticaal oppervlak en daarom weinig grondoppervlak in beslag nemen. U kunt ze combineren met planten die langs muren omlaag hangen (zoals *Cotoneaster dammeri*); samen een uitstekende manier om muren te 'bekleden'. Veel vrijgroeiende struiken kunnen met voldoende steun (en met enig snoeiwerk) langs muren geleid worden; *Magnolia grandiflora* is een voorbeeld. De verschillende typen klimplanten zijn op blz. 202 getekend.

ONDERSTEUNING

Latwerk en draad kunnen gebruikt worden om klimplanten te ondersteunen. Draad is het meest onopvallend en wordt vrijwel onzichtbaar onder de beplanting (zie blz. 195 voor de constructie). Latwerk kan dienen als ondersteuning (het mag dan muur noch planten domineren), maar ook een functie krijgen als versiering op zich. In dat geval mag het best opvallend van kleur of grootte zijn en dient de plant alleen maar als aankleding van het latwerk.

Verticale tuin. *Een verscheidenheid aan klimplanten heeft deze kleine voortuin veranderd in een weelderige verticale tuin. Klimop* (Hedera *sp.) vormt de groenblijvende basis; de grijze rozetten van* Echeveria *sp. contrasteren hiermee. Aan de zijkant groeit* Trachelospermum jasminoides *en rond de deur een vruchtdragende druif (*Vitis *sp.).*

Klimop
Hedera helix 'Goldheart'

Klimop is een van de meest nuttige groenblijvende planten voor het bedekken van verticale vlakken. De cultivar 'Goldheart' groeit goed in de schaduw en fleurt muren op sombere plaatsen op.

Wingerd
Parthenocissus tricuspidata

Als het om fraaie herfstkleuren gaat is deze klimplant nauwelijks te overtreffen. Hij groeit tegen alle mogelijke muren en kan aanzienlijke hoogten bereiken (van 7 tot 15 m) en is goed bestand tegen vervuilde lucht, wat hem vooral in steden bruikbaar maakt. *P. quinquefolia* heeft ook fraaie herfstkleuren.

Solanum crispum 'Glasvenin'

De paarsblauwe bloesem van deze klimplant is lang zichtbaar, van de vroege zomer tot het midden van de herfst. Dit geeft in een kleine tuin een langdurig kleureffect zonder dat het veel ruimte kost. Met de nodige steun kan de plant tot aanzienlijke hoogte groeien.

Kamperfoelie
Lonicera × brownii 'Dropmore Scarlet'

Met de nodige steun kunnen alle soorten kamperfoelie (met uitzondering van *Lonicera pileata*) groeien op muren, schuttingen en pergola's. De niet-geurende cultivar 'Dropmore Scarlet' biedt een overvloed aan heldergekleurde bloemen tussen de lente en de late zomer. Groeit het beste in lichte schaduw.

Actinidia kolomikta

De punten van de bladeren van deze klimplant zien eruit alsof ze in roze en witte verf zijn gedoopt. Met steun van gespannen draden kan de plant een muur bekleden met een elegante massa pastelkleurig blad totdat het in de herfst afvalt. In kalkrijke grond komt deze bladverliezende klimplant het best op kleur.

Hop
Humulus lupulus 'Aureus'

Deze citroengele hop groeit in een zeer hoog tempo (tot 10 meter per jaar) en geeft in een kleine tuin snel een overvloedige begroeiing, zonder veel grondoppervlak in te nemen. Bruikbaar op alle soorten verticale vlakken.

Amerikaanse sering
Ceanothus × *delilianus* 'Gloire de Versailles'

De cultivar 'Gloire de Versailles' is getooid met geurige violetblauwe bloemen en bloeit van het midden van de zomer tot de herfst. De plant heeft een struikachtige en open vorm en heeft geen steun nodig. Hij moet wel worden gesnoeid en na de bloei opgebonden. Moet op een beschutte en zonnige plaats staan.

Fremontodendron 'California Glory'

Deze struik kan in een kuip gezet worden als u geen stukje grond meer over heeft. Moet geleid worden en vraagt om een beschutte en zonnige plaats. De grijsgroene bladeren vormen een uitstekende achtergrond voor de heldergele, enkele bloemen, die van het eind van de lente tot het eind van de zomer zichtbaar zijn.

Klimroos
Rosa 'Mme. Alfred Carrière'

De geurige bloemen van klimrozen geven evenveel tuingenot als struik- en stamrozen, maar ze nemen veel minder tuinoppervlakte in beslag. *R.* 'Mme. Alfred Carrière' is goed bestand tegen vervuilde lucht en is daarom erg geschikt voor steden.

Driekleurige winde
Convolvulus tricolor

De schitterende paarse bloemen met hun gele hartjes zijn te bewonderen vanaf het midden van de zomer tot in het begin van de herfst. Deze eenjarige kan langs latwerk of draden groeien, of in de takken van een andere plant klimmen. Vraagt om een zonnige plaats. Er zijn ook cultivars in andere tinten.

SNELLE GROEIERS

De term 'instant-planten' gebruik ik voor planten die snel groeien en onmiddellijk effect hebben op de ruimte waar ze geplant zijn. Alle eenjarigen vallen in deze categorie, maar ook sommige tweejarigen en snelgroeiende struiken en klimplanten.

KORTE-TERMIJN-EFFECT

Zelfs in het meest subtiel ontworpen plantenschema kunnen hiaten vallen; dan zijn eenjarigen onmisbaar. Er zijn veel andere situaties waar ze ook nuttig zijn. Veel 'tuinen' in de binnenstad, in de vorm van daken en vensterbanken, moeten het helemaal hebben van eenjarigen voor hun kleur. Wie maar kort ergens woont, kan er snel een kleurige tuin mee bereiken.

INVULLING

Eenjarigen zijn ook nuttig voor wie op lange termijn bezig is met een achtergrond van (langzaam groeiende) bomen en struiken, en de tijdelijke open plekken wil opvullen. Voor een snel – en figuurlijk – laag bij de gronds resultaat neemt u goudsbloemen (*Calendula* sp.) en vergeet-mij-nietjes (*Myosotis* sp.). Groenblijvende planten groeien in het algemeen langzaam; snelgroeiende bladverliezende struiken met een beperkte levensduur zoals brem (*Cytisus* sp.) kunnen dan als lange-termijn-invulling dienen en daarna verwijderd worden. Zonnebloemen (*Helianthus* sp.) en eenjarige klimmers zoals pronkbonen *(Phaseolus coccineus)*, hop *(Humulus lupulus)* en *Cobaea scandens* geven snel hoogte aan een zich ontwikkelende beplanting. Ze kunnen ook dienen als een tijdelijke 'haag' terwijl de eigenlijke haag (buxus of taxus) nog moet groeien.

TWEEJARIGEN

Het gebruik van tweejarigen vereist een iets vooruitziender blik, want ze moeten al een jaar voordat ze bloeien gezaaid of geplant worden. Ze bereiken soms een forse hoogte, zoals vingerhoedskruid (*Digitalis* sp.) en toortsen (*Verbascum* sp.).

Gedurfd ontwerp. *Als u felgekleurde eenjarigen wilt combineren, wees dan niet te voorzichtig in het ontwerp. Zet ze in grote groepen tegen een eenvoudige achtergrond, zoals hier bijvoorbeeld tegen hoge donkergroene struiken.*

Siertabak
Nicotiana × sanderae

Siertabak is een erg nuttige eenjarige die gedurende de zomer snel tot een hoogte van circa 1 m groeit. Geschikt als invulling voor zonnige plaatsen. Er zijn cultivars op kleur en mengsels verkrijgbaar. Bloeit met roze, witte, groene en donkerrode bloemen.

Vlier
Sambucus nigra

De tuinvormen van de vlier zijn snelgroeiende struiken, die ieder najaar teruggesnoeid kunnen worden voor een rijkere groei in het volgende voorjaar. Er bestaan cultivars met gevlekte, gouden en paarse bladtinten. De vorm en afmetingen van het blad variëren.

Vlinderstruik
Buddleja davidii 'Peace'

De vlinderstruik wordt tot 3 m hoog in één seizoen. Een uitstekende plant als invulling voor een nieuwe border of tussen langzaamgroeiende wintergroene struiken; dan na een jaar of vijf weghalen. Voor optimale groei sterk terugsnoeien na de bloei.

Oostindische kers
Tropaeolum majus nanum

De Oostindische kers is een zeer snelle groeier, zowel over de grond als tegen muren op. 'Jewel Mixed' heeft mooie heldergekleurde bloemen vanaf het begin van de zomer tot in de herfst, en eenvoudige bladeren. Het enige nadeel is dat ze in een kleine ruimte vliegjes kunnen aantrekken.

Zonnebloem
Helianthus annuus

Zonnebloemen hebben reusachtige, op margrieten lijkende bloemen. Ze groeien in de volle zon en kunnen meer dan 3 m hoog worden. De bloemen kunnen meer dan 30 cm in doorsnede zijn. Omdat ze deze grootte in één seizoen al bereiken, zijn ze ideaal als invulling. De goudgele kleur komt het meest voor.

Bruidssluier
Polygonum aubertii

Om een snelle afscherming te verkrijgen is deze klimplant ideaal. Hij kan meer dan drie meter per jaar groeien, maar bedenk dat ook de volgende jaren de groei doorgaat. De roomwitte bloemen verschijnen vanaf het midden van de zomer tot de herfst.

Nemesia strumosa

De gemengde kleuren van de kweekvariëteit 'Triumph Mixed' geven een opgewekte en landelijke sfeer aan de tuin. Alle cultivars van deze eenjarige groeien het best in voedselrijke en vochtige grond; bij kweek in potten moet dus goede potgrond gebruikt worden.

Brem
Cytisus × praecox

Door na de bloei wat terug te snoeien wordt bereikt dat de nieuwe scheuten het volgende jaar snel groeien. Een ideale plant als invulling tussen langzamer groeiende groenblijvende struiken. Brem is goed bestand tegen vervuilde lucht.

Vlijtig liesje
Impatiens walleriana

Vlijtige liesjes – hier 'Red Star' – zijn eenjarigen die een overvloed aan bloemen geven vanaf het voorjaar tot de herfst en daarom geschikt als snelle en kleurige opvulling in een gemengd plantenschema. Ideaal om in allerlei soorten potten en bakken te zetten. De standplaats moet zonnig of lichtbeschaduwd zijn.

Passiebloem
Passiflora caerulea

De passiebloem is een snelgroeiende groenblijvende plant die 's zomers getooid is met exotisch aandoende bloemen. De plant hecht zich met hechtranken vast aan ondersteunend latwerk of draden. Groeit in potten of kuipen en kan daarom op iedere plaats met zon of lichte schaduw gezet worden.

Vingerhoedskruid
Digitalis purpurea

Vingerhoedskruid is een tweejarige plant die tot 1,5 m hoog wordt. 's Zomers dragen de planten een massa klokvormige bloemetjes. Ze geven in erg korte tijd hoogte en kleur aan een plantenschema. Een vochtige standplaats in de zon of schaduw is het beste.

Violier
Matthiola 'Giant Excelsior'

Violieren zijn ouderwetse tuinplanten met een landelijk karakter, een sterke geur en zachte kleuren. Ze bloeien 's zomers en zijn goed bruikbaar als invulling in een gemengd plantenschema. Ook goed geschikt als snijbloem vanwege hun geur. Er is een grote keuze aan een- en tweejarige cultivars.

Goudsbloem
Calendula officinalis

Goudsbloemen zijn erg gemakkelijk te kweken eenjarigen met stevige en heldergekleurde bloemen in geel, oranje en abrikooskleur. Deze cultivar 'Fiesta Gitana' is kleiner dan veel andere en heeft een lage, meer spreidende groeiwijze.

Zeeschildzaad
Lobularia maritima

Een populaire eenjarige tuinplant met kleine bladeren, een dichte groeiwijze en een overvloed aan bloemen in de kleuren wit, roze en violetblauw vanaf het vroege voorjaar tot de eerste nachtvorst in de herfst. Aardig tussen voegen in de bestrating. Wordt in de handel vaak nog *Alyssum maritimum* genoemd.

KLEUR IN DE TUIN

Kleuren werken verjongend en maken ons opgewekt. Veel stadbewoners kiezen voor hun tuinen felgekleurde bloemen, als een soort tegenwicht voor al het bruin en grijs dat hen omringt. Let bij het uitkiezen van de planten niet alleen op de – tijdelijke! – fraaie bloemkleur, maar ook op het uiterlijk en de kleur van de bladeren, stammen en takken. Het gebladerte kan alle mogelijke tinten groen hebben, maar ook goud- of zilverkleurig, brons, paars of in lichte kleuren gevlekt of gestreept zijn. Stammen en takken zijn er in het geel, bruin, rood en groen. Door deze goed te combineren krijgt u een achtergrond voor de bloeiende planten, die het hele jaar rond aantrekkelijk is om te zien.

KLEUREN VERBINDEN

Zelfs als uw tuin alleen bestaat uit een paar potten op een balkon of kuipen op een plaatsje, probeer toch altijd de planten zo te kiezen dat hun kleuren goed combineren met hun omgeving. Bedenk dat in een kleine ruimte alle tuinelementen (van schuttingen tot stoelkussens) tegelijk met elkaar zichtbaar zijn. Veel felle, niet bij elkaar passende kleuren in een klein tuintje geven een willekeurig en onsamenhangend beeld. Een harmonieus samenspel van kleuren daarentegen zal de ruimte tot één geheel maken en groter doen lijken.

HET EFFECT VAN KLEUR

Welk effect de kleuren van de beplanting hebben op het totaal, hangt af van de afmetingen. Bij het maken van een plantenschema moet u dus bedenken hoe groot de planten worden, en hoe de verdeling van de kleurvlakken wordt.
Probeer u een idee te vormen hoe een wisselende lichtval (schaduw, fel zonlicht) de kleuren beïnvloedt. Rood is bijvoorbeeld een naar voren dringende kleur. Moeilijk om buiten te gebruiken, vooral in fel licht, maar in de schaduw goed te combineren met grijs, paars en roze.

Kleurencombinatie. *Lichtpaarse* Petunia *cv. en* Lobelia *cv., grijze* Helichrysum petiolare *en witte margriet* (Chrysanthemum *Maximum-hybr.) vormen een verbazingwekkende combinatie tegen een helderblauwe deur. In een kleine ruimte, waar planten niet snel tegen een natuurlijke achtergrond staan, kunnen omringende structuren als deuren en muren niet alleen inspiratie geven, maar ook als achtergrond dienen.*

Kardinaalshoed
Euonymus alata

De donkergroene bladeren van deze bladverliezende struik worden in het najaar helderrood en gaan vergezeld van kleine paarsrode vruchten. De maximum hoogte is 2,5 m, wat de plant geschikt maakt voor kleine tuinen.

Witte kornoelje
Cornus alba 'Sibirica'

De koraalrode takken van *Cornus alba* 'Sibirica' zijn vooral 's winters erg opvallend. Jonge takken hebben de meest intense kleur; snoei daarom in het voorjaar de takken terug voordat de bladeren komen. Terugsnoeien voorkomt ook dat de struik, die tot 2 m hoog kan worden, te groot wordt voor een kleine tuin.

Tulp
Tulipa 'Queen of Night'

Weinig bloemen hebben zo'n diepe kleur als *Tulipa* 'Queen of Night'. De haast zwarte bloemblaadjes hebben een satijnen glans, die bijdraagt aan de wat mysterieuze sfeer.

Leliebloemige tulp
Tulipa 'White Triumphator'

Voor een ongewone combinatie van kleuren kunt u deze sneeuwwitte tulp combineren met de zwartsatijnen bloemen van *Tulipa* 'Queen of Night'.

Sierkool
Brassica oleracea

Een opvallend effect bereikt u door naast sierkool, met zijn crème en groene bladen, de paarsbronzen *Coleus blumei* 'Autumn Splendour' te planten.

KLEURENKEUZE

Door planten te kiezen waarvan de kleuren een harmonieuze compositie vormen en geen sterke contrasten hebben, geeft u een kleine tuin de meeste eenheid en daarmee de meeste indruk van ruimte. Dit vraagt dus om een verstandige keuze uit de talloze kleuren die verkrijgbaar zijn. De bloemen op deze bladzijden bestaan uit warme oranje en roze tinten, krachtig geel, en wat crème en zuiver wit om een té warme toon te voorkomen. Toevoegen van blauw zou dit hele schema verstoren. Tenslotte draagt u ook geen kleding in alle kleuren van de regenboog, evenmin als u van uw woonkamer een kakelbonte omgeving maakt. Waarom zou u het in uw tuin dan wel doen?
Juist dat onoordeelkundig gebruik van de kleuren van eenjarigen bederft vaak het effect. Probeer het gebruik van 'gemengde kleuren' (zo krachtig aangeprezen in catalogi) te vermijden, want daarmee verstoort u alleen maar een harmonieuze compositie.

KLEUR EN SFEER

Kies een kleurencombinatie die past bij de sfeer van uw tuin. In een laaggelegen binnenplaats met een donkere, wat geheimzinnige atmosfeer kan dat donkergroen, brons en kastanjebruin zijn. Op een koel en vrijgelegen terras zouden daarentegen fris crème, roze en zilver passen. Om de invloed van de kleuren op elkaar te bekijken, kunt u stukjes karton in verschillende combinaties naast elkaar houden.
De ene kleur is makkelijker toepasbaar dan de andere. Citroengeel bijvoorbeeld wordt warmer van toon in combinatie met geel en oranje, maar koeler met lichtblauw, grijs en wit. Als u een geschikte kleurencombinatie heeft, kunt u de planten gaan uitkiezen.

Evenwichtige kleur. *Nuances van geel, roze, crème en oranje zijn hier gecombineerd tot een harmonieuze compositie. De warme tonen, die een hoogtepunt bereiken in het sterke heldergeel, worden gecompenseerd door het koelere wit, waardoor het geheel als het ware tot rust komt.*

Roze. Zachtroze, in de vorm van een *Pelargonium* Zonale-hybride, past bij de warme tonen van de lelies achter in de compositie.

Harmonie. De prachtige abrikooskleur van deze *Hibiscus*-hybride bevat elementen van de kleuren van de omringende bloemen.

Crème *De crèmekleurige bloemen van een begonia contrasteren met de helderwitte bloemen van zijn buren en vullen de warme tonen in de rest van het schema aan.*

Warm en krachtig. De warme tonen in de rest van het schema bereiken een hoogtepunt in het oranje van *Lilium* 'Enchantment' en de gele bloemen van *Lilium* 'Golden Clarion'.

Verkoelend wit. Het sterke geel van de lange *Chrysanthemum frutescens* 'Aurea' en de begonia op de voorgrond wordt koeler gemaakt door de witte *Pelargonium* cv.

GEURENDE PLANTEN

Niets geeft zo'n indruk van allure en luxe als geur – en geen enkele kleine tuin behoeft dat te missen, want veel geurende planten zijn klimmers (die weing ruimte vragen) of ze kunnen in potten of bakken groeien en daarom op iedere plaats staan. En ten slotte: hoe kleiner een tuin is, des te dichter bent u bij de bron van de geur, en hoe meer ingesloten uw tuin is, des te intenser kunt u ervan genieten.

Niet alleen buiten, maar ook binnen kunt u van geurende planten genieten, door deuren en ramen open te zetten. Waarom dus geen rozen rond het slaapkamerraam, aromatische kruiden in een bak bij de keuken en geurige lelies in een pot bij de voordeur?

Ieder seizoen heeft zijn geuren – in de lente de frisse geur van hyacinten *(Hyacinthus orientalis)* en narcissen (*Narcissus* cv.), beide erg geschikt voor bakken, en de zoete geur van blauweregen (*Wisteria* sp.), *Clematis montana* en sering (*Syringa* sp.), die zich mengen met de lichte, aangename zomergeuren van rozen en anjers (*Dianthus* sp.).

Dan is de beurt aan het krachtige parfum van lelies (*Lilium auratum* en *L. regale,* in bakken te kweken) en *Buddleja* sp. De exotische geur van jasmijn *(Jasminum officinale),* gladiolen *(Gladiolus* sp.) en siertabak (*Nicotiana* sp.) nemen het van ze over en deze geuren tot in het najaar.

's Winters is er de bloesem van struiken zoals *Sarcococca humilis* en *Daphne odora* en het aromatische blad van groenblijvende kruiden zoals rozemarijn *(Rosmarinus officinalis).*

Zomergeuren. Ook in de kleinste tuin kunnen we van geuren genieten. Hier staan gele rozen naast een tuinbank. Ze geven het zonnige zitje een vleugje zachte zomergeur.

Daphne retusa

Aan het eind van het voorjaar draagt *Daphne retusa* een overvloed van heerlijk geurende bloemen. De wintergroene plant heeft glanzend blad en heldergekleurde bessen in de herfst – een aanwinst voor iedere kleine tuin.

Rozemarijn
Rosmarinus officinalis

Van rozemarijn bestaan ook kweekvormen. Allemaal zijn ze aromatisch, groenblijvend en bruikbaar in de keuken. Om zoveel mogelijk van de geur te genieten zet u ze onder een bank, onder een raam of in een pot naast de keuken, zodat u snel wat blaadjes kunt plukken voor in de maaltijd.

Violier
Matthiola incana 'Brompton Mixed'

De bloemen van de violier, die in de zomer verschijnen, hebben een zware en zoete geur. In een pot naast raam of deur verspreiden ze hun geur ook in de woning op een warme zomeravond. Een kleurige en geurige plant, die geschikt is voor kleine perken.

Sneeuwbal
Viburnum × *carlcephalum*

De voorjaarsbloemen van *Viburnum* × *carlcephalum* geuren zoet; bovendien heeft de plant in de herfst fraai gekleurd blad en bessen.

Brem
Cytisus battandieri

Hartje zomer geven de bloemen van deze brem een zoete, op ananas lijkende geur af. De groei is spreidend, maar hij kan ook langs een muur geleid worden.

BODEMBEDEKKERS

Bodembedekkers zijn bijzonder geschikt voor allerlei onregelmatig gevormde of overgebleven ruimten in de tuin (zoals zo vaak voorkomend in stadstuinen), die niet of moeilijk te bestraten of 'normaal' te beplanten zijn. Ze vormen een aantrekkelijk en praktisch alternatief voor een klein grasveld, met als voordeel dat ze er 's winters beter uitzien dan een gazon. Daarbij houden ze ook de groei van onkruid tegen, als u tenminste vóór het planten goed geschoffeld heeft en alle wortels van de onkruiden heeft verwijderd.

Bodembedekkers kunnen dienen om groepen hooggroeiende planten te verbinden met lagere gemengde perken, of op zichzelf als een contrast met harde oppervlakken of delen met grind. Als u de planten tot een bepaald gebied wilt beperken, neem dan geen woekerende soorten, want die hebben de neiging zich door de hele tuin te verspreiden. Penningkruid, *Vinca major* en *V. minor* vallen in deze categorie.

Planten die tegen de bodem of wat hoger groeien kunt u als bodembedekker toepassen. Tot de eerste groep behoren vaste planten zoals *Ajuga* sp. die een dichte mat vormt, *Bergenia* sp. met zijn grote opvallende blad, en *Stachys byzantina* met zijn donzig blad. Kies voor een permanente vorm van bodembedekking een groenblijvende struik, bijvoorbeeld de laagblijvende *Cotoneaster dammeri;* maar ook een hoge struik met een dichte ondergroei, zoals *Choisya ternata,* komt voor dit doel in aanmerking.

Structuur op de bodem. *Drie verschillende bodembedekkers kruipen rond op dit kleine oppervlak, resulterend in een vriendelijk ritmisch patroon dat een piezierig contrast oplevert met het ruitvormige patroon van de bestrating. Op de voorgrond staat* Ajuga reptans *'Burgundy Glow', daarboven bronsgroene* Acaena microphylla *en* Geranium endressii, *een ooievaarsbek met witte bloemen.*

Grote maagdenpalm
Vinca major 'Variegata'

Zowel *Vinca major* als *V. minor* zijn groenblijvende bodembedekkers voor schaduwrijke plaatsen. Gebruik ze alleen op vrij grote oppervlakken, want ze zijn moeilijk 'binnen de perken' te houden. Deze cultivar heeft blauwe bloemen.

Kardinaalshoed
Euonymus fortunei

Het frisgekleurde blad van *E. f.* 'Emerald 'n Gold' geeft ook in de winter een opgewekte sfeer aan de tuin. Evenals de cultivar 'Silver Queen' heeft deze plant een lage, 'hobbelige' manier van groeien. Beide cultivars zijn uitermate geschikt voor stadstuinen, omdat de struikjes bestand zijn tegen vervuilde lucht.

Zenegroen
Ajuga reptans 'Atropurpurea'

De groei van deze lage en schaduwminnende vaste plant kan gemakkelijk onder controle worden gehouden. In het voorjaar is er een massa blauwe bloemen, wat een fraai contrast oplevert met het weelderige purperbronzen blad.

Gevlekte dovenetel
Lamium maculatum 'Beacon Silver'

Deze cultivar is een van mijn favoriete bodembedekkers. De plant heeft hartvormige, zilverachtige bladeren die donkere hoekjes opvrolijken – al groeit hij ook in de zon. Aan het eind van het voorjaar verschijnen de helderroze bloemen. De plant groeit snel, maar niet zo woekerend als zijn familielid de gele dovenetel.

VOOR POTTEN EN KUIPEN

Een prettige mogelijkheid van potten en dergelijke in een kleine tuin is dat u planten van allerlei afmetingen op allerlei plaatsen kunt 'planten'. Daarbij worden de planten verplaatsbaar, zodat u verschillende opstellingen kunt proberen en al naar uw stemming de aanblik van de tuin kunt veranderen.

VERZORGING

Vrijwel iedere soort, van kleine bomen tot groenten en kruiden, kunnen in bakken of potten groeien, zolang er voldoende ruimte voor de wortels en voldoende water en voedingsstoffen zijn.

Er dienen wel gaten voor de afvoer van regenwater te zijn, anders gaan de wortels rotten in het water dat zich onderin verzamelt. Bovendien kan 's winters dat water bevriezen, zodat de wortels (en soms de pot) stuk gaan. Bedek het afvoergat met een laagje kiezels of potscherven, zodat het water wel uit de pot kan, maar de grond niet (zie details op blz. 206).

Hoe meer grond er is, hoe beter de plant het doet, omdat er dan meer voedsel en water beschikbaar is (behalve soorten die voedselarme grond vereisen). Gebruik een goede kwaliteit potgrond – beknibbelen leidt tot teleurstellingen. Ieder voorjaar verwijdert u voorzichtig de bovenste laag grond en vervangt deze door een verse hoeveelheid, om nieuwe voedingsstoffen in te brengen. Planten die op een onbeschutte plaats (balkon, vensterbank) groeien of in mandjes hangen, moeten nog vaker water en voedsel hebben dan hun collega's op de grond, vanwege het gevaar van uitputting en snelle uitdroging.

PRAKTISCHE TIPS

Terracotta potten verliezen snel water; daarom moeten ze vóór gebruik goed in water ondergedompeld worden. Hangmandjes moeten van binnen met plastic of een laagje mos bekleed worden. Prik gaatjes in het plastic, zodat water wordt afgevoerd.

Opvallende combinatie. *Het succes van deze informele groepering van potten met planten zit 'm in de opvallende combinatie van vriendelijke en ontspannen plantvormen achteraan (geranium met roze bloemen en zilvergrijze* Helichrysum microphyllum*) met daarvoor krachtiger gelijnde planten (verschillende vetplanten).*

Leliebloemige tulp
Tulipa whittallii

Tulpen zijn bijzonder geschikt voor potten en kuipen. Hun dunne stengels en spits toelopende bladeren vallen nooit uit de toon, en er is volop variatie in bloemkleur en -vorm. Zet de bollen aan het eind van de herfst in grond met goede waterafvoer.

Siertabak
Nicotiana alata

De bloemen van deze elegante plant hebben een zware geur. In potten naast deur of raam geplant, kunnen we binnen en buiten daarvan genieten. De kleuren van *N. alata* variëren van het gemengde roze op de foto tot wit en groen.

Vlijtig liesje
Impatiens walleriana

Vlijtige liesjes bloeien van het voorjaar tot het najaar en zijn perfect voor potten en bakken. Ze geven kleur aan een plantenschema met groenblijvende struiken en fleuren saaie trappen en vensterbanken op. De bloemkleuren van *Impatiens* lopen van wit via roze naar rood. Deze cultivar heeft mooi blad.

Felicia bergeriana

Deze kleine, op een madeliefje lijkende plant is erg geschikt voor potten op onbeschutte plaatsen, zoals daken, balkons en vensterbanken, want hij is goed bestand tegen volle zon en wind. De fijne blauwe bloemen met gele hartjes combineren mooi met het goudkleurige blad van *Helichrysum* sp.

Huislook
Sempervivum tectorum

Huislook komt vaak voor in rotstuinen, maar is ook zeer geschikt voor eenvoudig gevormde potten. Dat komt door het contrast van aardewerk met de fraaie structuur van de rozetten en het vlezige blad. Ideaal op balkons, want de plant groeit liefst in de volle zon en is tevreden met voedselarme grond.

STIJL VAN POTTEN

Houd ook bij het kiezen van planten die in potten moeten staan het concept van 'harmonie' in de tuin in het oog. Harmonie in stijl en kleur tussen planten, potten en omgeving is belangrijk, of het nu om een kleine tuin gaat of om een grote.

AFMETINGEN EN KLEUR

Bekijk eerst de afmetingen van de plant(en) die in de pot moet(en) staan. Een kleine versierde pot wordt te veel gedomineerd door de stevige vormen van *Phormium* sp., en is te druk met *Lobelia* sp., maar past schitterend bij een eenvoudige plant als *Helichrysum* sp. Denk ook na over de kleur van plant en pot. Moet het een subtiele combinatie worden, of een gedurfd contrast? Er zijn verschillende stijlen mogelijk. Een informele, gemengde groep planten geeft een ontspannen en charmante indruk, die goed past bij een wat oudere woning. Bij een moderne architectuur passen strakkere plantenschema's beter: te denken valt aan slechts een of twee planten met krachtige lijnen, zoals *Clivia* sp. en *Cordyline* sp.

De opstelling van de potten draagt eveneens bij aan de stijl. Bij een informele opstelling moet de combinatie van planten wat strakker zijn, om een rommelige totaalindruk te vermijden. Bij een strakke opstelling van de potten, bijvoorbeeld aan weerszijden van een deur, heeft een symmetrische beplanting een verrassend effect.

Planten die bestemd zijn voor hangmandjes of bakken hoog op een muur, moeten er zowel van opzij als van onderaf goed uitzien. Het best geschikt zijn planten waarvan takken en bladeren in sierlijke bochten (*Ballota* sp.) of bogen (varens) groeien.

Subtiel contrast. Paarse *Berberis* 'Red Pillar' vormt een subtiel contrast met de rode tint van de terracotta pot.

Kruiden. Deze terracotta pot is gevuld met bloeiend bieslook, enkele tijmstruikjes en winterbonekruid. Een decoratief en tegelijk praktisch tuinelement voor op het terras. Voor kleur in het vroege voorjaar vervangt u de kruiden door krokussen.

Wervelend schema. Een namaak Corinthische zuil vormt hier een goede combinatie van structuren met een goudkleurige *Helichrysum* sp.

Geurige klimplant. *Trachelospermum jasminoides,* een zichzelf vasthechtende groenblijvende klimmer, is hier tot een taps toelopende vorm opgebonden. De plant is geurig en heeft charmante bloemstengels, die op de jasmijn lijken.

Krachtige vormen. Het bij elkaar plaatsen van sterk contrasterende vormen kan een opvallend resultaat geven, zoals hier te zien is bij een *Cordyline* sp. in een klassieke vaas.

Felicia amelloides. (links). Deze niet geheel winterharde vaste plant heeft blauwe bloemetjes en een gevlekte bladkleur.

SCHADUWPLANTEN

Klein en schaduwrijk. *De overvloed aan gebladerte in deze kleine beschaduwde tuin geeft een weelderig, haast tropisch effect. Grote bladvormen hebben de overhand; de opvallendste zijn van* Trachycarpus fortunei *(rechts van het stoeltje).*

Veel kleine tuinen worden overschaduwd door hoge gebouwen, muren of overhangende bomen. Sommige liggen voortdurend in het donker, andere hebben in de loop van de dag even zonneschijn, voordat de schaduw weer toeslaat. Er zijn ook tuinen waarvan alleen delen steeds in de schaduw liggen. Het aantal plantesoorten dat goed gedijt in droge of vochtige schaduw is veel groter dan menigeen denkt, want vaak geven de structuren die de zon wegnemen ook beschutting (zie de lijst op blz. 208).

Schaduwplanten hebben vaak grote bladeren, om toch voldoende licht voor de fotosynthese te kunnen opvangen. De bloemen zijn vaak gedempt van kleur; op hun beschutte plaats blijft hun geur lang hangen. Een schaduwgedeelte kan een aparte sfeer hebben – weelderig blad bij een beschaduwd vijvertje bijvoorbeeld, of bleke bloemen in een donker hoekje.

KEUZE VAN SCHADUWPLANTEN

Groenblijvende struiken zijn onmisbare 'vullers'. Voor de niet geheel winterharde *Camellia* sp. zijn schaduwrijke plaatsen die beschut liggen en vrij vochtig zijn geschikt. Hun gladde en glimmende blad geeft een donker deel van de tuin het hele jaar door luister; hun komvormige bloemen voegen daar in het bloeiseizoen een levendige kleur aan toe.

Mijn favoriete vaste planten zijn *Bergenia cordifolia* met zijn krachtig gevormde grote leerachtige bladeren, *Iris foetidissima* en *Liriope muscari,* waar ik op gesteld ben door het puntige, groenblijvende gebladerte. Bamboe (*Arundinaria* sp.) groeit op iedere droge, beschutte en beschaduwde plaats. Zijn lange, verticale vorm geeft een interessant contrast met het krullend gebogen blad van varens. Voor een delicater effect plant u anemonen *(Anemone × hybrida)* met hun sierlijke bloemen en zich uitspreidende groei. Lelies (*Lilium* sp.) kunnen in bakken groeien. Ze hebben exotische bloemvormen en brengen geur in een schaduwtuin.

Op vochtige plaatsen, zoals onder een grote boom, kunt u de grootbladige *Rheum palmatum* en *Gunnera manicata* planten voor een 'tropisch regenwoud' effect. Andere geschikte struiken voor vochtige schaduw zijn hortensia's, *Viburnum davidii* en *V. rhytidophyllum. Hosta*'s hebben veel vocht nodig en doen het op de donkerste plekken, als u tenminste de slakken (ook dol op *Hosta*'s) weg kunt houden.

Zachte naaldvaren
Polystichum setiferum

Varens zijn onmisbare schaduwliefhebbers. Ze hebben fraaie gebogen bladeren en brengen sfeer in allerlei lastig gevormde hoekjes en kiertjes. De groenblijvende soorten zijn het meest nuttig, zoals deze *Polystichum setiferum.*

Aucuba japonica 'Salicifolia'

Het glimmend groene blad en de rode bessen van deze cultivar van *Aucuba japonica* zullen zelfs het donkerste en droogste hoekje van de tuin opvrolijken. Gevlektbladige vormen zoals *A. j.* 'Variegata' hebben wat meer licht nodig. De plant is bestand tegen vervuilde lucht en daarom geschikt voor stadstuinen.

Anemoon
Anemone × hybrida 'Honorine Jobert'

Deze anemoon is een van mijn favorieten. Dat komt door de eenvoudige bloemvorm, de lange elegante stengels en het fraaie blad.

De plant groeit in lichte schaduw en kan oud worden, maar verdraagt overplanten slecht als hij eenmaal is aangeslagen.

Lelietje-van-dalen
Convallaria majalis

Het lelietje-van-dalen is een liefhebber van vochtige schaduw en vult daar de atmosfeer met een heerlijke geur. Het blad is eenvoudig en mooi; de bloemen zijn teer.

Wolfsmelk
Euphorbia amygdaloides robbiae

Deze plant groeit uitstekend op droge beschaduwde plaatsen. De rozetten vormen een groenblijvende mat die in het voorjaar met gele bloemen is bedekt.

Schoenlappersplant
Bergenia 'Abendglut'

Midden in de winter beginnen de dikke bloeistengels omhoog te groeien vanuit de grote leerachtige bladeren. In het voorjaar zijn ze bedekt met roze, klokvormige bloemen. Dankzij het blad goede bodembedekker voor de schaduw.

Mahoniestruik
Mahonia aquifolium

Een kleine, taaie en groenblijvende struik met in het voorjaar heldergele bloemen en in de herfst blauwzwarte bessen. Een goede bodembedekker voor donkere, droge tuindelen. Ook voor onbeschutte plaatsen zoals balkons.

Nieskruid
Helleborus lividus ssp. *corsicus*

Het grijsgroene blad en de bleekgroene bloemen van deze wintergroene vaste plant zijn in de donkere maanden van het jaar een grote aanwinst voor donkere hoekjes. Goed te combineren met donkere planten zoals *Aucuba japonica*.

Liriope muscari

Deze plant kan in potten groeien en is daarom tot op het kleinste plekje inzetbaar; daarnaast is hij een uitstekende bodembedekker. Vroeg in het najaar zijn de lange bloeistengels, die tussen het blad oprijzen, bedekt met druppelvormige bloemetjes.

Hortensia
Hydrangea macrophylla serrata

De lichtpaarse bloemen van deze cultivar 'Bluebird' glimmen tussen het beschaduwde blad op de bladzijde hiernaast. Hortensia's zijn uitstekende 'stadsplanten', want ze kunnen in kuipen groeien, hebben geen last van vervuilde lucht en doen het goed op beschutte, lichtbeschaduwde plaatsen. Ze hebben wel voldoende vocht nodig. De bloemen hebben bij planten in zure bodem een blauwe tint en in basische grond een roze tint.

OP ONBESCHUTTE PLAATSEN

Planten die op daken, balkons en hoge vensterbanken staan, zijn veel meer blootgesteld aan hitte, wind en koude dan de planten 'beneden'. De wind rukt aan de bladeren en droogt de grond waar ze in groeien snel uit, daarbij geholpen door de zon. Er zijn echter heel wat planten die zulke ongastvrije omstandigheden aankunnen (zie lijst op blz. 209-210), en veel andere soorten die het een seizoen kunnen uithouden, of langer als ze wat beschutting krijgen van een schutting, doek of een stevige struik, zoals vormen van de jeneverbes. Planten die in potten en bakken groeien (wat meestal het geval is) hebben slechts in beperkte mate vocht en voedingsstoffen tot hun beschikking. Gebruik dus altijd een voedselrijke en vochtvasthoudende potgrond, en geef vaak water.

Dakplanten. *Een forse houten constructie, voorzien van bamboeschermen, beschut deze daktuin tegen wind. Daarom kunnen planten met uitgesproken vormen zoals* Fatsia japonica *(bij het scherm) en* Euphorbia characias *ssp.* wulfenii *(voorgrond) hier overleven.*

PERMANENTE BEPLANTING

Stevige struiken vormen een permanente achtergrond en geven daarbij beschutting tegen de wind, voor uzelf en voor minder taaie planten. Dit geldt met name voor soorten die inheems zijn en zich aangepast hebben aan open terrein, zoals heidevelden en kustgebieden. Alle soorten brem (*Cytisus* sp., *Genista* sp. en *Spartium* sp.) zijn tegen een stootje bestand, evenals gaspeldoorn (*Ulex* sp.), heidesoorten, groen- en 'grijs'blijvende kruiden, de meeste coniferen en veel grassen. Klimplanten op onbeschutte plaatsen hebben meestal veel te lijden van de wind. Beperk u tot bladverliezende soorten (van nature sterker dan groenblijvende), zoals *Parthenocissus* sp. en kamperfoelie (*Lonicera* sp.). Klimop (*Hedera* sp.) is een taaie groenblijvende klimmer.

TOCH KLEUR

Veel planten overleven een seizoen op het balkon, dakterras of de vensterbank, vooral met wat beschutting en extra zorg. Dicht op elkaar groeiende bolgewassen en eenjarigen in bakken geven een overvloed aan kleur in het bloeiseizoen. Planten met 'madeliefjes'-achtige bloemen zijn meestal stevig: voorbeelden zijn de kleine *Felicia* sp., de opvallend gele *Rudbeckia* sp. en de lang bloeiende witte *Chrysanthemum* Maximum-hybriden.

Duindoorn
Hippophae rhamnoides

Deze struik komt van nature voor in kustgebieden en is daarom ideaal voor winderige balkons en daken. Als een mannelijke struik bij een vrouwelijke wordt gezet, worden er rode bessen gevormd. Oudere struiken zien eruit als statige kleine bomen.

Jovibarba hirta
(Sempervivum hirtum)

Dit rotsplantje groeit het best in voedselarme grond met goede waterafvoer; voeg daarom wat grit aan de potgrond toe. Het meest effectief in groepen. Er zijn, vooral bij *Sempervivum,* nog veel andere mooie rozetten vormende soorten, in verschillende afmetingen.

Sneeuwbal
Viburnum betulifolium

Een struik die erg geschikt is voor onbeschutte plaatsen. Vraagt om grond met goede waterafvoer. Op de foto staat een rechtop groeiende vorm, die vroeg in de zomer witte bloemen draagt. Om in de herfst rode bessen te krijgen twee of meer struiken bij elkaar zetten.

Brem
Cytisus nigricans

Een ongewone soort brem omdat de lange en puntige bloemen pas aan het eind van de zomer verschijnen; andere soorten bloeien aan het eind van de lente. Het zijn allemaal winterharde struiken die bestand zijn tegen voedselarme grond en harde wind: ideaal voor hoge vensterbanken en balkons. Terugsnoeien na de bloei.

Heiligenbloem
Santolina pinnata

Een winterharde en groenblijvende struik die om een zonnige en droge plaats vraagt. Goed bestand tegen harde wind en daarom een perfecte dak- en balkonplant. De bladeren zijn ver ingesneden; de bloemen zijn klein en crème. In kuipen als heg (25 cm afstand).

LANDELIJKE SFEER

Landelijke compositie. *In deze kleine landelijke tuin heerst een kalme harmonie tussen de groene, grijze en gele tinten. Een stenen trog, houten zitbank en hoge stokrozen geven structuur aan het informele patroon, waarin goudgele* Alchemilla mollis *en zilveren* Santolina chamaecyparissus *(geheel rechts) en crème* Sisyrinchium *sp. (links) zijn opgenomen.*

Velen hebben een bepaald idee hoe een 'landelijke' tuin hoort te zijn: een volbegroeide, golvende omtrek, zachte kleuren, vol geur en een rustgevende sfeer. Zij proberen die karakteristieken dan over te brengen naar hun eigen kleine tuintje, midden tussen de flatgebouwen, het verkeerslawaai en de algemene drukte van de grote stad.

Veel planten geven een landelijke sfeer; op de volgende drie bladzijden staan enkele van mijn favorieten. Deze planten kunt u combineren in een plantschema voor de hele tuin, of u zet er een paar in potten om aan uw voordeur, vensterbank of balkon een landelijk tintje te geven.

LANDELIJKE BEPLANTING

Op het eerste gezicht lijkt een echte landelijke tuin het resultaat te zijn van een ontspannen en bijna 'toevallige' manier van aanplanten. Toch ligt er onder de aankleding wel degelijk een doordachte structuur van paden, terrassen en muren, om te voorkomen dat de beplanting ontaardt in een rommeltje. Zelfs in een kleine stadstuin moet elk plantenschema met landelijke planten, zoals *Nigella damascena*, lupinen (*Lupinus* sp.) en ridderspoor (*Delphinium* sp.), benadrukt worden door permanente tuinelementen in de vorm van een zitbank, beeldje en/of planten met stevige vormen, zoals *Choisya ternata*, rozemarijn *(Rosmarinus officinalis)* en salie *(Salvia officinalis)*. Deze toevoegingen kalmeren en stabiliseren de landelijke beplanting wanneer de eenjarigen en vaste planten in bloei uitbarsten, en zorgen ervoor dat de aanblik ook 's winters de moeite waard blijft.

Het 'volle' karakter van een landelijke tuin is een van zijn charmes. Planten groeien uit de muren en barsten uit hun perken. Zo'n sfeer bereikt u ook in heel kleine tuinen door zichzelf uitzaaiende planten te zetten in grind en tussen de voegen van de bestrating, en door schuttingen en muren te laten begroeien met klimplanten.

Laat u niet verleiden om uw stadstuin een landelijke sfeer te geven door het plaatsen van quasi-antieke en 'ouderwetse' ornamenten. Het enige resultaat is een kunstmatige en eigenwijze aanblik. Vertrouw in plaats daarvan op de vormen, kleuren en geuren van 'landelijke' planten en de eigen stijl van uw tuin.

Vrouwenmantel
Alchemilla mollis

Vrouwenmantel groeit in de zon of schaduw. De geelgroene bloemschermen geven zelfs de kleinste stadstuin onmiddellijk een ontspannen landelijke sfeer. Na een regenbui blijven druppeltjes water als parels op de bladeren achter.

Engelwortel
Angelica archangelica

De grote groene schermen van dit kruid verschijnen in de zomer. Samen met de grote aromatische bladeren een perfecte manier om een vleugje platteland in de stad te krijgen. Goed te combineren met *Foeniculum vulgare* die tot in de herfst bloeit.

Rubus × tridel 'Benenden'

Deze bladverliezende struik kan een hoogte van 3 m bereiken en heeft de gratie en charme die bij landelijke tuinen passen. De losse ontspannen vorm lijkt wel wat op die van de struikroos. De witte, enkele, opvallende bloemen verschijnen aan het eind van de lente en begin van de zomer aan de dunne takken.

Kievitseitje
Fritillaria meleagris

Een bolgewas met een vriendelijk uiterlijk. Het duurt twee of drie jaar voor de plant goed groeit, maar daarna wordt u beloond met fraaie hangende bloemen.

Margriet
Chrysanthemum Maximum-hybr.

Margrieten hebben een verfrissend eenvoudig uiterlijk dat past bij een landelijke sfeer. Ze bloeien ongeveer twee maanden lang in de zomer.

Goudpapaver, slaapmutsje
Eschscholzia californica

Een zachte en landelijke sfeer kan onder andere bereikt worden door zichzelf uitzaaiende planten in grind te plaatsen. Deze enkele, oranje slaapmutsjes vormen een tere en informele compositie – een mogelijkheid voor een heel beperkte ruimte.

Sering
Syringa villosa

De ontluikende geurige bloesem van de sering is een teken dat de zomer in aantocht is. De struik vraagt om een zonnige plaats en grond met goede waterafvoer.

Juffertje-in-'t-groen
Nigella damascena

De tere bloemen en het fijne blad van de cultivar 'Persian Jewel' geven hier een zacht en ijl effect. Een zonnige plaats en goede waterafvoer zijn noodzakelijk.

Toorts
Verbascum 'Gainsborough'

De speerachtige bloeistengels van *Verbascum* 'Gainsborough' worden ruim 1 m hoog en dragen de hele zomer lichtgele bloemen. Combineer ze met *Narcissus poeticus* bollen, die in het voorjaar bloeien.

Struikroos
Rosa 'Constance Spry'

Hangend over een witte tuinbank symboliseert deze weelderige *Rosa* 'Constance Spry' een landelijke midzomerdag. Deze opvolger van de ouderwetse centifoliarozen brengt geur en frisheid in de kleine stadstuin. De plant kan als vrijstaande struik maar ook als klimplant tegen een muur gekweekt worden. Hoewel hij maar eenmaal per jaar bloeit, aan het begin van de zomer, is hij zeker de moeite waard om te planten vanwege de schitterende bloemen.

KRACHTIGE VORMEN

'Architectonische' planten zijn de plantkundige equivalenten van uitroeptekens en dramatische pauzes. Het zijn planten met een uitgesproken totaalvorm, die ze danken aan de opvallende vorm van blad, stam of takken. Zulke planten kunnen op zichzelf staan als zelfstandig aandachtspunt, maar ook dienen als een krachtige achtergrond voor een border met los gegroepeerde planten.

Het effect van architectonische planten hangt van hun grootte af. De Italiaanse cipres (*Cupressus sempervirens* 'Stricta') heeft een slanke elegante vorm, die opvallend afsteekt tegen een open horizon of het 'landschap' van de stad. Ierse taxus (*Taxus baccata* 'Fastigiata') heeft hetzelfde effect, maar ziet er robuuster uit. Opvallende struiken zijn *Fatsia japonica* en × *Fatshedera lizei.* Beide kunnen in bakken groeien en hebben handvormig gedeeld blad dat uitstekend past in stadstuinen. Meer afgeronde vormen vindt u bij *Choisya ternata;* spitse vormen bij *Yucca* en *Phormium* sp.

Vaste planten met uitgesproken vormen zijn het geslacht *Hosta* en *Bergenia cordifolia* cvs. In grote groepen zullen ze structuur en stabiliteit brengen aan borders en perken met allerlei andere vaste planten, die er vooral omwille van hun bloemen staan. Klimplanten met krachtige bladvormen, zoals de krachtig groeiende – en vruchtdragende – druif *Vitis coignetiae* en alle grootbladige *Hedera*-soorten, zijn een uitstekende manier om vorm en patroon te geven aan verticale oppervlakken. Zie voor een lijst van architectonische planten blz. 213.

Architectonisch contrast. *Tussen 'zachtere' planten werkt de robuuste en puntige vorm van een agave als een uitroepteken. Het samenspel van de uitgesproken vormen van de agaves complementeert de rotsige lijnen van de stenen gebouwtjes in deze mediterrane tuin.*

Fluweelboom
Rhus typhina 'Laciniata'

De takken en ingesneden bladeren zorgen voor een grillige vorm. De gewei-achtige takken krijgen meer nadruk als het blad is gevallen.

Wolfsmelk
Euphorbia characias ssp. *wulfenii*

Euphorbia characias heeft een sterke maar ontspannen ogende vorm. 'Lambrook Gold' heeft heldergekleurde bloemen.

Rodgersia podophylla

Deze vaste plant heeft bladeren die tot 30 cm breed kunnen worden en stengels met crèmekleurige bloemen. Groeit goed op vochtige plaatsen en vormt een goed contrast met verticaal gelijnde waterplanten, zoals *Iris laevigata* (blz. 185).

Choisya ternata

Deze groenblijvende struik heeft een vriendelijke, afgeronde vorm die een plezierig en zacht ritme in de tuin brengt. Aan het eind van de lente steken grote groepen met geurige witte bloemen mooi af tegen het glimmende blad. Zon of lichte schaduw maken niet uit, maar de plant moet wel beschut staan.

Cordyline australis 'Atropurpurea'

Deze *Cordyline* heeft een sterk verticale vorm en lange zwaardvormige bladeren, die vooral goed uitkomen tegen een neutrale achtergrond.

Reuzenbereklauw
Heracleum mantegazzianum

Deze opdringerige vaste plant zaait zichzelf snel uit, verwijder daarom de uitgebloeide zaadschermen voordat het zaad gaat vallen. De plant heeft grote bloemschermen en opvallende bladeren. Losstaand in een kleine ruimte geven ze een spectaculair effect.

Sierui
Allium rosenbachianum

De bolvormige bloemhoofden zijn dicht bezet met paarsroze bloemetjes; ze verschijnen midden in de zomer en brengen dan interessante vormen in de tuin. De hoogte wordt ruim 70 cm. Goed te combineren met lage planten zoals *Mesembryanthemum criniflorum,* die een kruipende groeiwijze heeft.

Funkia
Hosta sp.

Een lijst met architectonische planten is niet compleet zonder funkia's. Ze hebben allemaal een krachtig patroon van geribbelde bladeren, die structuur geven aan zelfs het donkerste hoekje. *H. sieboldiana* 'Elegans' (boven) heeft groter en donkerder bladeren dan de gevlekte *H. fortunei* 'Albopicta' (onder).

Russische rabarber
Rheum palmatum

Grote opvallende bladeren, die 1 m breed kunnen worden, en pluimen met roestkleurige bloemen op 2 m hoge bloemstengels geven deze midden in de zomer bloeiende plant een energiek uiterlijk. Voor optimaal effect vrijstaand plaatsen. De bladeren worden snel slap in de zon; zet de plant daarom op een vochtige, beschaduwde plek.

Iris
Iris laevigata

De architectonische waarde van deze irissoort ligt in de vorm van de verticale bladeren, die een opvallende achtergrond bieden voor de paarse bloemen die vroeg in de zomer verschijnen. Groeit het best in ondiep water of zeer vochtige grond.

Sisyrinchium striatum

Geplant in grote groepen bieden de lancetvormige bladeren en de fijne crèmekleurige bloemen van *Sisyrinchium* een verfrissend contrast met een vrijstaande struik, zoals hier *Elaeagnus pungens,* of een eenvoudige achtergrond als een geverfde muur. De soort grond maakt niet uit, maar de standplaats moet zonnig zijn.

VORMSNOEI

De aanblik van strak in vorm gesnoeide struiken doet ons denken aan zeventiende-eeuwse tuinen, die vol stonden met piramiden van taxus en 'pauwen' geknipt uit buxusstruikjes. Toch is deze techniek, vormsnoei genoemd, ook in een kleine stadstuin op zijn plaats, zij het natuurlijk op kleinere schaal. De strakke vormen van zulke struiken passen goed bij de sterke lijnen en harde vormen van de stedelijke bebouwing.

VERSCHILLENDE STIJLEN

Struiken die in een bepaalde vorm gesnoeid worden (zie blz. 188-189 voor de techniek) kunnen als groep of individueel een opvallend aandachtspunt zijn tegen een vlakke achtergrond zoals een geverfde muur, of vrij in de tuin staan. Eenvoudige geometrische vormen passen beter bij een kleine ruimte dan ingewikkelde figuratieve vormen. Als de struiken tegen een gebouw staan, kunt u architectonische details – zelfs de vorm van een raam – herhalen in de vorm van de plant. Begin deze eeuw werden in Scandinavische tuinen haagjes strak geknipt tot sterk lineaire tuinelementen, die contrasteerden met de natuurlijke losse vormen van andere planten. Op kleinere schaal kunt u struiken zoals buxus in een eenvoudig patroon knippen en laten afsteken tegen lichtgekleurd grind of perken met planten. Gesnoeide struiken komen het best tot hun recht in eenvoudige potten en geven een 'theatereffect', zelfs op het kleinste stoepje of in het nauwste gangetje.

VERZORGING

Veel struiken die voor vormsnoei in aanmerking komen hebben behoefte aan veel voedingsstoffen; die behoefte wordt nog groter, omdat er nieuwe scheuten gevormd moeten worden. Geef dus een goede potgrond, regelmatig water en nieuwe voeding. Een zonnige en wat beschutte plaats is nodig voor maximale groei.

Geometrische vormen *(boven en rechts). Groenblijvende struiken met kleine bladeren zijn hier in geometrische vormen gesnoeid. Ze passen zowel bij een formele opzet met een klassiek beeld (boven) als bij een uitvoering die losser en informeler van opzet is, zoals hiernaast te zien is.*

PLANTEN VOOR VORMSNOEI

De planten die het meest geschikt zijn om in vorm gesnoeid te worden, groeien langzaam en dicht en zijn goed bestand tegen het verwijderen van takken. Groenblijvende soorten zijn buxus *(Buxus sempervirens),* hulst (*Ilex* sp.) en taxus *(Taxus baccata);* bladverliezende soorten die in aanmerking komen zijn de beuk (*Fagus* sp.), meidoorn (*Crataegus* sp.) en sommige ligusters (*Ligustrum* sp.). Sommige coniferen, zoals *Chamaecyparis lawsoniana* en × *Cupressocyparis leylandii,* zijn ook geschikt, evenals fuchsia's, *Hibiscus* sp. en *Olearia* sp. (zie lijst op blz. 215).

Snoei de jonge planten met dichte groei drie tot vier maal per jaar; volwassen planten een of twee keer per jaar. Ingewikkelde vormen maakt u door kippegaas in de gewenste vorm rond de plant te buigen en de scheuten die erdoor steken af te knippen.

Losser groeiende planten, zoals *Olearia* sp. en de fuchsia hieronder, kunt u snoeien tot een 'struik' op een kale stam. Knip de hoofdscheut af, zodat er veel zijscheuten ontstaan, en verwijder alle scheuten die langs de 'stam' ontstaan (zie blz. 205).

Stamfuchsia. *Fuchsia* 'Mission Bells' kan tot een stamvorm gesnoeid worden. Het elegante en tere effect is op zijn mooist als de plant bloeit.

Bolbuxus. *Buxus sempervirens* is tot een bolvorm gesnoeid als contrast met potten gevuld met eenjarigen.

Plantmand *(rechts). Liguster en* Helichrysum *sp. zijn hier gecombineerd tot een geestige 'plantmand', die in een eenvoudige bak groeit. Het donkergroen van de liguster, die rond een gaasvorm is gesnoeid, steekt mooi af tegen de losse vorm van de lichtzilveren* Helichrysum *sp.*

Zomerse struik. *Chrysanthemum frutescens* als struik.

Boom van hibiscus. Een *Hibiscus syriacus* is zo gesnoeid dat de vorm van de verticale takken geaccentueerd wordt.

Taps gesnoeid. Een kegelvormige *Buxus sempervirens* als contrast met de *Chrysanthemum* sp. erachter.

PLANTEN VOOR HET WATER

Ook de kleinste en eenvoudigste waterpartijen zien er beter uit als u planten in of bij het water zet. Maak er geen natuurlijk vennetje van (noch in stijl van uitwerking, noch in beplanting), want dat leidt tot een geknutseld en eigenwijs geheel, dat niet aan te raden is voor een kleine tuin. (Zie blz. 201 voor details van de constructie van enkele typen waterpartijen.)

PLANTEN IN HET WATER

Hoe kleiner het wateroppervlak, hoe minder het aantal soorten planten dat erin kan staan. Een krachtig effect kunt u op eenvoudige wijze bereiken door één soort in een vijver te zetten; of als u enkele kuipen met water heeft, gebruikt u één soort per kuip. De verticale stengels en bladeren van irissen, zegge en lissen geven een opvallend contrast met een glad watervlak. Planten met drijvende bladeren geven een rustiger sfeer. Als er voldoende ruimte is, kunt u de horizontale en verticale vormen van planten combineren. Oeverplanten met verticale of hangende vormen bieden een goed visueel tegenwicht voor stromend of spuitend water.
Planten met drijvend blad, zoals waterlelies, moeten in manden of potten op de bodem staan. Oeverplanten die in ondiep water groeien, staan ook in potten op de voor hen vereiste diepte (zie blz. 207 voor het planten).

PLANTEN ROND HET WATER

Planten kunnen de overgang tussen waterpartij en de rest van de tuin verzachten en de sfeer van vijver en tuin met elkaar combineren; daarbij weerspiegelen hun vormen zich in het water. Soorten met mooi blad, zoals *Hosta* sp., varens en bamboe, houden van een vochtige omgeving en passen van nature naast een vijver. Als de omgeving rond het water niet voldoende vochtig is, laat u deze planten in bakken groeien en geeft u ze veel water.

Planten en water. *De formele lijnen van deze kleine vijver worden verzacht door de planten in en bij het water. Het gladde horizontale oppervlak vormt een contrast met de verticale vormen van kalmoes (*Acorus calamus *'Variegatus') en* Zantedeschia aethiopica *die uit het water oprijzen. Het weelderige groene gebladerte om de vijver en de koele bloemkleuren dragen bij tot een zwoele atmosfeer.*

Lysichiton americanus

Deze fraaie oeverplant heeft diepgele bloemen die vroeg in het voorjaar verschijnen. De grote gladde bladeren volgen daarna en worden ruim 1 m hoog. Door zijn afmetingen en het opvallende uiterlijk moet de plant niet te dicht bij andere planten staan.

Funkia
Hosta lancifolia

Zet funkia's op een vochtige plaats voor een fraaie omranding van een waterpartij met lichte schaduw. *H. lancifolia* heeft kleinere en elegantere bladeren dan veel andere soorten in dit geslacht. De dieproze bloemen verschijnen aan het eind van de zomer, als er weinig andere oeverplanten bloeien, en blijven tot in de herfst.

Waterlelie
Nymphaea 'Virginalis'

De zuiver witte en taps toelopende bloemblaadjes van *N.* 'Virginalis' vormen een koel contrast met het donkergroene blad. De plant groeit langzaam, maar uw geduld wordt beloond, want de bloei van deze cultivar kan langer dan vier maanden duren.

Hydrocleys nymphoides

Een verfrissende combinatie krijgt u door *Hydrocleys* met zijn gele bloemen te plaatsen in een houten kuip, die voor driekwart gevuld is met grond en verder met water.

Kalmoes
Acorus calamus 'Variegatus'

De puntige verticale vormen van deze plant geven een scherp contrast met rustig water. Kalmoes groeit als oeverplant en in ondiep water.

Dotterbloem
Caltha polypetala

Deze dotterbloem is groter dan de bekende *C. palustris*, heeft schotelvormige bladeren en meervoudig vertakte stengels met heldergele bloemen. De bloei duurt van het voorjaar tot begin zomer. Groeit in vochtige grond of ondiep water.

Waterweegbree
Alisma plantago-aquatica

De lange stengels van deze waterplanten dragen groepjes puntige bladeren boven het wateroppervlak. De tere bloemstengels worden tot 60 cm hoog en hebben veel witte bloemetjes, als een ijle zomerse achtergrond voor de krachtiger vormen van de breed-lancetvormige bladeren.

Waterlelie
Nymphaea 'Escarboucle'

De felle kleuren van deze waterlelie (dieprode bloembladen, felgele meeldraden en donkergroen blad) maken dat deze plant op zichzelf moet staan, en niet samen met andere waterplanten. Zet ze in een voldoende grote vijver: één plant wordt ongeveer 2 m breed.

Het beste is om ze in mandjes te planten, waardoor het sterke woekeren wordt voorkomen. Het water moet ongeveer 50 cm diep zijn. Als deze soort eenmaal is aangeslagen bloeit hij overvloedig vanaf de zomer tot in de vroege herfst.

PRAKTISCHE AANWIJZINGEN

Een serie gedetailleerde tekeningen met praktische tips over uiteenlopende technische zaken als het bouwen van een pergola, het aanleggen van een vijver, maar ook hoe u planten in grind zet en struiken in vorm snoeit.

TECHNISCHE AANWIJZINGEN

De technische details op deze bladzijden zijn nuttig bij het ontwerpen en bouwen van allerlei constructies in de tuin, of u die nu helemaal zelf uitvoert of ze door een ander laat uitvoeren. Ze laten zien hoe u veilige en praktische constructies maakt, en hoe ze aan de stijl van uw tuin aangepast kunnen worden.

In een kleine tuin kunnen tuinelementen een dubbele functie krijgen om zoveel mogelijk ruimte te besparen. Een lage keermuur bijvoorbeeld kan een verhoogd perk afscheiden, maar ook als zitbank dienen; een pergola die bedoeld was om een terras af te bakenen, kan met hangend doek dienen als bescherming tegen de felle zon.

Om een kleine tuin zoveel mogelijk één geheel te doen lijken, moeten het ontwerp en de materialen van een nieuw tuinelement, of dat nu een vijvertje is of een trap, zo goed mogelijk passen bij de rest van de tuin en de buitenzijde van de woning, maar ook bij de constructies die al in de tuin staan.

Controleer voor u met bouwen, en liever nog voordat u met het ontwerpen begint, gemeentelijke bepalingen en bouwverordeningen, vooral als het om goed zichtbare zaken zoals een dakterras gaat. Bij de geringste twijfel of de constructie wel veilig en sterk genoeg is, moet u advies vragen aan de vakman. De schade van ingestorte muren is geheel voor uw verantwoording.

MUREN

STENEN MUREN

Klinkers en (nieuwe of gebruikte) baksteen zijn het meest geschikt voor buiten. Ze kunnen eventueel gepleisterd worden. Alle soorten muren moeten goed gefundeerd zijn. De diepte van de fundering hangt af van de hoogte van de muur, de uitvoering daarvan, de grondsoort en van de diepte waarop de grond nog kan bevriezen.

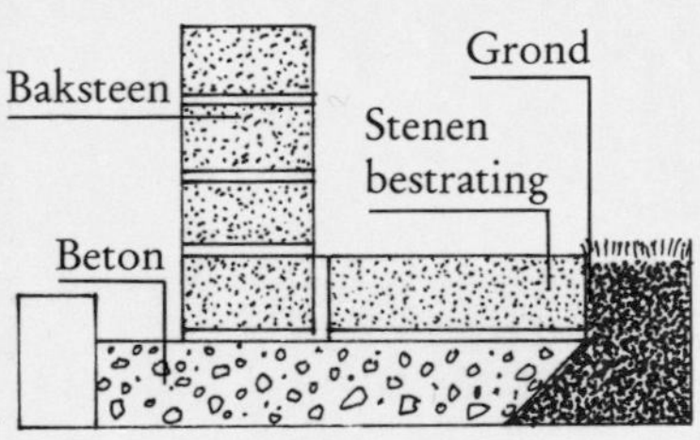

Enkelsteens muur *(boven). Zowel muur als bestrating hebben een betonnen ondergrond.*

Lage keermuur *(onder). Het is belangrijk dat keermuren een drainagesysteem hebben.*

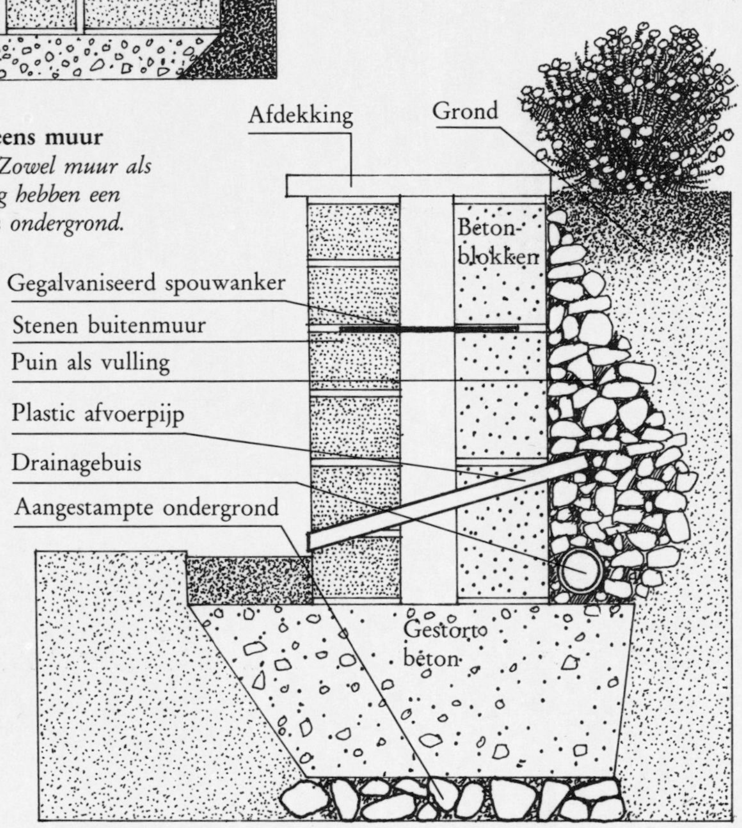

BETONNEN MUREN

Betonblokken zijn goedkoper dan bakstenen en in verschillende maten verkrijgbaar. Bij gebruik in een keermuur gebruikt u ijzeren staven als versterking en worden holle blokken opgevuld met beton.

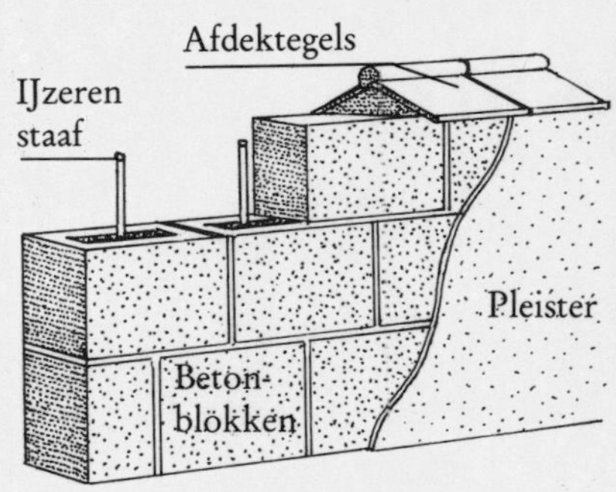

Enkelsteens betonnen muur. *Betonblokken kunnen geverfd worden.*

AFDEKKING

Een afdekking is nodig om te voorkomen dat regenwater in de bovenkant van de muur binnendringt. Gebruik daarvoor bakstenen of een contrasterend materiaal.

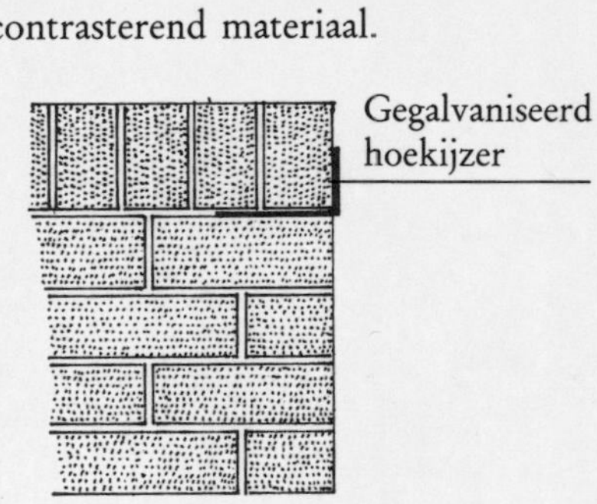

Stenen rand. *Bakstenen zijn het meest geschikt als afdekking.*

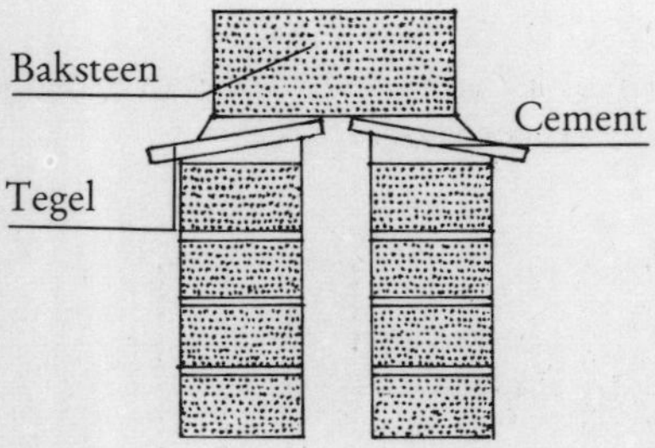

Baksteen en tegels. *Tegels onder de stenen afdekking geven extra bescherming.*

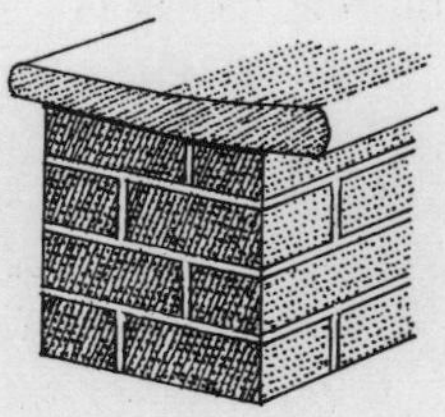

Betonnen rand. *Deze rand dient ook als zitplaats.*

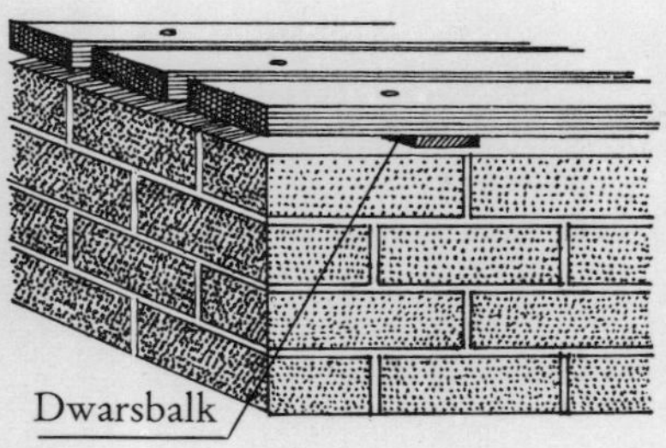

Houten bank op stenen muur. *Het hout is behandeld tegen rot.*

SCHUTTINGEN EN ONDERSTEUNING

LATWERK EN DRAAD

Latwerk kan gebruikt worden om vrijstaande schermen te maken of een muur te versieren – in beide gevallen kunnen er planten tegen groeien. Draad tussen palen is een lichtgewicht vorm van zo'n ondersteuning.

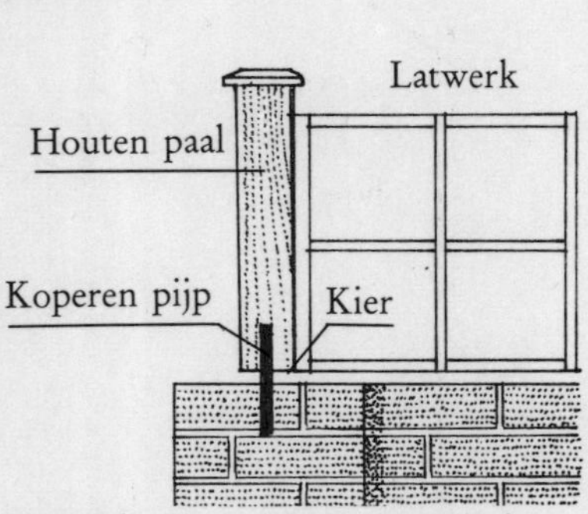

Latwerk op muur. *Laat een ruime kier open tussen muur en latwerk om rot te voorkomen.*

Scharnierend latwerk. *Door latwerk onderaan scharnierend te bevestigen kan het gemakkelijk omlaag geklapt worden voor onderhoud.*

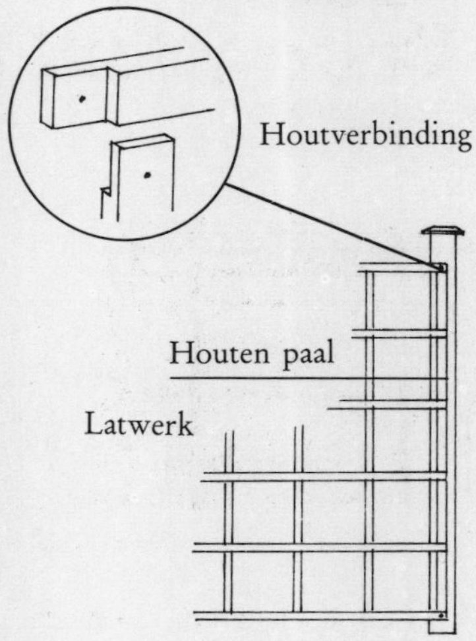

Scherm van latwerk. *Bevestig latwerk tegen houten palen.*

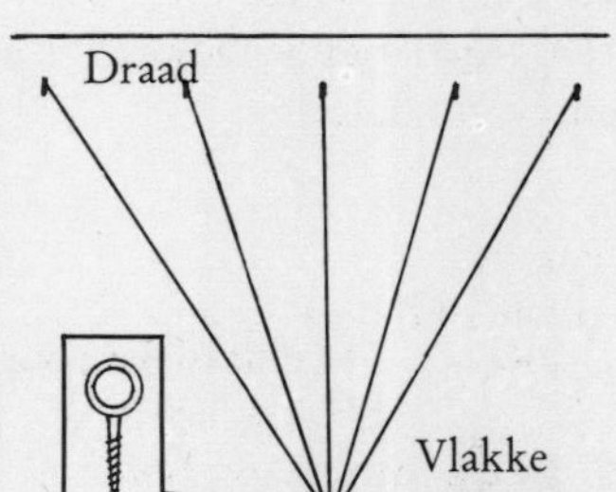

Plantenwaaier. *Bevestig het draad met gegalvaniseerde schroefogen.*

Dichte schutting

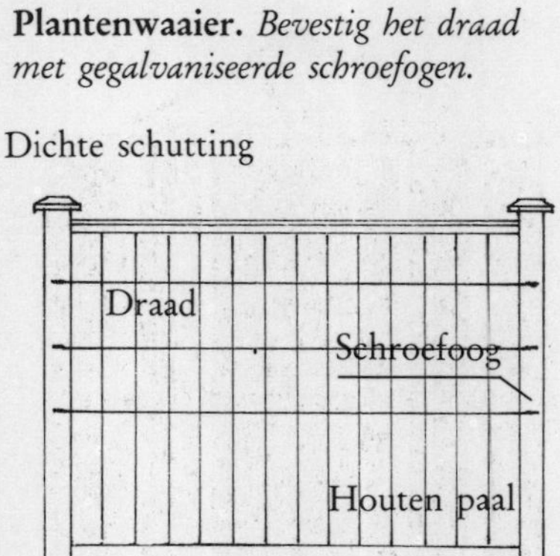

Rechte draden. *Span de draden tussen twee palen.*

PALEN BEVESTIGEN

Omdat hout dat in direct contact staat met de grond gaat rotten, moeten de palen beschermd worden op een van de drie onderstaande manieren.

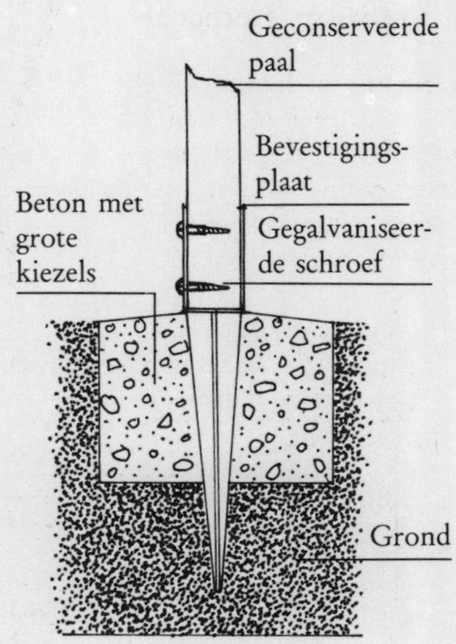

Metalen pen. *Iedere paal heeft een metalen grondpen.*

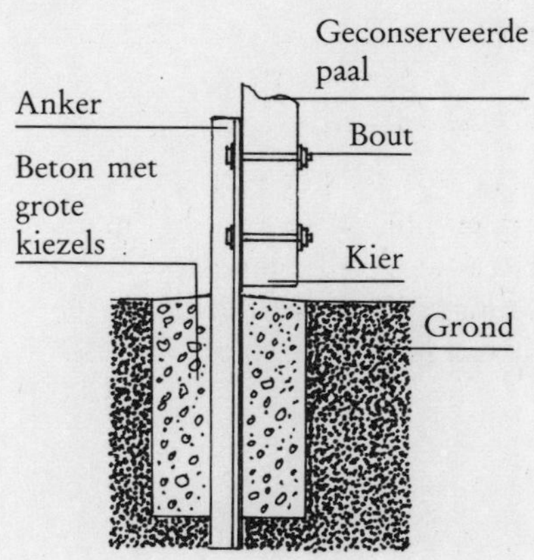

Anker. *Bevestig de paal via een anker in een betonnen voet.*

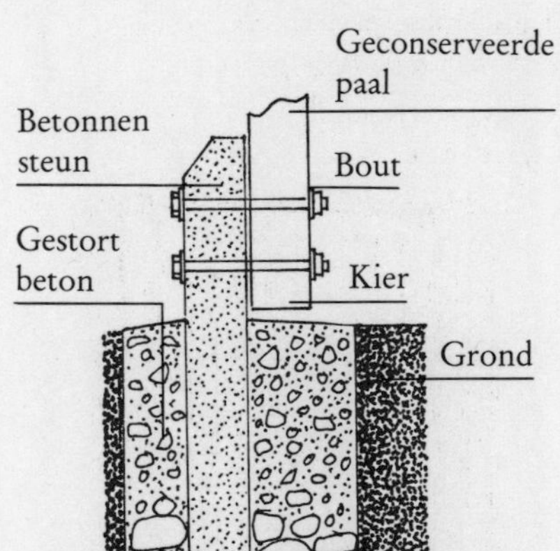

Betonnen voet. *De paal is via bouten aan een betonnen steun bevestigd.*

SCHUTTING VAN PANELEN
Hardhout is het duurzaamst, gevolgd door zachtere houtsoorten die onder druk zijn geïmpregneerd. Ook watervast verlijmd multiplex is goed bruikbaar.

Schutting in lagen *(rechts). Watervast multiplex wordt in vormen gezaagd en op een paneel gelijmd tot een abstract patroon. Dan met conserveermiddel behandelen.*

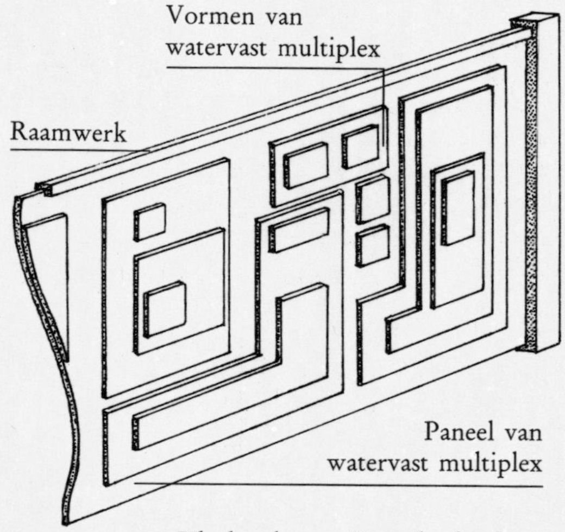

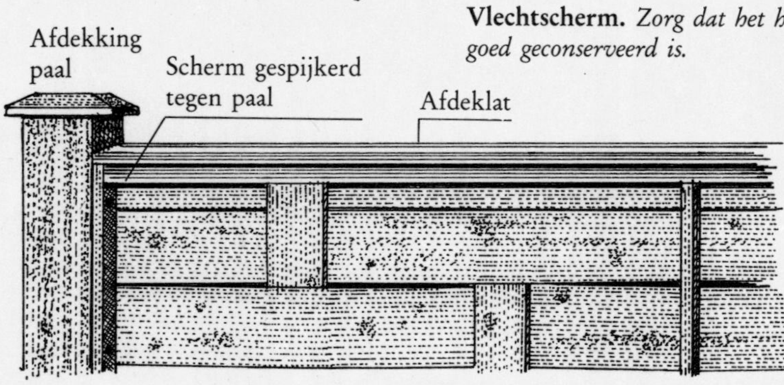

Vlechtscherm. *Zorg dat het hout goed geconserveerd is.*

DICHTE SCHUTTING
Behandel ook deze regelmatig met conserveermiddel.

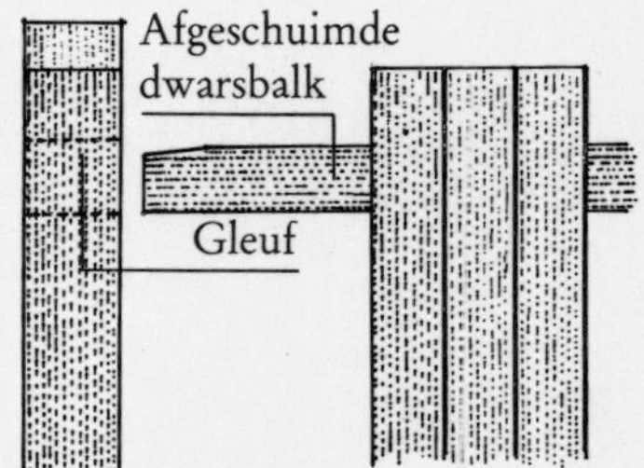

Dichte schutting met paal

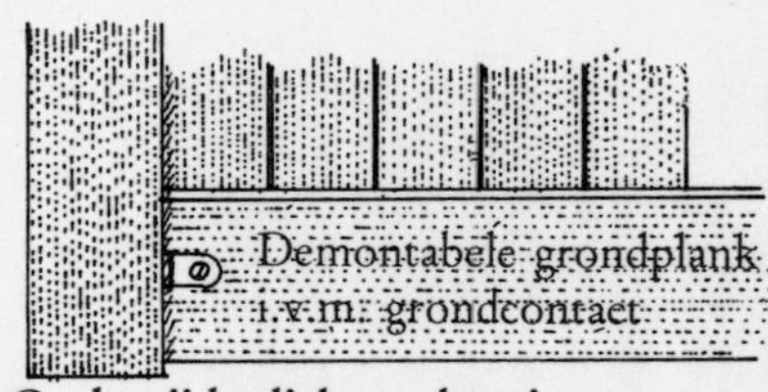

Onderzijde dichte schutting.
Gebruik hier een demontabele plank.

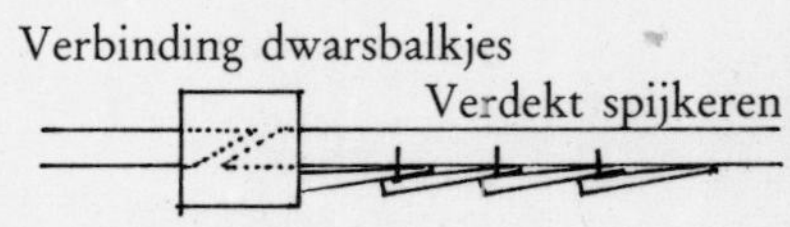

Overlapschutting

POORTEN

POORTEN IN SOORTEN
Zorg ervoor dat de stijl, het materiaal en de details van de poort bij de omgeving passen en let op de stijl van het beslag, zoals de deurklink en de scharnieren, die mede bepalend zijn voor de totaalaanblik.
Denk er bij het ontwerpen of kopen aan dat alle poorten stevig bevestigd moeten worden en dat er schoren tegen het verzakken van de deuren nodig zijn.

Dwarsdoorsnede; de afdekplanken hebben messing en groef

Traditionele poort. *Schoren versterken deze hoge poort.*

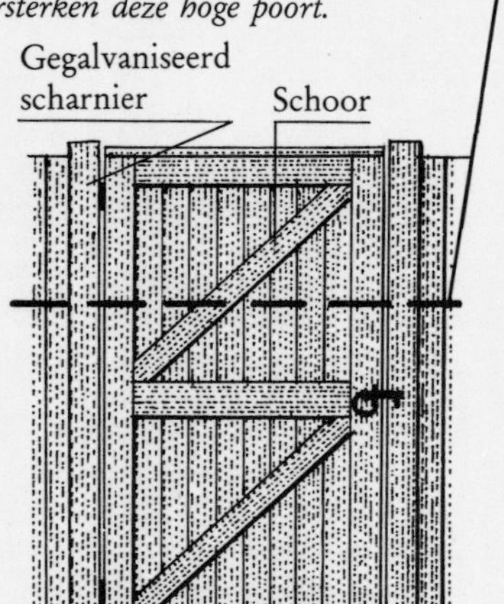

Scharnier
(zgn. plaatduim)

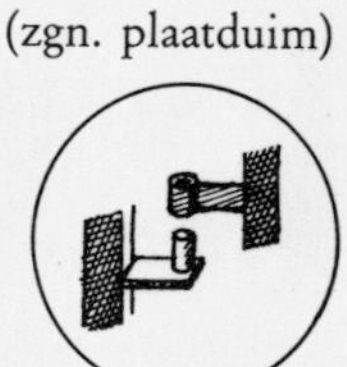

Neoklassieke poort.
Deze poort is gemaakt van geverfd plaatijzer.

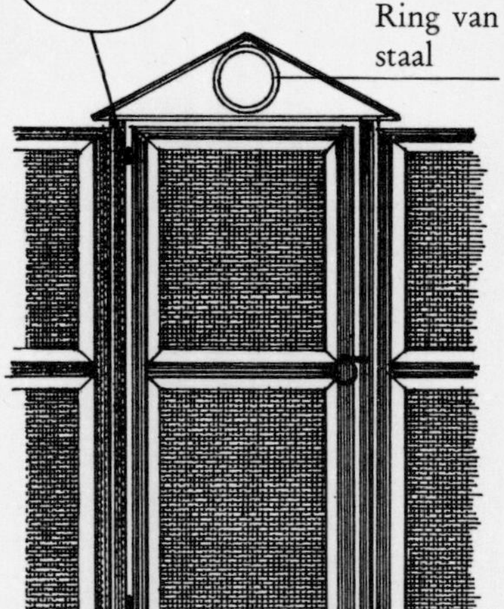

BOGEN

STIJL VAN DE BOOG
Het geheim van een geslaagde boog is de juiste verhouding tussen de verticale en horizontale elementen en de aandacht die aan de details wordt gegeven.

Hoekige boog.
Deze boog wordt ondersteund door geverfde ijzeren palen.

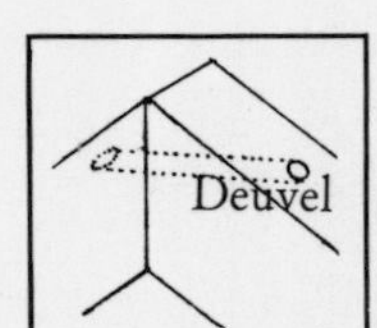

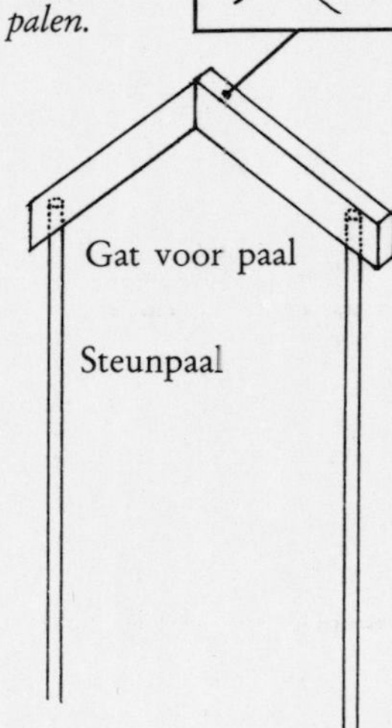

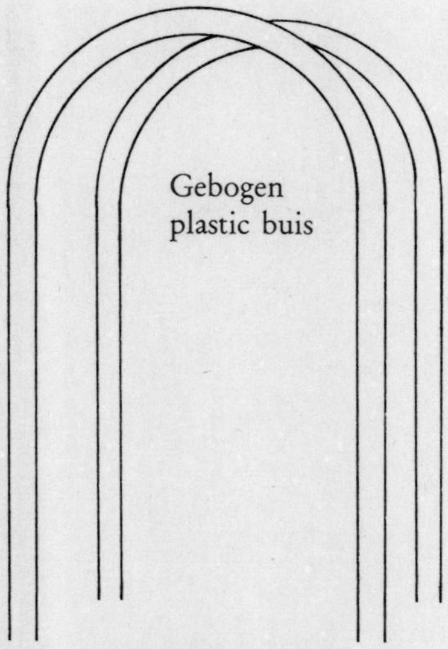

Boog van plastic buis. *Kleurige plastic buizen kunnen dienen als een boog in moderne stijl.*

Verankering. *De plastic buis is bevestigd over een koperen pijp die in een betonnen voet staat.*

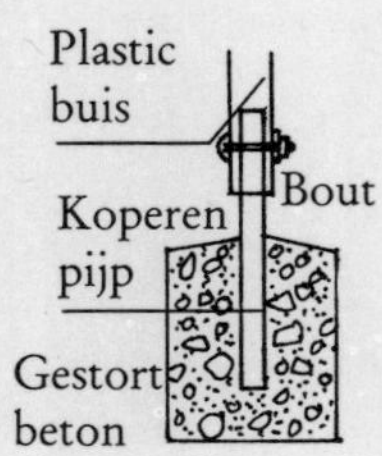

PERGOLA'S

METHODEN VAN BEVESTIGING
Wat de functie van de pergola ook mag zijn (zie blz. 108-111), het blijft belangrijk om de stijl van de details (zoals de bevestiging van liggers op staanders) in het oog te houden. De manier van bevestigen hangt af van het type en de vorm van het materiaal, die op hun beurt afhangen van de stijl van de tuin.

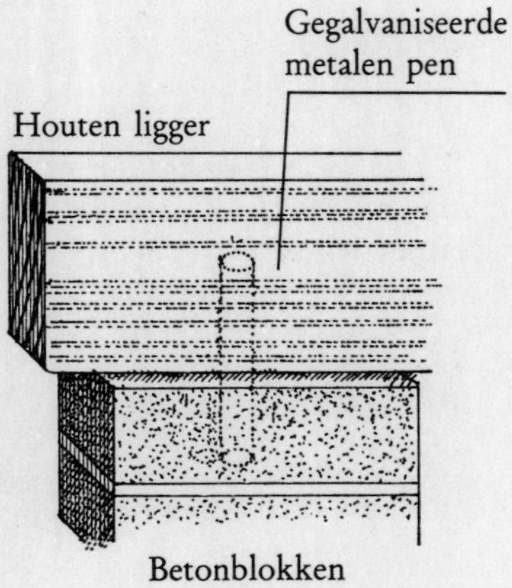

Hout op beton. *Gebruik een gegalvaniseerde metalen pen.*

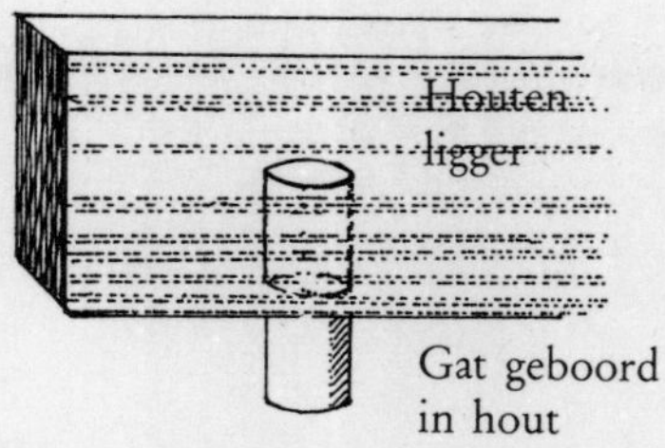

Ligger op ronde staander. *Boor een gat in de ligger.*

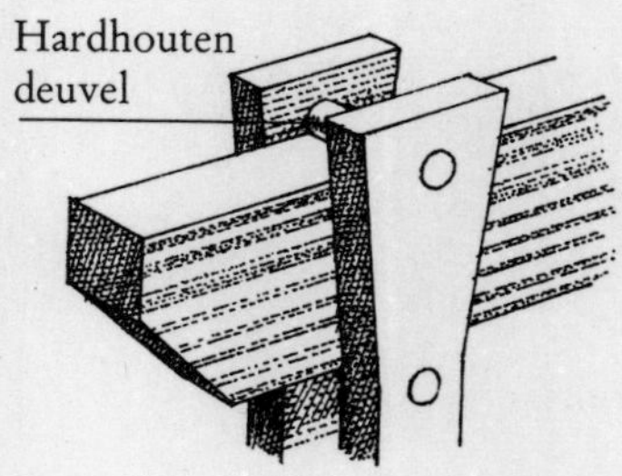

Ligger en gevorkte staander. *Gebruik hardhouten deuvels.*

LIGGERS TEGEN EEN MUUR
Liggers kunnen ook ondersteund worden door twee muren, of aan één kant door een muur en de andere door een staander.

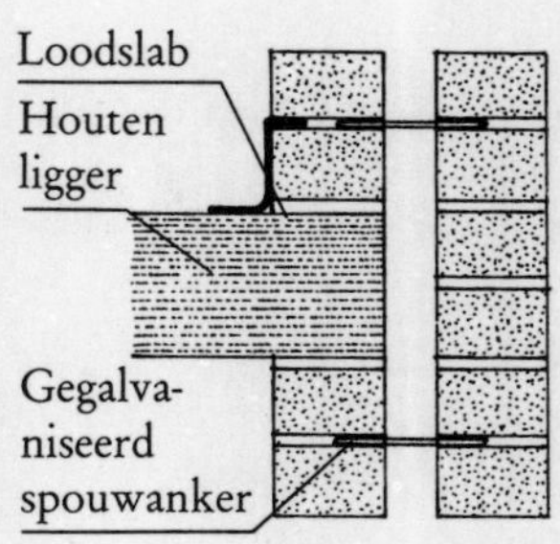

Ligger in de muur. *De ligger wordt bevestigd in het 'buitenblad' van een spouwmuur.*

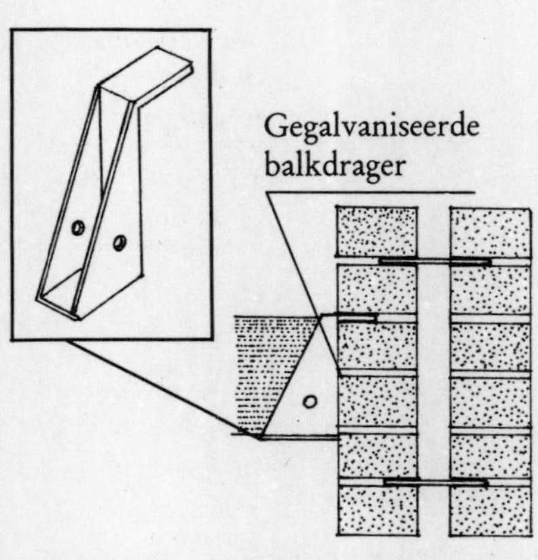

Verbinding via balkdragers. *Een speciale drager verbindt balk en muur.*

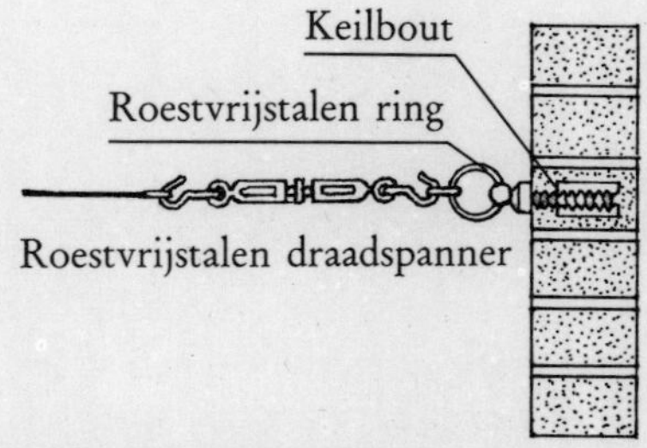

Spandraad aan de muur. *Bevestig de draadspanner aan een keilbout.*

VERTICAAL IN DE GROND
Houten staanders mogen niet in direct contact met de grond komen.

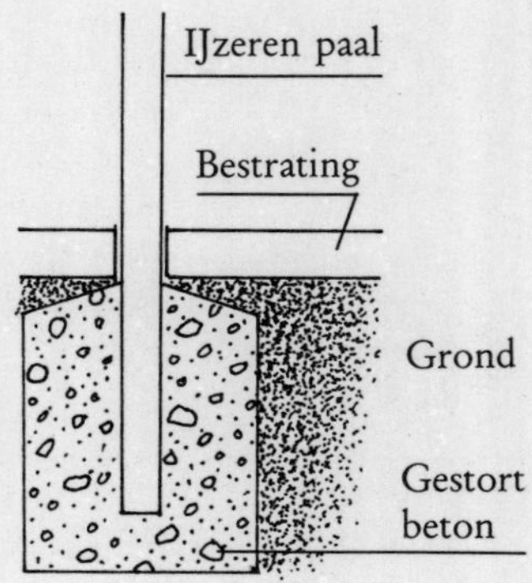

Met beton. *Veranker de staander in gestort beton.*

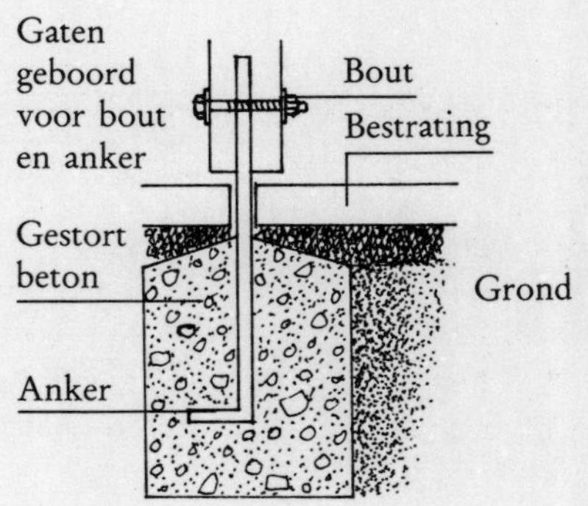

Met een stalen anker. *De paal is via een stalen anker in beton gezet.*

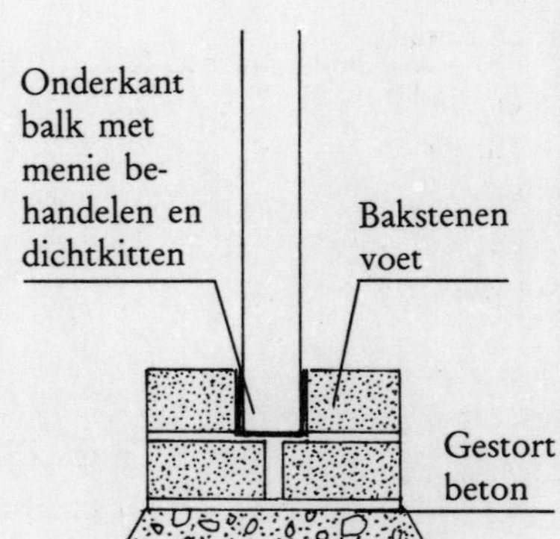

Tussen bakstenen. *De paal is tussen bakstenen bevestigd.*

DOEK

KEUZE VAN HET MATERIAAL
Als het doek veel blootstaat aan weer en wind is het verstandig om canvas te kiezen, dat op een stevig frame wordt bevestigd. Zeildoek is ideaal.

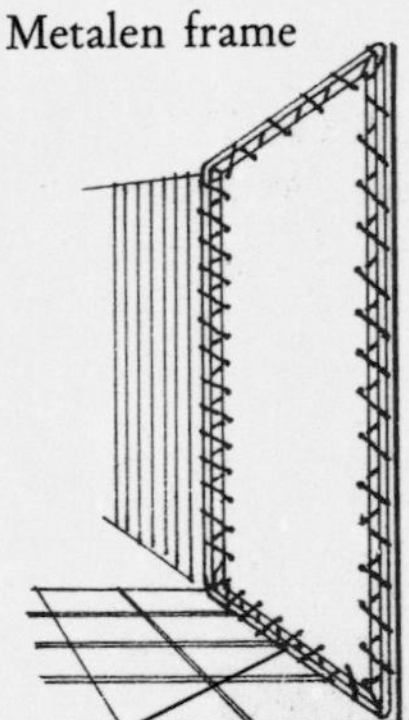

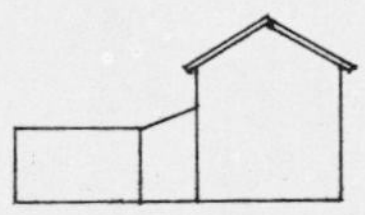

Canvas 'muur'. *Een 'muur' van canvas is gemaakt door het doek vast te binden in een metalen frame. Dit geeft een kleine tuin privacy.*

Vrijstaande afdekking *(rechts). Een eenvoudige beschutting tegen de zon kan vervaardigd worden van doek op een buizenframe.*

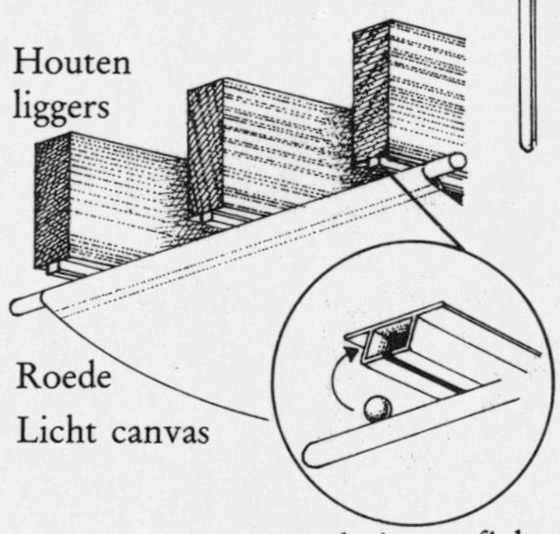

Hangend doek. *De roede glijdt via een profiel aan de onderzijde van de liggers.*

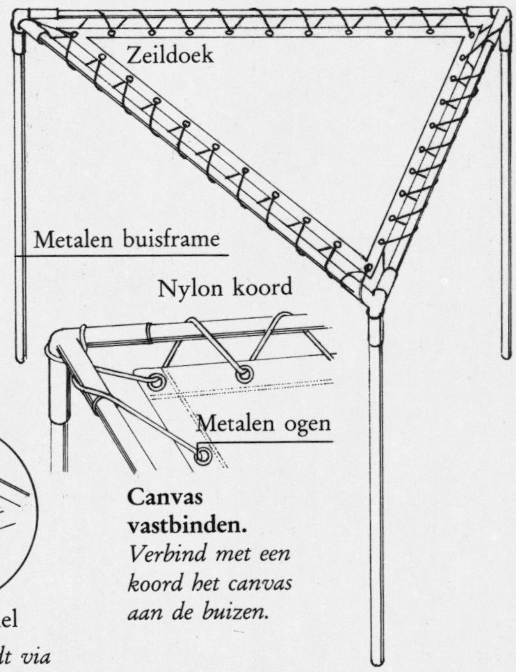

Canvas vastbinden. *Verbind met een koord het canvas aan de buizen.*

BESTRATING

SPECIALE OVERWEGINGEN
Wat het materiaal, de stijl en de grootte van de bestrating ook mag zijn, denk altijd aan de afvoer van regenwater. Vanwege het gevaar van opvriezen moet de ondergrond extra dik zijn om te voorkomen dat de bestrating na vorst omhoog komt zetten. Bestrating voor voertuigen moet zwaarder zijn.

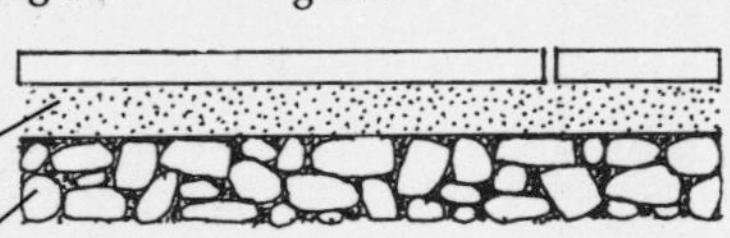

Grote tegels. *Een bestrating met grote tegels is sneller te leggen dan een bestrating met kleinere eenheden.*

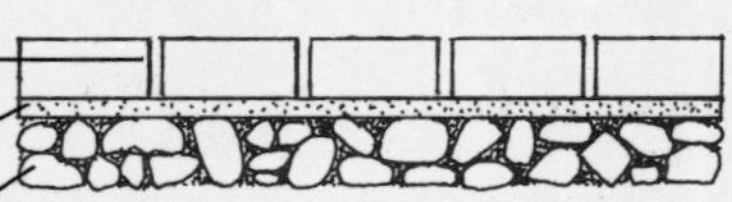

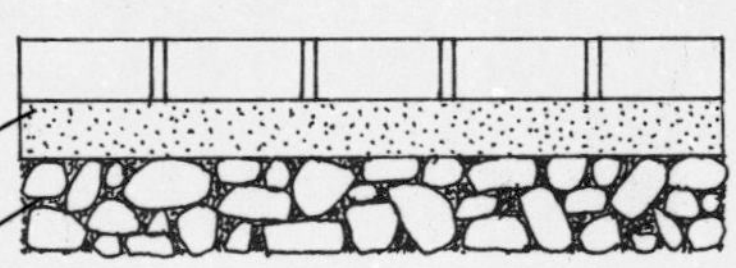

Bestrating met kleine eenheden. *Klinkers en keitjes worden het meest gebruikt als materiaal voor deze bestrating.*

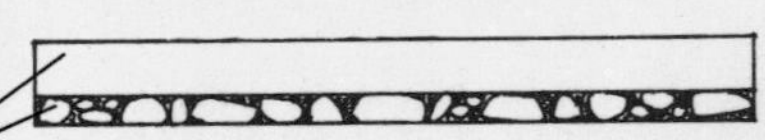

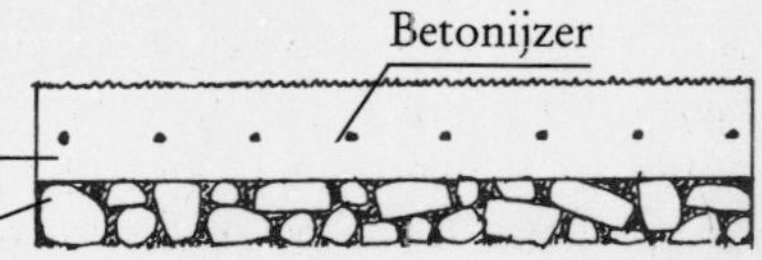

Gestort beton. *Door borstelen en bespuiten kan de structuur van pas gestort beton nog veranderd worden.*

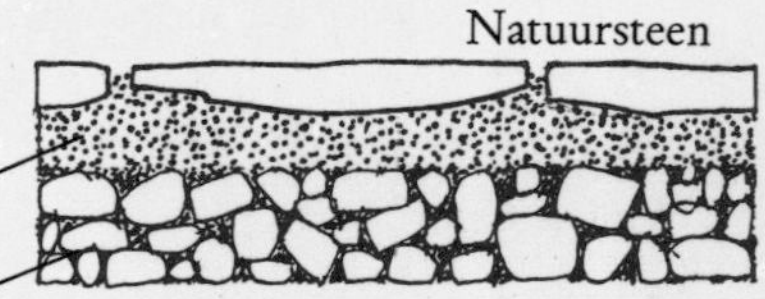

Natuurstenen. *Leg natuurstenen bestrating in een cementbed.*

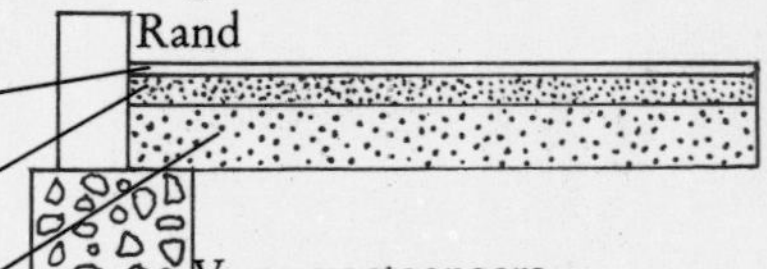

Ingerold grind of split. *Maak een rand om het grind op zijn plaats te houden.*

VLONDERS

EEN VEILIG OPPERVLAK
Ga bij een vakman te rade voor technische aanwijzingen en de dikte van het materiaal dat nodig is voor de vlonder. Zorg ervoor dat de ondersteuning robuust is en stevig op een betonnen fundament staat. Bezuiniging leidt hier tot gevaarlijke situaties.

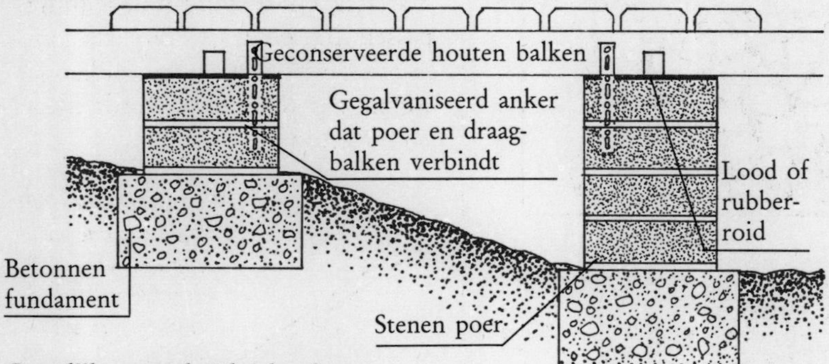

Ongelijke grond. *Vlonders kunnen een ongelijke ondergrond vlak maken.*

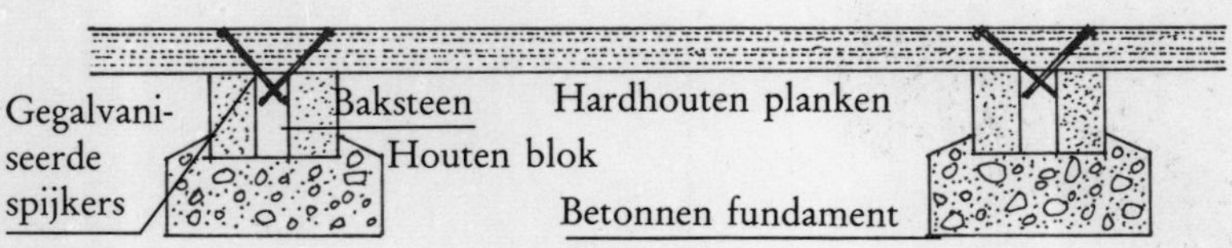

Gelijke grond. *Een vlonder kan een alternatief voor bestrating zijn.*

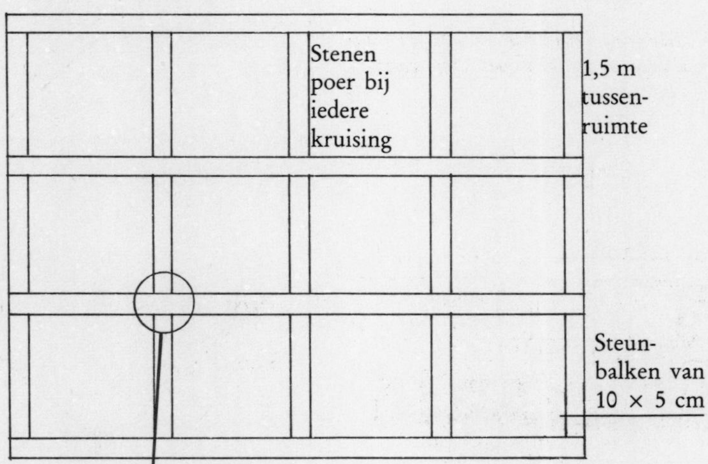

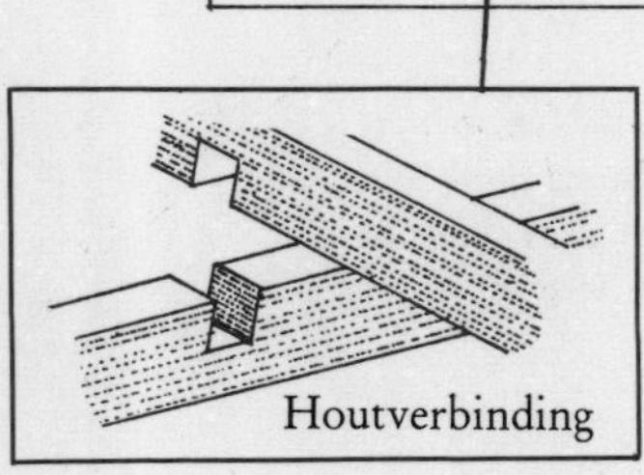

Houten steunbalken. *Een constructie van houten balken is de tussenlaag waarop de eigenlijke vlonder (van hardhout of geconserveerd vurehout) wordt bevestigd. Onder iedere kruising komt een stenen poer.*

AANSLUITING VAN VLONDERS
Een vlonder kan grenzen aan een andere vlonder, een andere oppervlakte of aan de woning. Zorg voor afvoergoten onder de verbindingen.

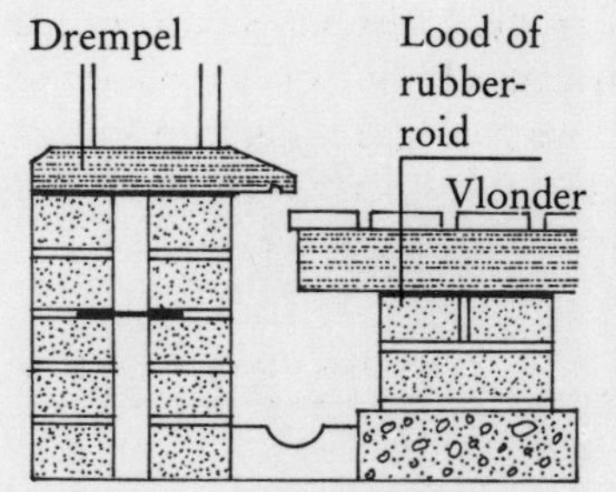

Verbinding tussen vlonder en deur

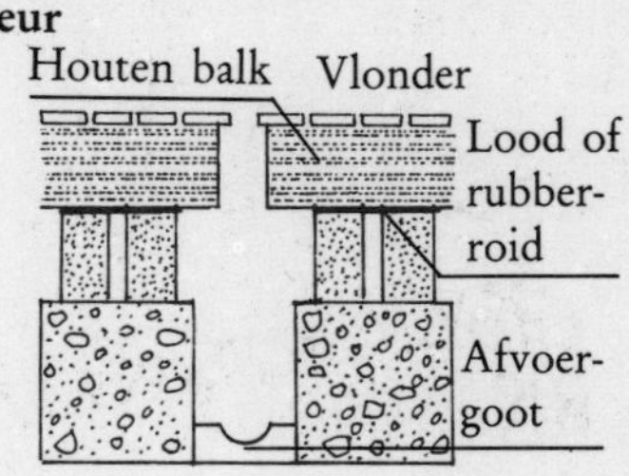

Verbinding tussen twee vlonders

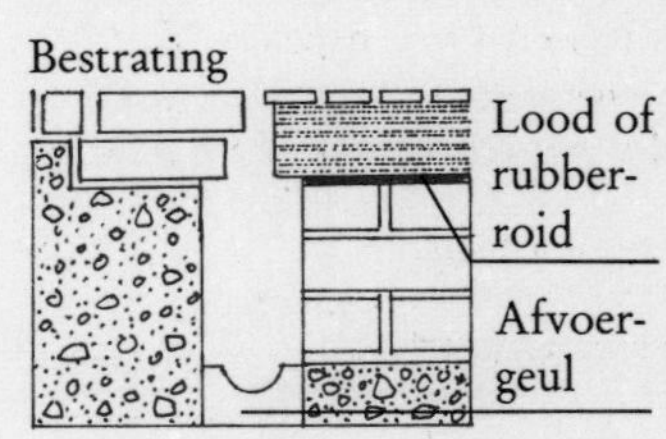

Verbinding tussen vlonder en bestrating

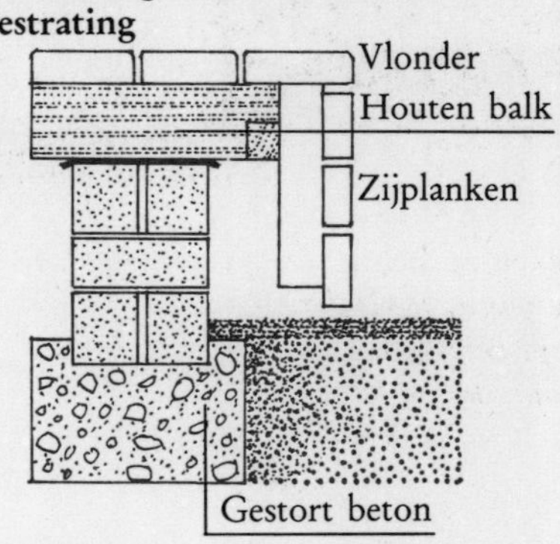

Afwerking. *Timmer de zijkant van de vlonder netjes met planken af.*

PATRONEN VOOR VLONDERS
De planken van vlonders kunnen recht en diagonaal gelegd worden. De vorm van de houten ondersteuning blijft zichtbaar in het patroon van de spijkers. Probeer een patroon te kiezen dat bij de stijl van de aangrenzende gebouwen past.

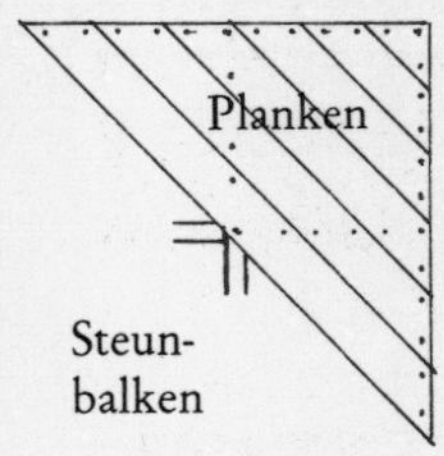

Diagonaal

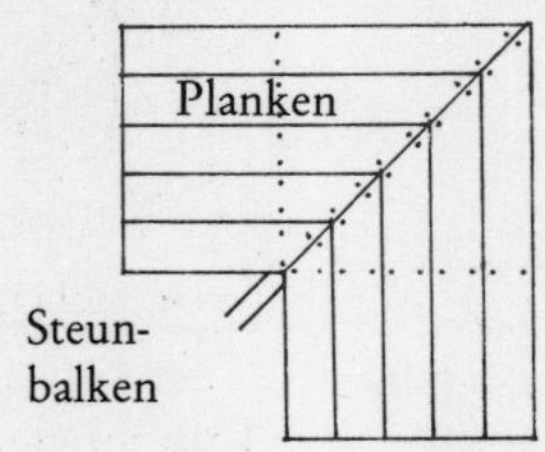

In verstek

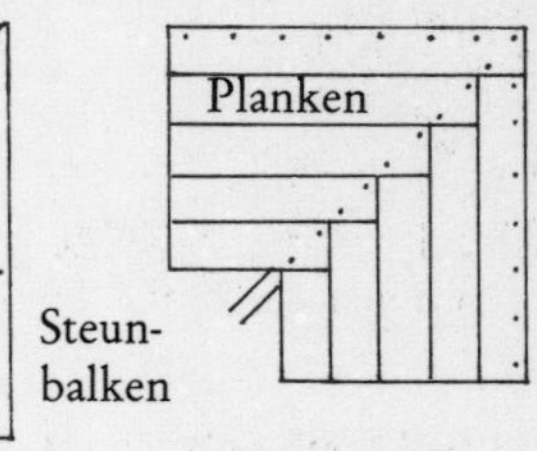

Rechthoekig

TRAPPEN

SOORTEN TRAPPEN
De afmetingen van trappen hangen af van het niveauverschil en de horizontale afstand. Een trap kan functioneel zijn, maar ook louter als versiering in de tuin liggen. Denk ook bij trappen aan de afvoer van regenwater.

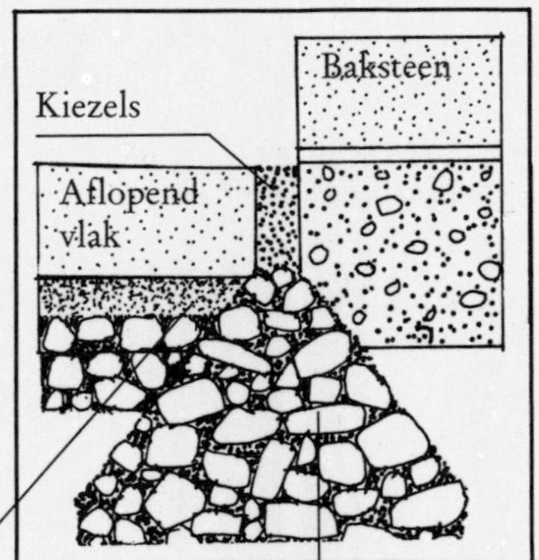

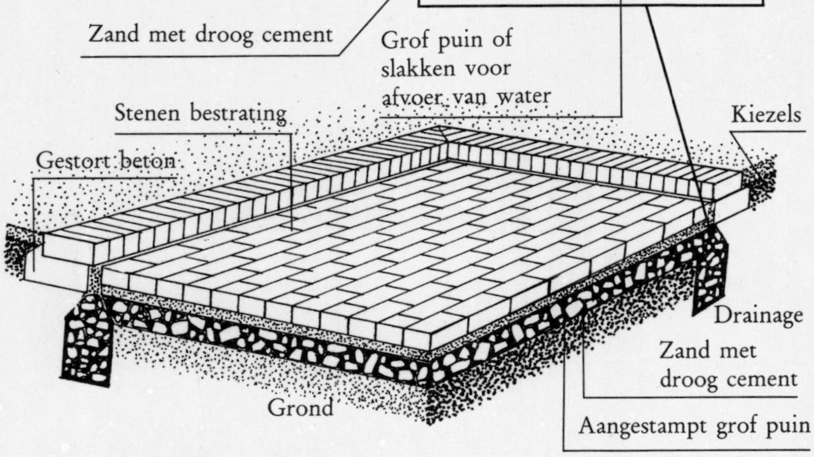

Trap tussen twee niveaus. *Een of meer lage treden kunnen gebruikt worden om een geleidelijke overgang te bereiken. Denk bij het ontwerp aan drainage voor de afvoer van water.*

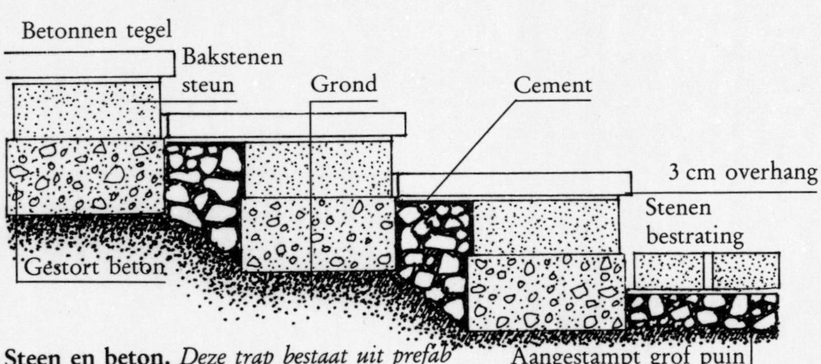

Steen en beton. *Deze trap bestaat uit prefab betonnen tegels die met cement op bakstenen zijn bevestigd. Onder het geheel ligt aangestampt puin.*

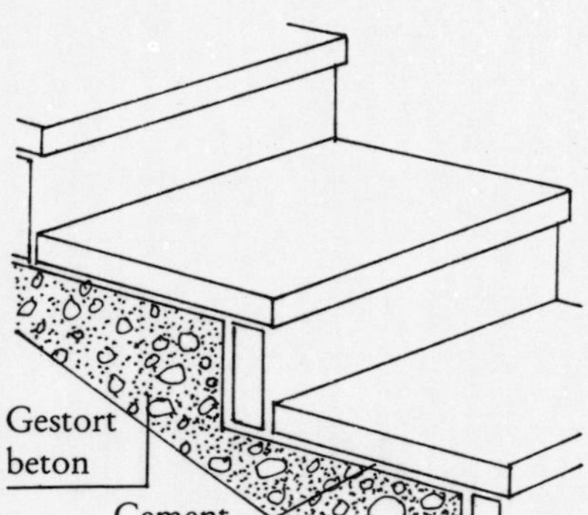

Betonnen trap. *Deze trap is geheel van beton gemaakt. Vereist veel bekistingswerk.*

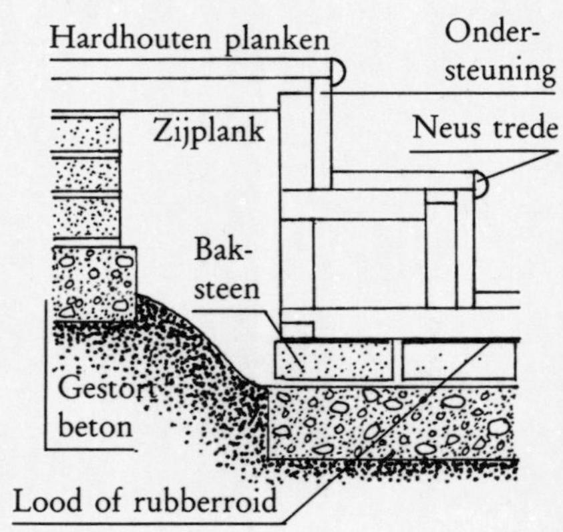

Trap bij vlonder. *Houten treden met betonnen fundering kunnen twee vlonders verbinden.*

LEUNINGEN
Leuningen maken trappen, vooral de steile, veiliger om te belopen, maar kunnen ook een decoratieve aanwinst zijn. Zorg ervoor dat het materiaal en de stijl van de leuning passen bij de trap waar hij bijhoort. Een aantal verschillende stijlen van leuningen wordt hieronder getoond.

Ronde stalen leuning. *Voor een strakke moderne trap kan een geverfde stalen leuning gebruikt worden.*

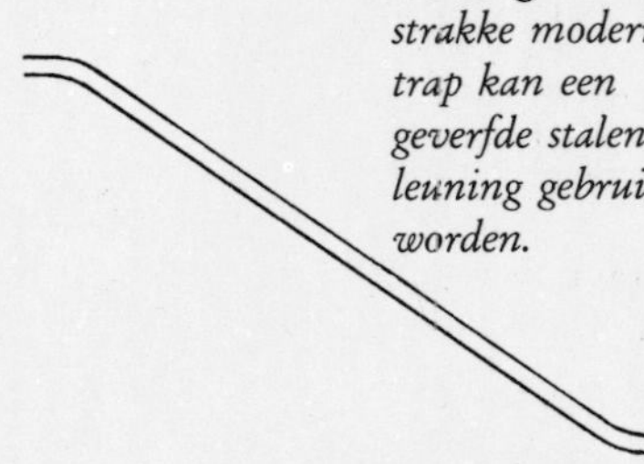

Hout. *Gebruik verf of beits om de leuning bij de kleur van de trap te laten passen.*

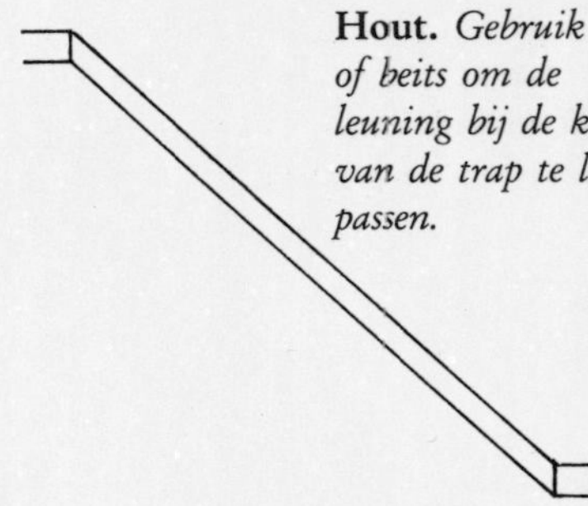

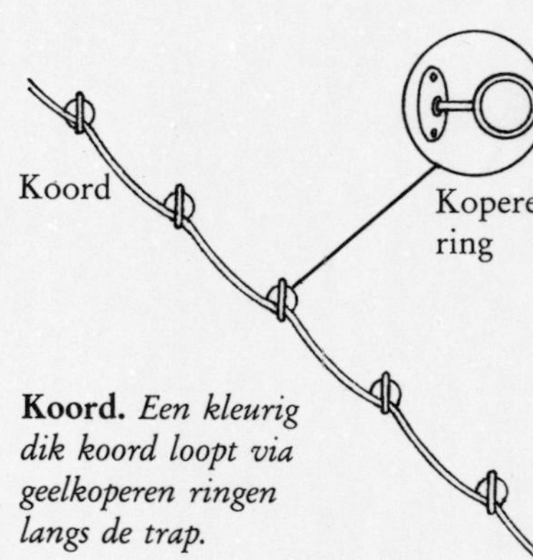

Koord. *Een kleurig dik koord loopt via geelkoperen ringen langs de trap.*

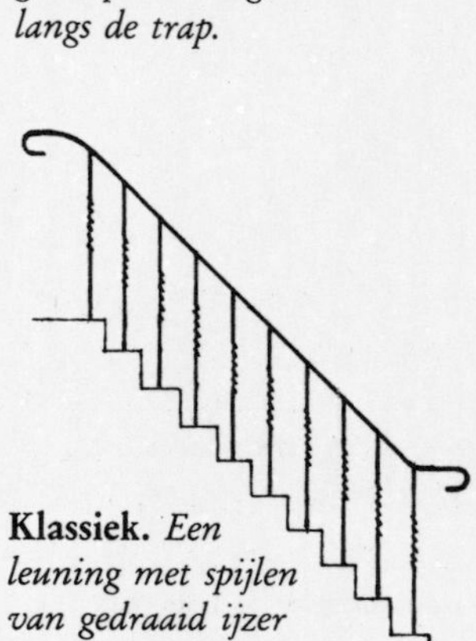

Klassiek. *Een leuning met spijlen van gedraaid ijzer past bij een oude woning.*

WATER

EEN WATERPARTIJ MAKEN

Een kleine wateroppervlakte moet vrij strak begrensd zijn; een namaak-vennetje past niet in een kleine stadstuin. Besteed vooral aandacht aan details. Een slordige afwerking bederft het effect. Ga altijd naar de vakman voor advies als u denkt aan het installeren van een vijverpomp of het bouwen van een steigertje. Als het geheel eenmaal klaar is, moet het water regelmatig worden schoongemaakt.

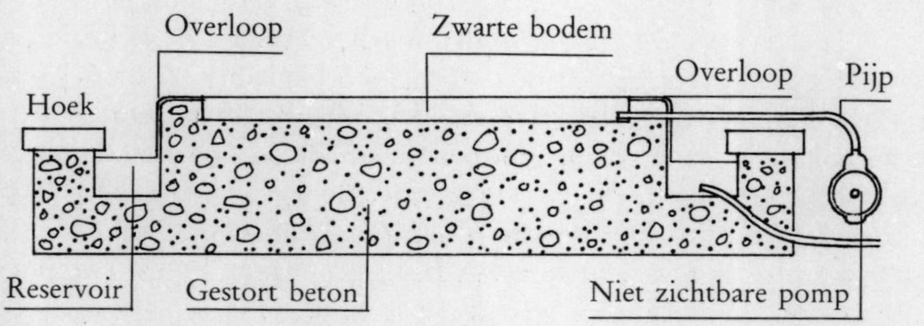

Ondiepe vijver met overloop. *Een pomp, die onzichtbaar is opgesteld, stuwt het water in een ondiepe vijver vanwaaruit het langzaam in een lager reservoir overloopt. Via een afvoerpijp (ook onzichtbaar) gaat het water terug naar de pomp.*

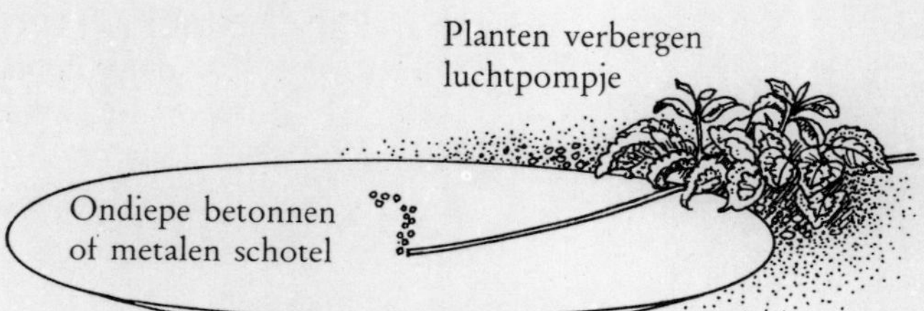

Schotelvijver. *Luchtbelletjes worden door een luchtpompje midden in een ondiepe schotel geblazen. De schotel is van beton of metaal en ligt iets in de grond verzonken. Verberg de pomp achter planten.*

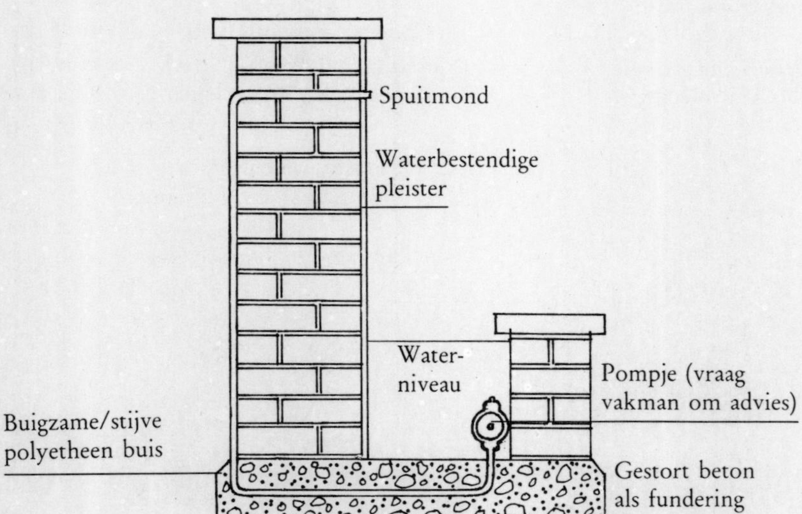

Spuitende vijver. *Een elektrisch pompje laat het water via een pijp uit een opening in de muur spuiten. Het water klatert terug in de vijver. Betonnen randen geven de muurtjes van de vijver een nette bovenkant en vormen een mooi contrast met de bakstenen.*

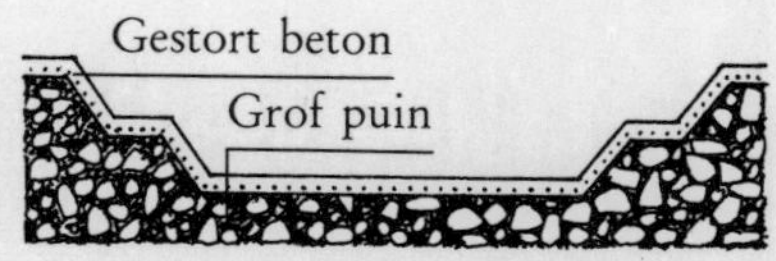

Betonnen vijver. *Beton is een waterdicht materiaal en ideaal voor het maken van een kleine vijver.*

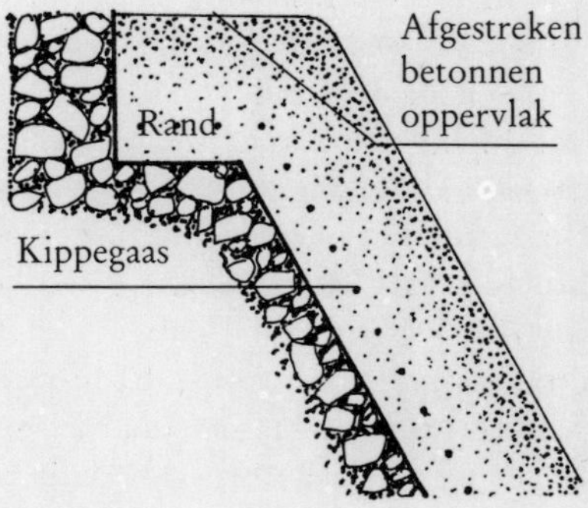

Nette afwerking. *Aan de bovenzijde van de vijver vormt het beton een extra rand.*

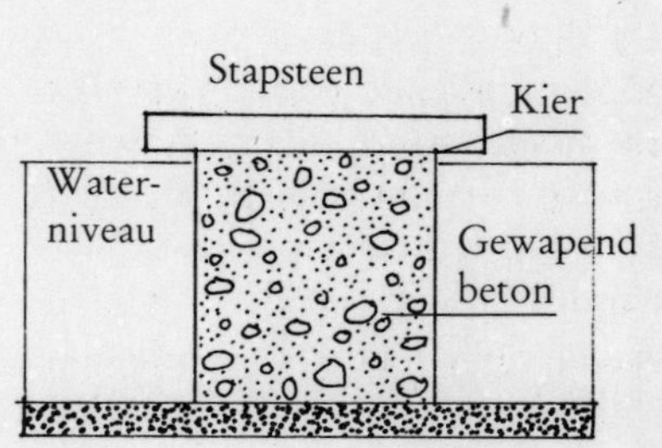

Stapstenen. *Stapstenen maken het mogelijk om 'door' de vijver te lopen en de waterplanten te verzorgen.*

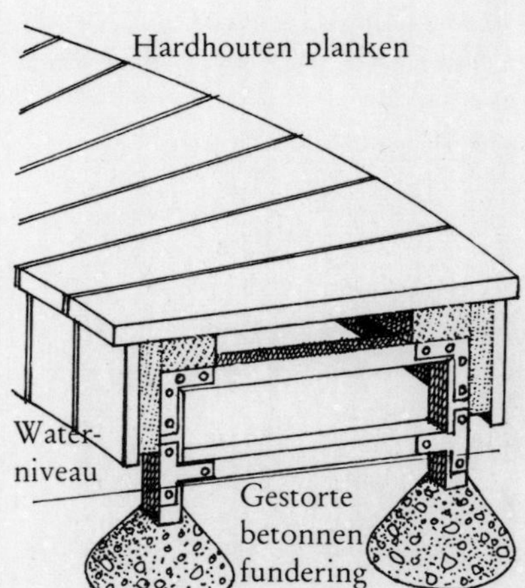

Steiger. *Rechte of gebogen steigers moeten juist boven het waterniveau liggen, op een aluminium frame dat in beton staat.*

PLANTEN PLAATSEN EN VERZORGEN

Een goede techniek voor het plaatsen en verzorgen van planten is de sleutel tot het succes van een gezonde en mooie groei, zodat het ideaalbeeld dat u bij het ontwerpen voor ogen stond werkelijkheid wordt – ongeacht of dat nu een verzameling ongewone soorten bamboe en grassen in een pot is, klimplanten rond een deur of de beplanting van een vijver.

In een kleine tuin, waar alle planten voortdurend stuk voor stuk zichtbaar zijn, is de plantenverzorging nog belangrijker dan in een grote tuin, waar planten achteraf kunnen staan en een deel van de tijd niet eens gezien worden.

De tekeningen op de volgende bladzijden laten niet alleen de juiste manier van planten en verzorgen zien, maar tonen ook tips voor zaken die juist voor een kleine tuin zo bruikbaar zijn, zoals het kweken van planten in potten, en bovendien enkele bijzondere technieken die erg geschikt zijn voor een beperkte ruimte, zoals snoeivormen van fruitbomen en -struiken (zie hiernaast).

Veel kleine tuinen zijn omringd door muren of schuttingen. Deze omheiningen kunnen als 'verticale perken' beschouwd worden en beplant met allerlei soorten klimplanten en kleine fruitbomen, zonodig extra ondersteund door latten of draad (zie de tekeningen hieronder). In vorm snoeien van struiken is een andere methode om allure aan een kleine tuin te geven – een of twee gesnoeide struiken in potten kunnen voldoende zijn om weer leven te brengen in een voordien onbetekenend voortuintje.

KLIMPLANTEN

ONDERSTEUNING

De verschillende typen klimplanten moeten verschillend gesteund worden. Er zijn planten die zichzelf vasthechten en geen ondersteuning nodig hebben. Andere hebben ranken die zich om een latwerk of gespannen draad winden. Weer andere planten moeten niet alleen gesteund worden, maar moeten ook vastgebonden worden aan het verticale vlak.

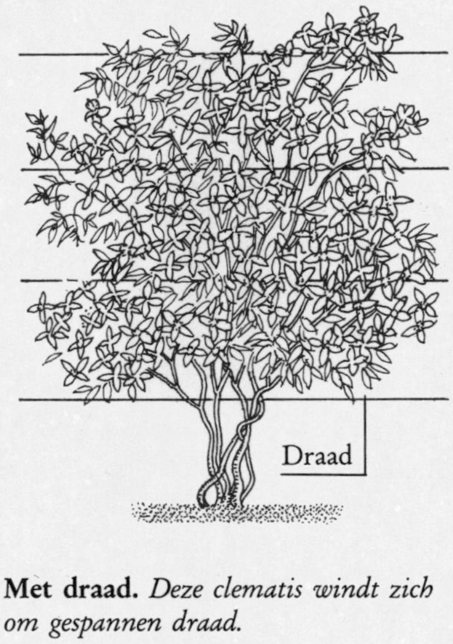

Met draad. *Deze clematis windt zich om gespannen draad.*

TYPEN KLIMPLANTEN

Het type van de klimplant bepaalt de soort ondersteuning.

Hechtranken. *Planten zoals clematis hebben hechtranken.*

Luchtwortels. *Klimop heeft zich hechtende luchtwortels.*

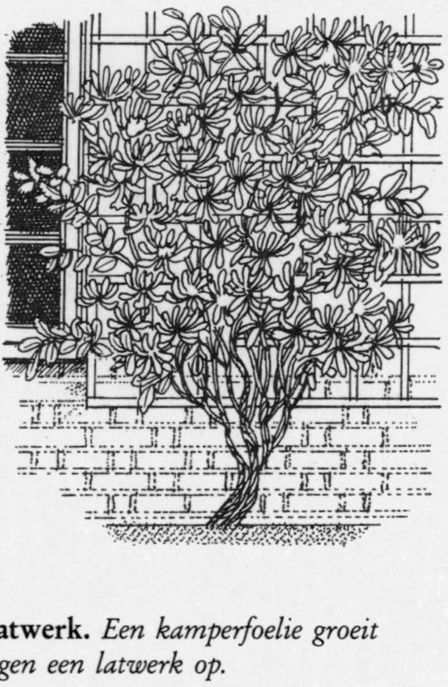

Latwerk. *Een kamperfoelie groeit tegen een latwerk op.*

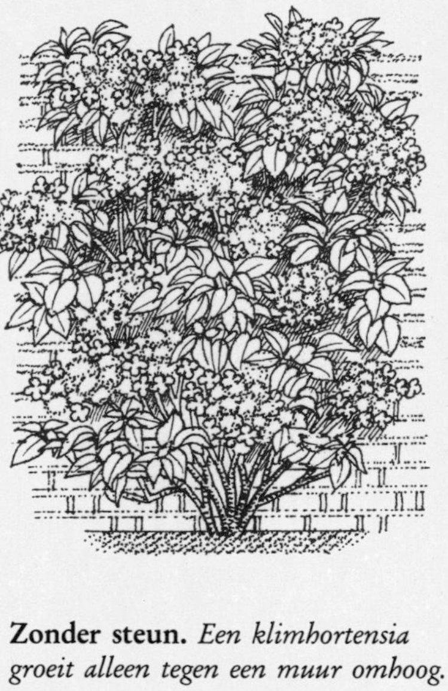

Zonder steun. *Een klimhortensia groeit alleen tegen een muur omhoog.*

LEIVORMEN

PALMET
Fruitbomen die zich normaal uitspreiden tijdens de groei kunnen in kunstmatige vormen geleid worden in de vorm van een snoer of palmet. Een palmet bestaat uit een centrale verticale stam en regelmatige horizontale zijtakken. Deze vorm wordt bereikt door snoeien en door leiden langs stokken en draad.

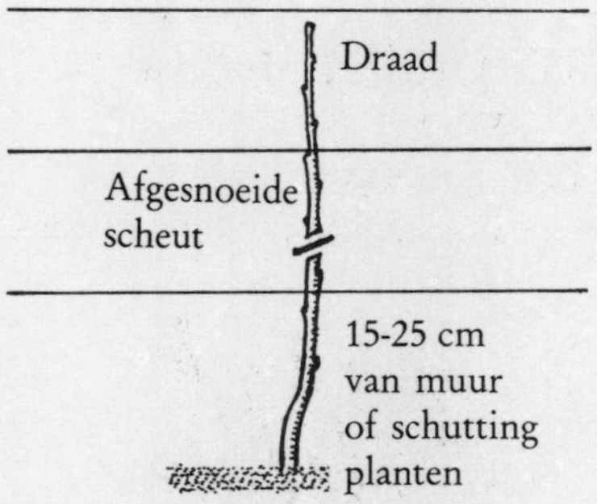

Palmet – eerste winter. Snoeien boven drie gezonde knoppen.

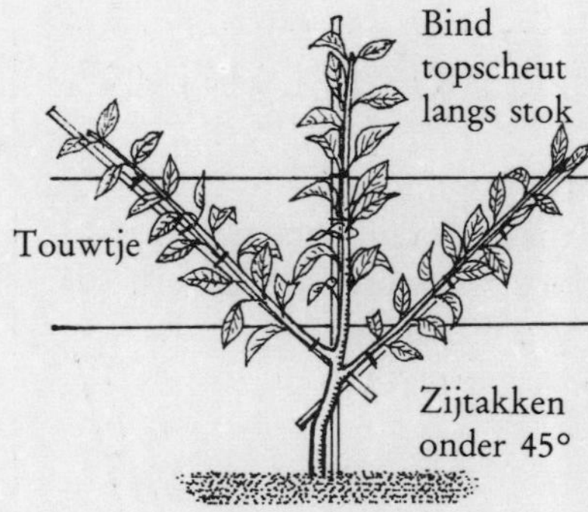

Palmet – eerste zomer. *Bind top- en zijscheuten langs stokken.*

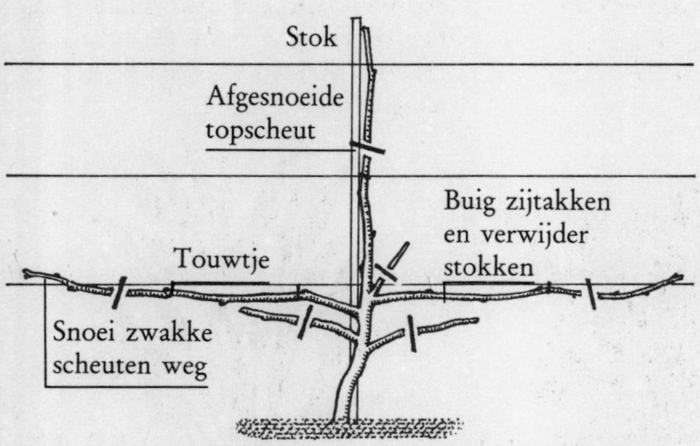

Palmet – tweede winter. *Verwijder de stokken en bind zijtakken aan draad. Snoei de topscheut terug en zwakke scheuten weg.*

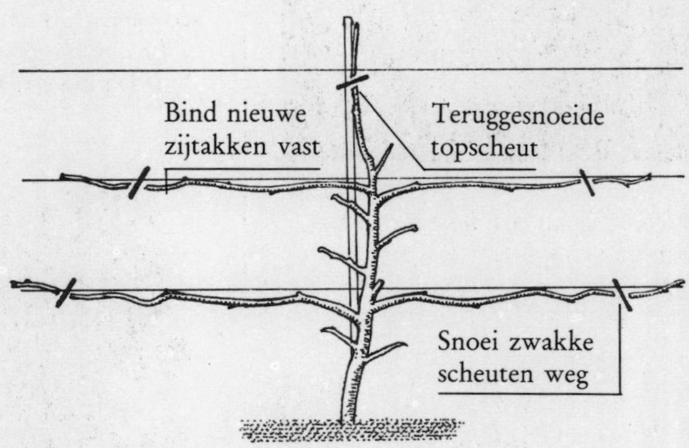

Palmet – derde winter. *Herhaal de werkwijze van vorig jaar; blijf de topscheut langs de stok leiden.*

SNOER
Een snoer bestaat uit één, twee of drie stammen van een fruitboom die in een hoek van 45° (parallel) groeien; de boom lijkt op een vork. Snoer en palmet zijn een goede methode om fruitbomen in een kleine tuin te kweken.

Snoer – eerste jaar *(rechts). Plant de boom 's winters. Bind de hoofdtak aan een stok vast in een hoek van 45°. Snoei zijtakken langer dan 15 cm tot vier knoppen terug. Daarna iedere zomer snoeien.*

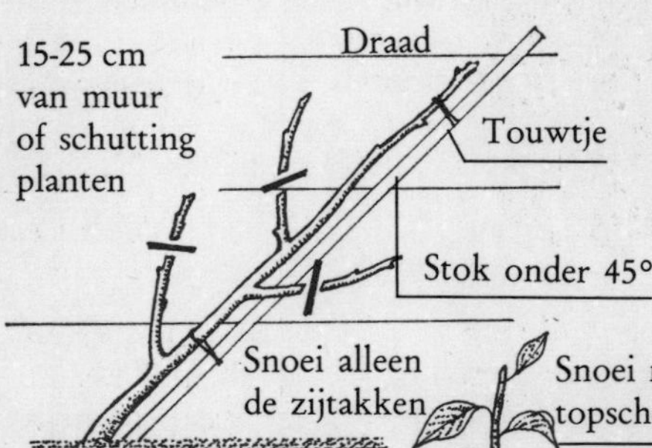

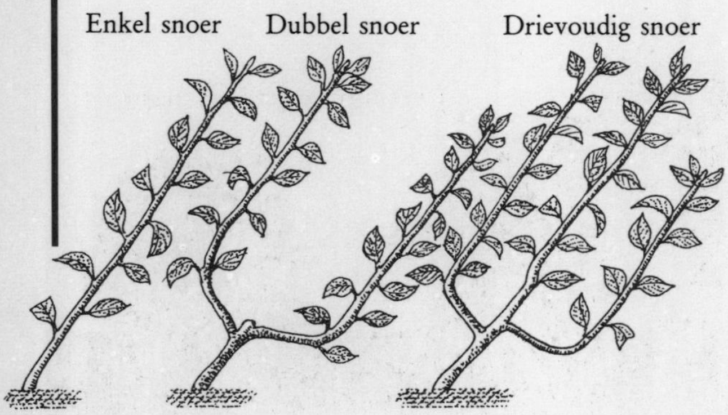

Soorten snoeren. *Bij alle soorten snoeren blijft het fruit gemakkelijk bereikbaar.*

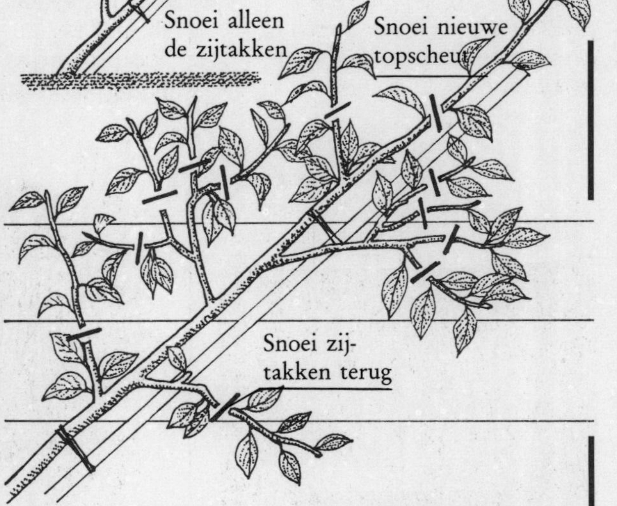

Vruchtdragend snoer – zomersnoei. *Snoei de topscheut, als hij de bovenste draad is gepasseerd, elk jaar in juli tot op 2,5 cm van de vorige snoeiplek terug; snoei ook de zijtakken en secundaire zijtakken terug.*

STRUIKEN PLANTEN

METHODE
Het beste is struiken in hun rustperiode te planten. Maak een gat dat groot genoeg is voor de wortels of wortelkluit.

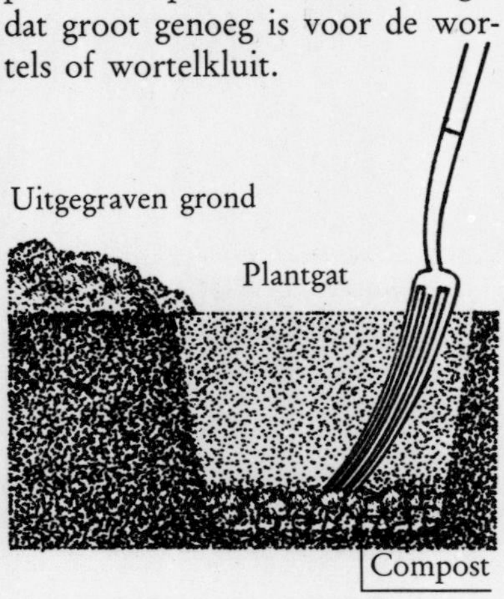

Graven. *Graaf een voldoende groot plantgat en werk wat compost door de grond.*

Voorbereiding. *Snij of knip gebroken of beschadigde wortels af, of trek voorzichtig de kluit uit de container.*

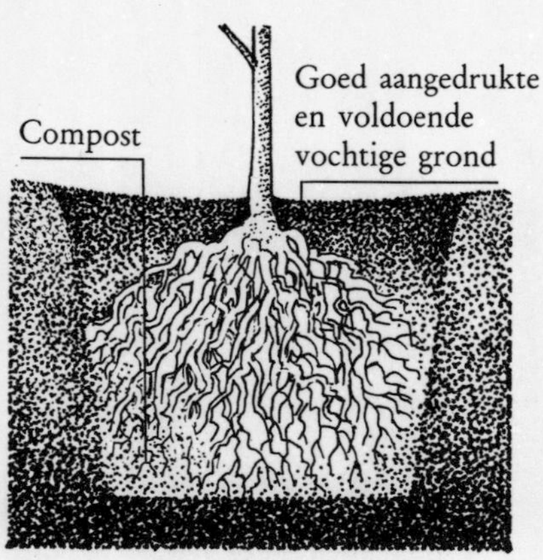

Planten. *Spreid de wortels uit (niet bij planten met kluit), zet de plant in het gat. Vul het gat met grond en druk deze stevig aan.*

STRUIKEN SNOEIEN

WAAROM SNOEIEN?
Door snoeien houdt u de hoogte en de vorm van de struik in bedwang, wat vooral in een kleine tuin van belang is. Bovendien bevordert het de groei en bloei. Snoei struiken altijd na de bloei.

Op meerjarig hout bloeiende struiken. *Fatsoeneer struiken die op ouder hout bloeien, zoals* Philadelphus *sp., na de bloei.*

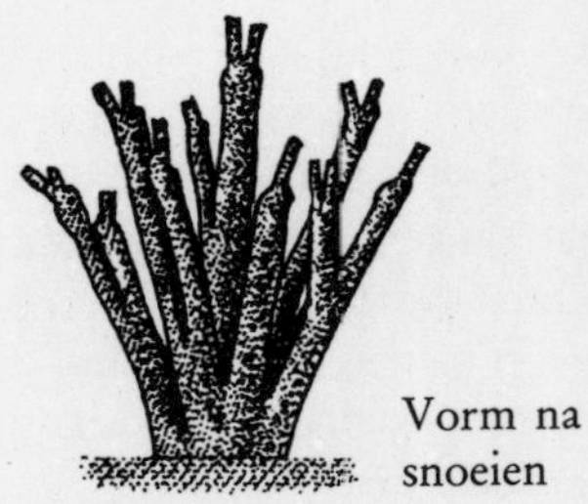

Op eenjarig hout bloeiende struiken. *Struiken zoals* Buddleja *sp., die bloeien op hout dat hetzelfde jaar gevormd is, ieder voorjaar flink terugsnoeien.*

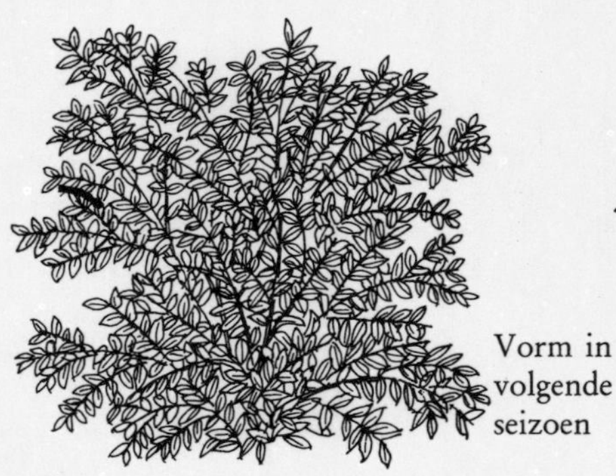

Op meerjarig hout bloeiende struiken – nieuwe takken. *De struik is niet te hoog en heeft een afgeronde vorm.*

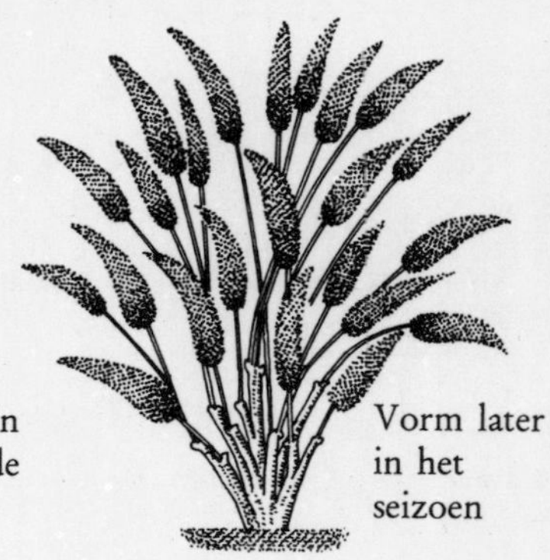

Op eenjarig hout bloeiende struiken – nieuwe takken. *De struik behoudt door de snoei elk seizoen z'n nette vorm.*

VASTE PLANTEN

VERJONGING VAN VASTE PLANTEN
Vaste planten vragen enig onderhoud, want anders worden ze te groot en onregelmatig van vorm. Ze groeien steeds slechter en gaan dood. Verjongen gebeurt door de plant te delen na de bloei (met een spade voor knolachtige planten of met twee tuinvorken voor planten met vezelige wortels).

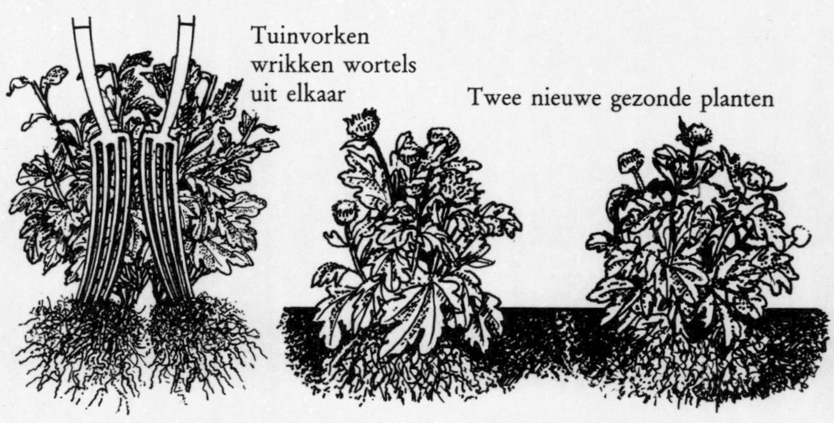

Delen. *Als vaste planten verjongd moeten worden, dient u ze in de herfst uit te graven en te delen. Zet de delen als nieuwe planten uit; de voorbereiding is als voor struiken. Herhaal dit na een paar jaar.*

VORMSNOEI

SNOEIEN VAN PLANTEN MET DICHTE GROEI
Groenblijvende haagplanten zoals buxus *(Buxus sempervirens)* en liguster *(Ligustrum ovalifolium)* kunnen in kunstmatige vormen gesnoeid worden. Om de fraaie strakke effecten van vormsnoei te bereiken moet de struik de eerste jaren drie of vier maal per jaar gesnoeid worden; later is een of twee keer genoeg. Snoei in de groeiperiode met scherp gereedschap. Zie blz. 215 voor een lijst met planten.

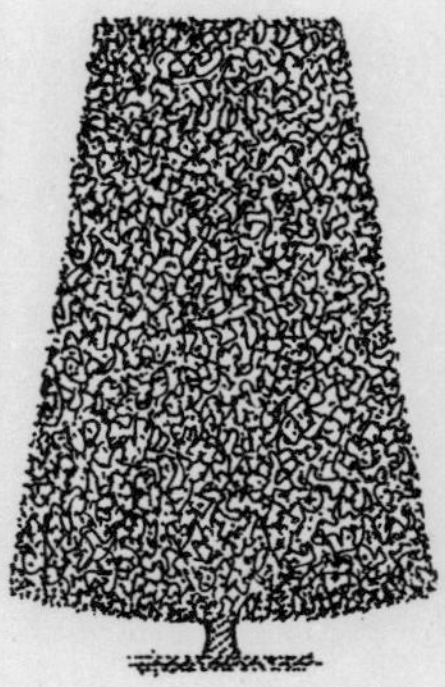

Goede vorm. *Probeer altijd de vorm naar boven toe smaller te laten zijn, overeenkomstig de natuurlijke groeiwijze.*

Foute vorm. *Maak de bovenkant niet het breedst. Er blijft sneeuw op liggen en de onderkant krijgt te weinig licht.*

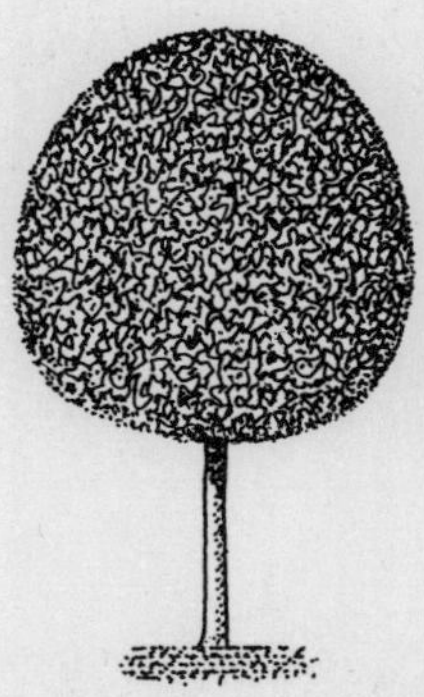

Bolvorm. *Een traditionele vorm die geschikt is voor planten in kuipen. Snoei scheuten van de 'stam' weg.*

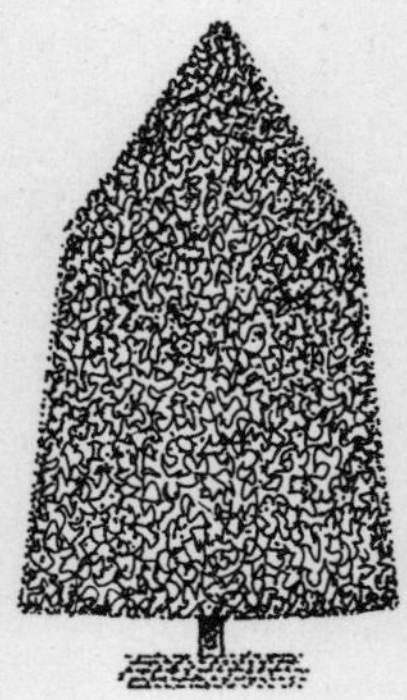

Geometrische punt. *Snoei langs een gespannen draad om de plant een strakke geometrische vorm te geven.*

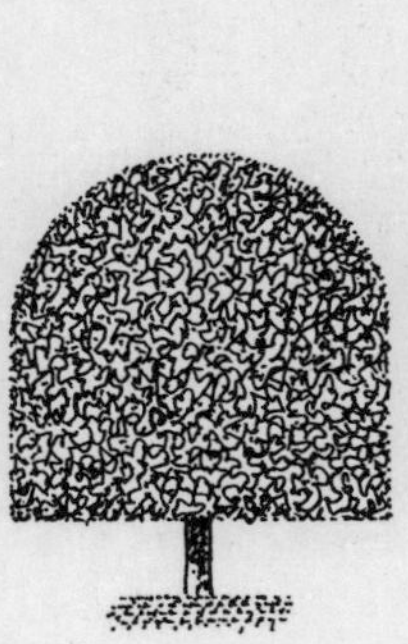

Boog. *Bochten zijn gemakkelijker te snoeien dan rechte lijnen. Boogvormige planten krijgen een optimale hoeveelheid licht en water.*

SNOEIEN VAN PLANTEN MET LOSSERE GROEI
Bloeiende planten hebben van nature een lossere groeivorm. Fuchsia's en *Pelargonium* sp. kunnen gesnoeid en opgebonden worden tot ronde vormen op kale 'stammen'. (Zie blz. 215 voor een lijst van planten die hiervoor geschikt zijn.) Het effect is het grootst als de planten in potten staan. Omdat vele niet winterhard zijn, is dat ook gemakkelijk om ze 's winters binnen te zetten. In kleine tuinen zijn zulke snoeivormen 's zomers een elegante blikvanger.

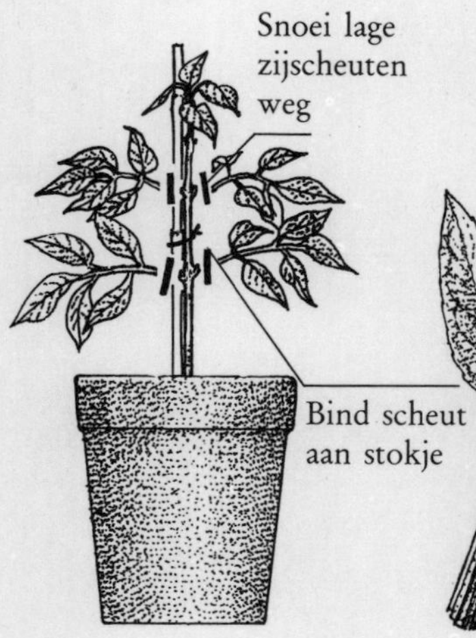

Onderaan snoeien. *Snij de lagere scheuten af zodra ze verschijnen om de 'stam' te vormen. Deze wordt langs een stokje gebonden.*

Zijscheuten snoeien. *De zijscheuten bovenaan worden op een knop teruggesnoeid om het ontstaan van nieuwe scheuten te bevorderen.*

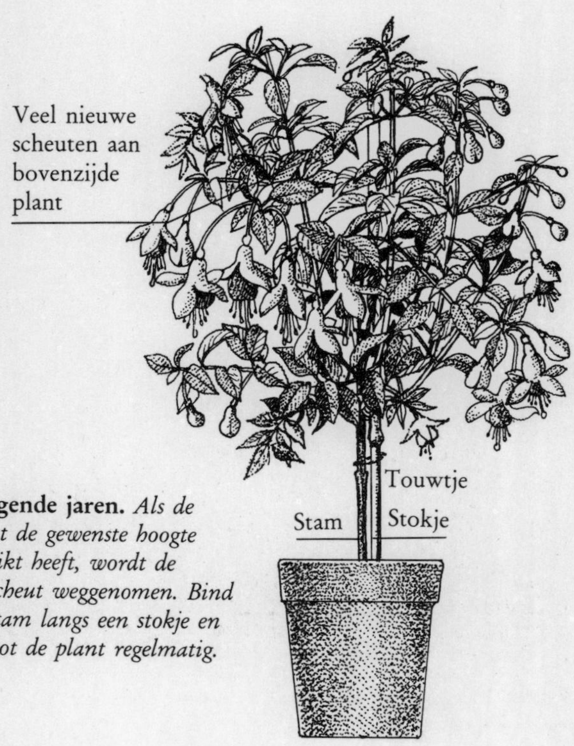

Volgende jaren. *Als de plant de gewenste hoogte bereikt heeft, wordt de topscheut weggenomen. Bind de stam langs een stokje en verpot de plant regelmatig.*

DRAADVORMEN
Haagplanten met een dichte groei, zoals liguster *(Ligustrum ovalifolium)* kunnen strak gesnoeid worden met behulp van gebogen gaas.

Klimplanten, zoals klimop (*Hedera* sp.), *Ficus pumila* en andere planten (zie lijst op blz. 215) kunnen langs draadvormen geleid worden. Eenvoudige vormen zijn het best.

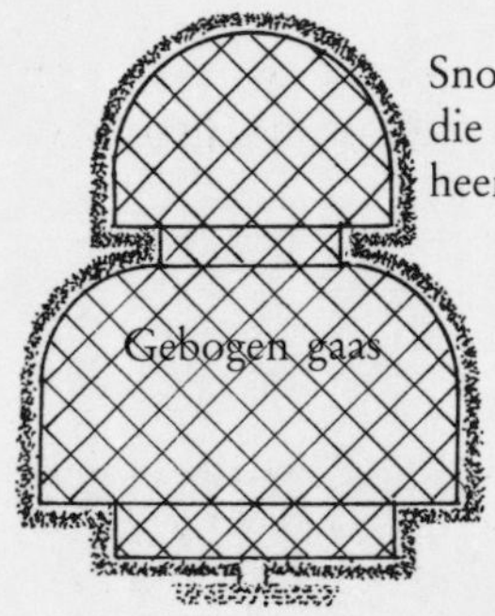

Gaasvorm. *Een manier van vormsnoei voor haagplanten.*

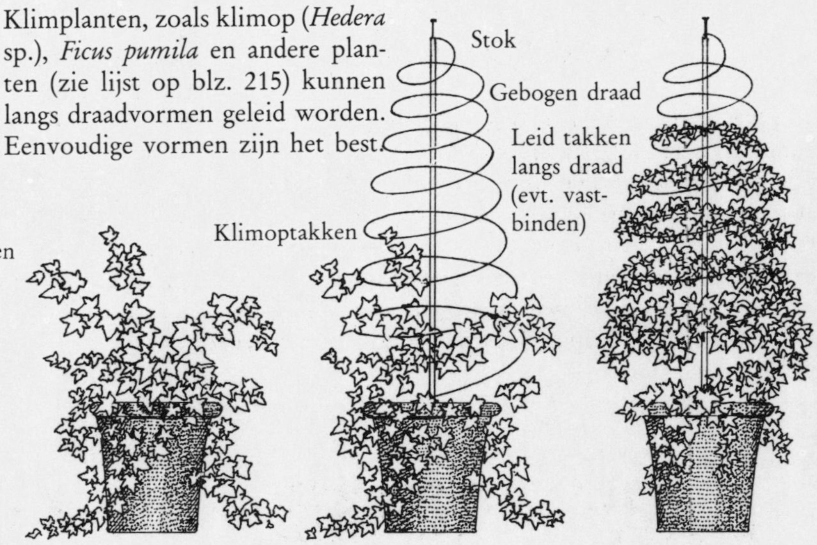

Langs draadvormen. *Bind de takken losjes langs de draadvorm. Zet lage planten aan de rand van het draad en verticale in het midden.*

PLANTEN IN GRIND

GEBRUIK VAN GRIND OF SPLIT
Ingerold grind of split kan als bestrating dienen, terwijl er ook planten in kunnen staan.

Plantgat maken. *U kunt zichzelf uitzaaiende planten nemen, of een gat in het grind maken als plantgat.*

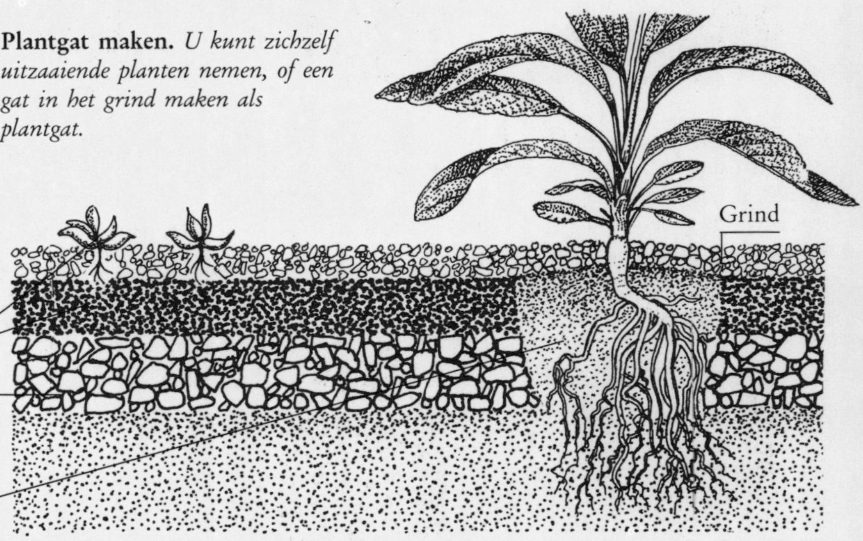

POTTEN EN BAKKEN

VOORBEREIDING EN VERZORGING
Zorg ervoor dat de pot of bak een afvoer heeft. Bedek deze met kiezels of potscherven en dan potgrond. De bovenzijde van de wortels moet juist onder de rand liggen. Aanvullen met potgrond en dan begieten. Planten in potten hebben regelmatig water en voeding nodig.

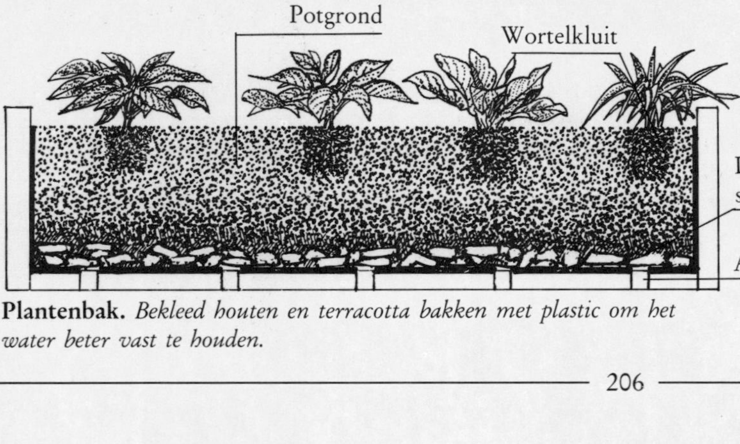

Plantenbak. *Bekleed houten en terracotta bakken met plastic om het water beter vast te houden.*

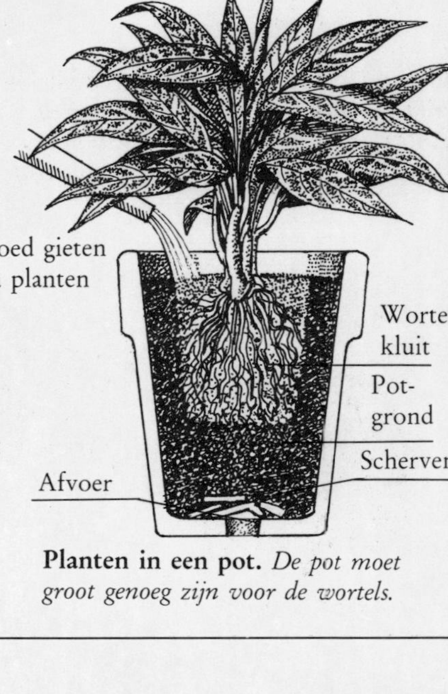

Planten in een pot. *De pot moet groot genoeg zijn voor de wortels.*

HANGMANDJES

Hangmandjes kunnen bekleed worden met mos of een poreus kunstmatig materiaal. Gebruik altijd goede potgrond die veel vocht vasthoudt.

Bekleding met mos

Bekleding met plastic

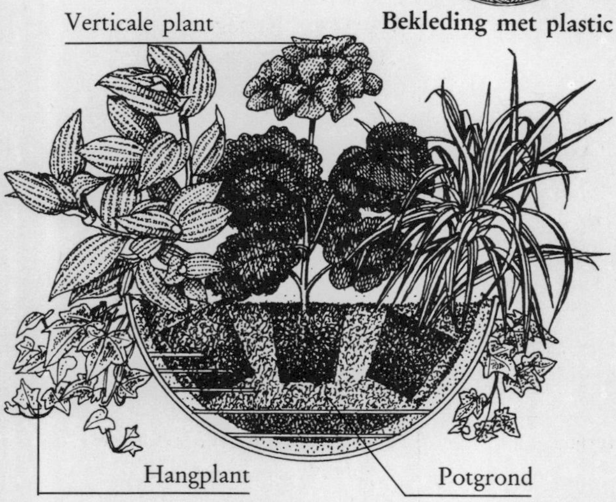

AUTOMATISCH WATERGEVEN

VOORDELEN

Planten die in potten groeien hebben meer water nodig dan planten in de volle grond. Automatisch watergeven bespaart u veel tijd en is gemakkelijk als u op vakantie bent.

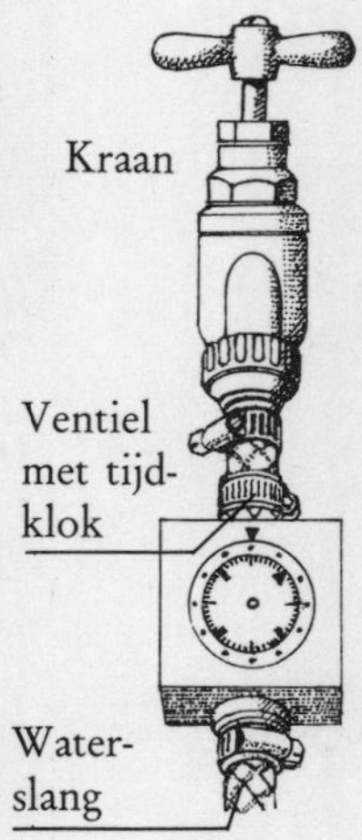

De methode *(rechts en onder). Een automatisch watergeefsysteem bestaat uit een ventiel met tijdklok dat de watertoevoer regelt. Via een slang met kleine gaatjes krijgen de potten water. De kraan blijft steeds open staan.*

WATERPLANTEN

MANIEREN OM TE PLANTEN

Bedek niet de bodem van de vijver met een laag grond, maar zet de waterplanten in met grond gevulde mandjes. Dit maakt de verzorging van de planten en het schoonmaken van de vijver makkelijker.

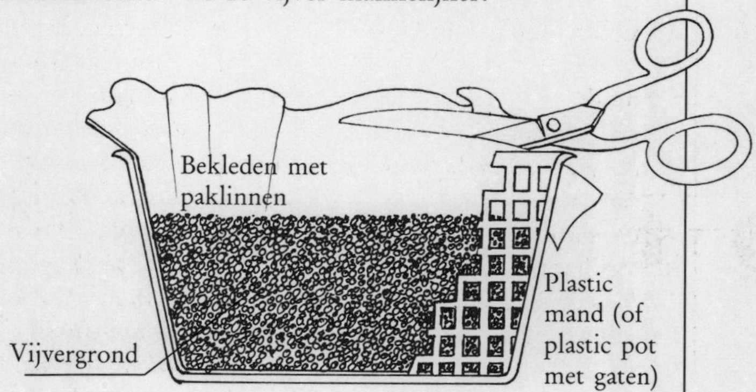

Voorbereiding. *Bekleed een mandje en vul het met vijvergrond (potgrond bevordert de groei van algen).*

Planten. *Druk de plant stevig aan. Een laag kiezelsteentjes voorkomt dat de grond wegdrijft als de mand onder water wordt gezet.*

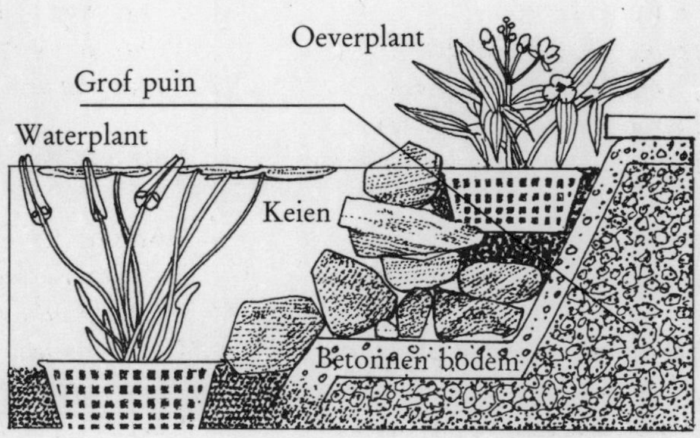

Plaatsing. *Oeverplanten moeten zo diep geplaatst worden dat alleen de wortels en een deel van de stengel onder water staan. Waterplanten, zoals waterlelies, moeten eerst ondiep staan en later op steeds grotere diepte geplaatst worden.*

LIJST VAN PLANTEN

Met een * gemerkte soorten zijn niet (geheel) winterhard.

SCHADUWPLANTEN

VOCHTIGE SCHADUW

Bomen
Acer griseum
Acer japonicum Japanse esdoorn
Acer palmatum
Acer pseudoplatanus 'Brilliantissimum'
Alnus sp. Els
Betula pendula Ruwe berk

Betula pendula (ruwe berk)

Cornus nuttallii
Crataegus sp. Meidoorn
Davidia involucrata Vaantjesboom
Fraxinus sp. Es
Laburnum × *watereri* Goudenregen
Populus sp. Populier
Prunus padus Vogelkers
Pterocarya sp. Vleugelnoot
Quercus sp. (kleinere vormen) Eik
Salix sp. Wilg
Stewartia malacodendron

Struiken en vaste planten
Alchemilla mollis Vrouwenmantel
Aruncus dioicus Geitebaard
Astilbe sp.
Aucuba japonica 'Picturata'*
Aucuba japonica 'Salicifolia'*
Aucuba japonica 'Variegata'*
Caltha palustris Dotterbloem
Camellia sp.*
*Clerodendrum trichotomum**
Clethra alnifolia 'Paniculata'
Cornus sp. Kornoelje
Elaeagnus commutata Zilverbladige olijfwilg
Elaeagnus × *ebbingei*
Elaeagnus umbellata
*Fatsia japonica** Vingerplant
Filipendula ulmaria 'Aurea'
Fothergilla monticola
Gaultheria procumbens
Gunnera manicata
Hamamelis sp. Toverhazelaar
Hedera colchica
Hedera hibernica Ierse klimop
Helleborus sp. Nieskruid
Hosta sp. Funkia
Hydrangea sp. Hortensia
Ligularia przewalskii
Ligustrum sp. Liguster
*Liriope muscari**
Lythrum sp. Kattestaart
Osmanthus decorus
Pachysandra terminalis
Peltiphyllum peltatum
Pernettya sp.
Pieris sp. Rotsheide
Polygonum sp. Duizendknoop
Rheum palmatum Russische rabarber
Sambucus sp. Vlier
Sarcococca humilis
Skimmia sp.
Stachyurus praecox
Staphylea sp.
Symphoricarpos sp. Sneeuwbes
Viburnum davidii
Viburnum opulus Gelderse roos
Viburnum rhytidophyllum
Vinca major Grote maagdenpalm

DROGE SCHADUW

Bomen
Acer palmatum
Betula pendula Ruwe berk
Caragana arborescens Erwteboompje
Carpinus betulus Haagbeuk
Gleditsia triacanthos Christusdoorn
Ilex sp. Hulst
Quercus sp. (kleinere vormen) Eik
Robinia sp. Acacia
Sorbus aria Meelbes
Sorbus vilmorinii

Struiken en vaste planten
Ajuga sp. Zenegroen
Amelanchier lamarckii Krenteboompje
Aucuba sp.
Berberis sp. Zuurbes
Bergenia sp.
Brunnera macrophylla
Buxus sempervirens
Centranthus sp. Spoorbloem
Cotoneaster sp. Dwergmispel
*Cyclamen coum**
*Cyclamen hederifolium**
Danae racemosa
Epimedium perralderianum
Euphorbia robbiae
Garrya elliptica
Geranium macrorrhizum
Geranium nodosum
Geranium phaeum Donkere ooievaarsbek
Hedera helix 'Goldheart'
Helleborus foetidus Stinkend nieskruid
Ilex sp. Hulst
Iris foetidissima Stinkende lis
Lamium sp. Dovenetel
*Liriope muscari**
Lonicera pileata
Lunaria sp. Judaspenning
Mahonia aquifolium Mahoniestruik
Osmanthus decorus
Pachysandra terminalis
Polygonatum sp. Salomonszegel
Prunus laurocerasus Laurierkers
Pulmonaria sp. Longkruid
Rhus typhina Fluweelboom
Ribes sanguineum Rode ribes
Ruscus aculeatus
Sambucus racemosa Bergvlier
Skimmia japonica
Smyrnium sp.
Symphoricarpos sp. Sneeuwbes
Tellima sp.
Tiarella cordifolia
Tolmiea menziesii Kinderplant
Vince major Grote maagdenpalm
Viola labradorica
Waldsteinia sp.

PLANTEN VOOR DROGE EN ZONNIGE PLAATSEN

Abelia sp.
Acanthus spinosus Doornige acanthus
Achillea sp. Duizendblad
Agapanthus sp.*
Alstroemeria aurantiaca Incalelie
Alyssum saxatile Rotsschildzaad
Anaphalis triplinervis Witte knoop
Artemisia arborescens
Artemisia 'Silver Queen'
Berberis sp. Zuurbes
Bergenia cordifolia
Buddleja davidii Vlinderstruik
Buddleja fallowiana
Buxus sempervirens
Catananche caerulea 'Major' Blauwe strobloem
Ceanothus sp. Amerikaanse sering
Centaurea dealbata
Ceratostigma willmottianum
Cistus sp.
Colutea arborescens Blazenstruik
Corokia cotoneaster
*Coronilla glauca**
Cortaderia sp.* Pampasgras
Cotoneaster horizontalis
Crambe cordifolia
Crocosmia masonorum
Cytisus sp. Brem
Dianthus sp. Anjer
Echinops ritro Kogeldistel
Euonymus fortunei
Genista sp. Heidebrem
Geranium sp. Ooievaarsbek
Gypsophilla sp. Gipskruid
Hebe sp.
Helianthemum sp. Zonneroosje
Helichrysum lanatum
Hibiscus syriacus
Hippophae rhamnoides Duindoorn
Holcus mollis 'Variegatus'
Hypericum sp. Hertshooi
Incarvillea delavayi
Indigofera gerardiana Indigostruik
Iris foetidissima Stinkende lis
Iris germanica Duitse lis
Iris pallida var. *dalmatica* 'Variegata'
Kniphofia sp. Vuurpijl
Kolkwitzia amabilis 'Pink Cloud'
Lavandula sp. Lavendel
Lespedeza thunbergii
*Libertia formosa**
*Nandina domestica**
Nepeta × faassenii Kattekruid
Nerine bowdenii
Oenothera sp. Teunisbloem
Olearia sp.*
Papaver orientale Oosterse klaproos
Penstemon barbatus Schildpadbloem
Perovskia atriplicifolia 'Blue Spire'
Philadelphus sp. Jasmijn
Phlomis fruticosa
Phlox subulata
Phormium tenax Nieuwzeelands vlas
*Phygelius capensis**
Piptanthus laburnifolius
Potentilla tabernaemontani
Pulsatilla vulgaris Wildemanskruid
Ribes sp.
Romneya sp.
Rosmarinus sp. Rozemarijn
Salvia sp. Salie
Sambucus sp. Vlier
Santolina sp. Heiligenbloem
Saponaria ocymoides
Sedum sp. Vetkruid
Senecio sp. Kruiskruid
Sisyrinchium striatum
*Sophora tetraptera**
Spartium junceum Bezemstruik
Spiraea sp. Spierstruik
Stachys sp. Andoorn

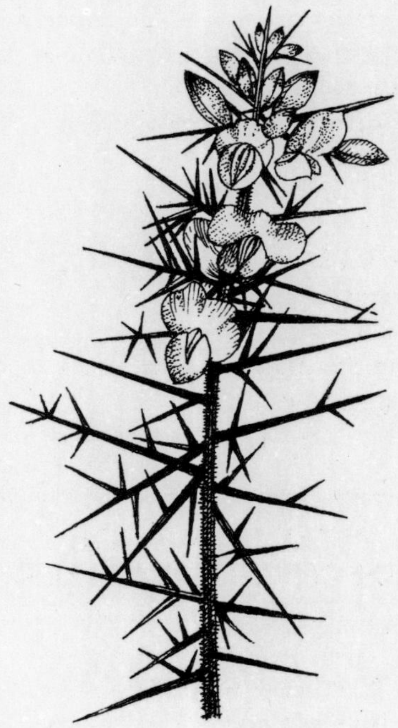

Ulex sp. (gaspeldoorn)

Stipa sp. Vedergras
Tamarix sp. Tamarisk
*Teucrium fruticans**
Thymus sp. Tijm
Ulex sp. Gaspeldoorn
Verbascum sp. Toorts
Viola hederacea
Yucca sp.* Palmlelie
Zauschneria californica

PLANTEN VOOR ONBESCHUTTE PLAATSEN

WARM, DROOG EN WINDERIG

Berberis buxifolia 'Nana'
Berberis candidula 'Amstelveen'
Berberis 'Parkjuweel'
Berberis × stenophylla
Berberis thunbergii 'Atropurpurea Nana'
Berberis thunbergii 'Aurea'
Chamaecyparis lawsoniana Lawsoncipres
Chamaecyparis obtusa 'Tetragona Aurea' Hinokicipres
Chamaecyparis pisifera 'Boulevard' Japanse cipres
Cistus sp.
Cytisus sp. Brem
Daphne sp.
Erica sp. Dopheide
Gaultheria procumbens
Genista hispanica Spaanse brem
Genista lydia
Genista pilosa Kruipbrem
Genista tinctoria Verfbrem
Juniperus chinensis 'Blaauw'
Juniperus communis 'Compressa'
Juniperus communis 'Depressed Star'
Juniperus communis 'Hornibrookii'
Juniperus horizontalis 'Glauca'
Juniperus horizontalis 'Turquoise Spreader'
Juniperus horizontalis 'Wiltonii'
Juniperus sabina 'Tamariscifolia'
Lavandula sp. Lavendel
Philadelphus 'Manteau d'Hermine'
Pinus mugo Bergden
Rosmarinus sp. Rozemarijn
Santolina pinnata

Spartium junceum Bezemstruik
Syringa patula
Taxus baccata 'Standishii'
Thuja occidentalis 'Rheingold'
Thuja orientalis 'Aurea Nana'
Ulex europaeus Gaspeldoorn
Viburnum davidii

KOUD, DROOG EN WINDERIG

Acer campestre Veldesdoorn
Acer negundo Vederesdoorn
Berberis sp. Zuurbes

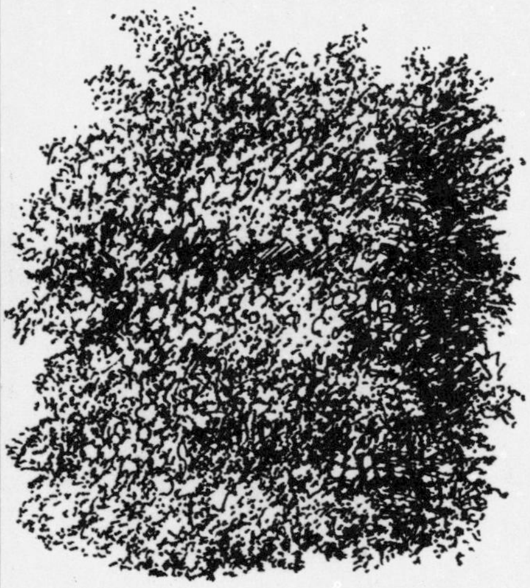

Berberis sp. (zuurbes)

Betula sp. Berk
Buddleja sp. Vlinderstruik
Chaenomeles sp. Japanse kwee
Cornus sp. Kornoelje
Corylus sp. Hazelaar
Cotoneaster sp. Dwergmispel
Crataegus sp. Meidoorn
Deutzia sp. Bruidsbloem
Elaeagnus sp. Olijfwilg
Euonymus sp. (groenblijvende variëteiten) Kardinaalsmuts
Ilex sp. Hulst
Juniperus chinensis 'Pfitzeriana Aurea'
Juniperus communis 'Depressed Star'
Juniperus communis 'Hornibrookii'
Juniperus horizontalis 'Glauca'
Juniperus horizontalis 'Plumosa Aurea'
Juniperus horizontalis 'Turquoise Spreader'
Juniperus horizontalis 'Wiltonii'
Juniperus sabina 'Tamariscifolia'
Juniperus squamata 'Blue Carpet'
Juniperus squamata 'Blue Star'
Juniperus squamata 'Meyeri'
Juniperus virginiana 'Grey Owl'
Kerria japonica Ranonkelstruik
Laburnum sp. Goudenregen
Pachysandra terminalis
Pernettya sp.
Philadelphus sp. Jasmijn
Pinus mugo Bergden
Potentilla sp. Ganzerik
Sorbus sp. Lijsterbes
Spiraea sp. Spierstruik
Tamarix sp. Tamarisk
Ulex sp. Gaspeldoorn
Viburnum lantana Wollige sneeuwbal

KLIMPLANTEN

SNELGROEIEND

Actinidia chinensis
Akebia quinata Vijfbladige akebia
Campsis grandiflora
Clematis montana
Hedera colchica
Hedera hibernica Ierse klimop
Humulus lupulus 'Aureus' Hop
Jasminum officinale Echte jasmijn
Lonicera japonica 'Halliana'
Lonicera periclymenum 'Belgica' Kamperfoelie
Lonicera periclymenum 'Serotina' Kamperfoelie
Parthenocissus sp. Wilde wingerd
Polygonum aubertii Bruidssluier
Vitis coignetiae
Wisteria sinensis Blauweregen

GROENBLIJVEND

*Berberidopsis corallina**
*Clianthus puniceus**
Hedera sp. klimop
Lonicera japonica Japanse kamperfoelie

STRUIKEN VOOR BESCHUTTE PLAATSEN

Abeliophyllum distichum
*Abutilon megapotamicum**
*Abutilon vitifolium**

Vitis coignetiae

*Acacia dealbata** Mimosa
*Aloysia triphylla**
Azara microphylla
Buddleja colvilei
Buddleja fallowiana
Ceanothus sp.
Chaenomeles speciosa horizontalis
Chimonanthus sp. Winterbloeier
Cytisus battandieri
Escallonia sp.
Forsythia sp. Chinees klokje
Fremontodendron californicum
Garrya elliptica
Hebe 'Gauntletti'
Hebe 'Midsummer Beauty'
Hebe 'La Seduisante'
Hebe 'Veitchii'
*Itea ilicifolia**
Leptospermum scoparium 'Nicholsii'
Leptospermum scoparium 'Red Damask'
Magnolia grandiflora 'Exmouth'
*Myrtus communis**
Phygelius capensis
Prunus triloba 'Multiplex'
Rhaphiolepis sp.
Robinia hispida Ruwe acacia
Rosa (struikvormen) Roos
Solanum crispum 'Glasnevin'*
*Solanum jasminoides**
Viburnum × burkwoodii 'Park Farm Hybrid'

PLANTEN DIE BESTAND ZIJN TEGEN VERVUILDE ATMOSFEER

Bomen
Acer negundo Vederesdoorn
Ailanthus sp. Hemelboom
Amelanchier lamarckii Krenteboompje
Aralia elata Chinese aralia
Betula pendula Ruwe berk
Carpinus sp. Haagbeuk
Cotoneaster frigidus
Crataegus sp. Meidoorn
Eucalyptus sp.*
Fraxinus oxycarpa
Gleditsia sp.
Laburnum sp. Goudenregen
Magnolia kobus Stermagnolia
Malus sp. Appel
Prunus sp. Pruim
Pyrus salicifolia 'Pendula' Wilgpeer
Robinia sp. Acacia
Salix sp. Wilg
Sorbus sp. Lijsterbes

Coniferen
Ginkgo biloba
Juniperus chinensis 'Aurea'
Juniperus chinensis 'Old Gold'
Juniperus chinensis 'Pfitzeriana Glauca'
Juniperus squamata 'Blue Carpet'
Juniperus squamata 'Blue Star'
Juniperus squamata 'Meyeri'
Juniperus virginiana 'Grey Owl'
Taxus baccata 'Aurea'
Taxus baccata 'Fastigiata' Ierse taxus
Taxus baccata 'Semperaurea'

Struiken
Aesculus parviflora Herfstpaardekastanje
Arundinaria sp. Bamboe
Berberis sp. Zuurbes
Buddleja sp. Vlinderstruik
Buxus sempervirens
Camellia sp.*
Ceratostigma willmottianum
Cistus sp.
Clethra alnifolia
Colutea arborescens Blazenstruik
Cornus sp. Kornoelje
Corylus maxima Lammertjesnoot
Cotinus sp. Pruikeboom
Cotoneaster sp. Dwergmispel
Cytisus sp. Brem
Deutzia sp. Bruidsbloem
Elaeagnus sp. Olijfwilg
Erica sp. Dopheide
Escallonia sp.
Euonymus sp. Kardinaalsmuts
*Fatsia japonica** Vingerplant
Forsythia sp. Chinees klokje
Genista sp. Heidebrem
Hedera colchica
Hedera hibernica Ierse klimop
Hibiscus syriacus
Hydrangea sp. Hortensia
Hypericum sp. Hertshooi
Ilex sp. Hulst
Kerria sp.
Kolkwitzia amabilis 'Pink Cloud'
Leycesteria formosa
Lonicera pileata
Magnolia sp.

Magnolia sp.

Mahonia sp. Mahoniestruik
Olearia × *haastii*
Osmanthus sp.
Pernettya sp.
Philadelphus sp. Jasmijn
Physocarpus opulifolius Sneeuwbalspirea
Potentilla sp. Ganzerik
Prunus laurocerasus Laurierkers
Pyracantha sp. Vuurdoorn
Rhododendron (winterharde hybriden)
Rhus sp. Azijnboom
Ribes sanguineum Rode ribes
Rubus × *tridel* 'Benenden'
Salix sp. Wilg
Sambucus sp. Vlier
Sarcococca humilis
Senecio 'Sunshine'
Skimmia sp.
Spartium junceum Bezemstruik
Spiraea sp. Spierstruik
Staphylea sp.
Stephanandra incisa 'Crispa'
Stranvaesia sp.
Symphoricarpos sp. Sneeuwbes
Syringa sp. Sering
Tamarix tetrandra
Ulex sp. Gaspeldoorn
Viburnum opulus Gelderse roos
Viburnum tinus
Vinca major Grote maagdenpalm
Weigela sp.

PLANTEN DIE GELUID WEREN

Ailanthus altissima Hemelboom
Buxus sempervirens
Carpinus betulus 'Fastigiata'
× *Cupressocyparis leylandii*
Fagus sylvatica Beuk
Ilex sp. Hulst
Pinus sp. Den
Pterocarya fraxinifolia Kaukasische vleugelnoot
Rhododendron (winterharde hybriden)
Taxus baccata
Thuja occidentalis 'Rheingold'
Viburnum rhytidophyllum

BODEMBEDEKKENDE PLANTEN

LAGE BODEMBEDEKKERS

Acaena sp. Stekelnoot
Ajuga sp. Zenegroen
Alchemilla sp. Vrouwenmantel
Alyssum sp. Schildzaad
Anthemis cupaniana
Armeria maritima Engels gras
Astrantia sp.
Aubrieta sp.
Bergenia sp.
Caltha palustris Dotterbloem
Campanula sp. Klokje

Cotoneaster dammeri
Cotoneaster horizontalis
Dianthus sp. Anjer
Epimedium sp.
Erica sp. Dopheide
Euonymus fortunei
Gaultheria sp.
Geranium sp. Ooievaarsbek
Hebe sp.
Hedera sp. Klimop
Helianthemum sp. Zonneroosje
Hemerocallis fulva Bruine daglelie
Heuchera sanguinea Purperklokje
Hosta sp. Funkia
Hypericum calycinum Grootbloemig hertshooi
Iberis sp. Scheefbloem
Lamium maculatum Gevlekte dovenetel
*Liriope muscari**
Nepeta sp. Kattekruid
Polygonum sp. Duizendknoop
Potentilla tabernaemontani
Primula sp. Sleutelbloem
Pulmonaria sp. Longkruid
Ruta graveolens Wijnruit
Salvia sp. Salie
Santolina sp. Heiligenbloem
Saponaria ocymoides
Saponaria × *olivana*
Saxifraga sp. Steenbreek
Sedum sp. Vetkruid
Stachys sp. Andoorn
Teucrium sp.
Thymus sp. Tijm
Tiarella cordifolia
Vinca major Grote maagdenpalm
Viola sp. Viooltje
Zauschneria sp.

HOGERE PLANTEN MET EEN VRIJ DICHTE GROEIWIJZE

Acanthus sp.
Artemisia sp.
Aucuba japonica
Berberis sp. Zuurbes
Centaurea sp.
Ceanothus sp.
*Choisya ternata**
Cornus alba Witte kornoelje
Cotoneaster salicifolius
Cytisus scoparius Brem
Dicentra formosa Gebroken hartje
Elaeagnus sp. (struikvormen) Olijfwilg
Escallonia sp.
Euphorbia sp. Wolfsmelk
× *Fatshedera lizei**
Geranium sp.
Hydrangea sp. Hortensia
Iris foetidissima Stinkende lis
Lonicera pileata
Mahonia japonica
Osmanthus sp.
Phlomis fruticosa
Potentilla reptans Vijfvingerkruid
Prunus laurocerasus Laurierkers
Rosmarinus sp. Rozemarijn
Salix sp. Wilg
Senecio sp. Kruiskruid
Sambucus sp. Vlier
Viburnum tinus

PLANTEN VOOR EEN LANDELIJK KARAKTER

Struiken
Buddleja davidii Vlinderstruik
Buxus sempervirens
Chaenomeles sp. Japanse kwee
Cistus sp.
Cornus alba Witte kornoelje
Corylus sp. Hazelaar
Crataegus monogyna Eenstijlige meidoorn
Cytisus scoparius Brem
Daphne sp.
Hedera sp. Klimop
Hippophae rhamnoides Duindoorn
Jasminum sp. Jasmijn
Juniperus communis Jeneverbes
Lavandula sp. Lavendel

Juniperus communis
(gewone jeneverbes)

Lonicera periclymenum Kamperfoelie
Philadelphus sp. Jasmijn
Rosa sp. (struikvormen) Roos
Rosmarinus officinalis Rozemarijn
Sambucus sp. Vlier
Syringa sp. Sering
Viburnum sp. Sneeuwbal

Kruidachtige planten
Achillea sp. Duizendblad
*Aloysia triphylla**
Althaea sp. Heemst
Alyssum sp. Schildzaad
Amelanchier ovalis
Anchusa sp. Ossetong
Antirrhinum sp. Leeuwebek
Aster sp.
Berberis sp. Zuurbes
Cardamine pratensis Pinksterbloem
Centaurea cyanus Korenbloem
Centaurea nigra Zwart knoopkruid
Cheiranthus sp. Muurbloem
Cirsium vulgare Speerdistel
Colchicum sp. Herfsttijloos
Colutea sp. Blazenstruik
Cosmos sp. Cosmea
Delphinium sp. Ridderspoor
Digitalis purpurea Vingerhoedskruid
Echinops sp. Kogeldistel
Fragaria vesca Bosaardbei
Godetia sp.
Helianthenum nummularium Gestippeld zonneroosje
Helianthus annuus Zonnebloem
Hyacinthoides non-scriptus Boshyacint
Hyssopus officinalis Hysop
Iberis sp. Scheefbloem
Lathyrus latifolius Breedbladlathyrus
Lobelia sp.
Lunaria annua Judaspenning
Lupinus sp. Lupine
Lychnis flos-cuculi Koekoeksbloem
Lythrum salicaria Kattestaart
Malva sylvestris Groot kaasjeskruid
Matthiola bicornis Violier
Medicago sativa Luzerne
Myosotis arvensis Vergeet-mij-nietje
Narcissus sp. Narcis
Nepeta cataria Kattekruid
Nicotiana sp. Siertabak

Oenothera biennis Teunisbloem
Petunia sp.
Phlox sp.
Plantago lanceolata Smalle weegbree
Primula veris Gewone sleutelbloem
Pulmonaria officinalis Longkruid
Ranunculus ficaria Speenkruid
Reseda lutea Wilde reseda
Salvia sp. Salie
Saponaria officinalis Zeepkruid
Scabiosa sp.
Sedum spectabile
Solidago virgaurea Guldenroede
Thymus sp. Tijm
Trifolium repens Witte klaver
Tropaeolum sp. Oostindische kers
Valeriana sp. Valeriaan
Verbascum nigrum Zwarte toorts
Veronica sp. Ereprijs
Viola odorata Maarts viooltje

ARCHITECTONISCHE PLANTEN

Bomen
Acer japonicum Japanse esdoorn
Ailanthus altissima Hemelboom
Catalpa bignonioides 'Aurea'
*Eucalyptus gunnii**
Rhus typhina Fluweelboom
Robinia pseudoacacia 'Frisia'

Struiken
Acer palmatum
Aralia elata Chinese aralia
Arundinaria palmata
*Clerodendrum trichotomum**
*Cordyline australis**
Decaisnea fargesii
× *Fatshedera lizei**
*Fatsia japonica** Vingerplant
Magnolia grandiflora
Mahonia japonica
Paeonia delavayi
Paeonia lutea var. *ludlowii*
Phormium tenax Nieuwzeelands vlas
Romneya coulteri
Rosmarinus officinalis 'Miss Jessup's Upright'
Viburnum davidii
Viburnum rhytidophyllum
Yucca sp.* Palmlelie

Vaste planten
Acanthus mollis Zachte acanthus
Acanthus spinosus Doornige acanthus
Arum italicum 'Pictum'
Bergenia sp.
Crambe sp. Zeekool
Eryngium sp. Kruisdistel

Eryngium sp. (kruisdistel)

Euphorbia characias ssp. *wulfenii*
Gunnera sp.
Helleborus lividus ssp. *corsicus*
Hosta sp. Funkia
Iris foetidissima Stinkende lis
Iris pallida 'Aurea Variegata'
Kniphofia sp. Vuurpijl
Libertia sp.
Ligularia sp.
Onopordum sp. Wegdistel
Peltiphyllum peltatum
Rheum palmatum Russische rabarber
Rodgersia sp.
Salvia argentea
Sedum sp. Vetkruid
Silybum sp. Mariadistel
Sisyrinchium striatum
Stipa gigantea Vedergras

Klimplanten
Hedera colchica
Vitis coignetiae

PLANTEN MET VOLLE KLEUREN

HERFSTKLEUREN

Acer sp. Esdoorn
Amelanchier lamarckii Krenteboompje
Cercidiphyllum japonicum
Euonymus alatus
Koelreuteria paniculata
Malus coronaria
Malus tschonoskii
Prunus sp. Pruim, kers
Sorbus sp. Lijsterbes

MOOI IN DE WINTER

Bomen en struiken
Acer palmatum 'Senkaki' (stam)
*Camellia sasanqua** (bloem)
Chimonanthus praecox (bloem) Winterbloeier
Cornus sp. (takken) Kornoelje
Corylus avellana (katjes) Hazelaar
Erica carnea (bloemen bij sommige vormen) Vleeskleurige dophei
Erica × *darleyensis* (bloem)
Garrya elliptica (katjes)
Hamamelis sp. Toverhazelaar (bloem)
Lonicera × *purpusii* (bloem)
Mahonia japonica (bloem)
Parrotia sp. (bloem)
Prunus subhirtella 'Autumnalis' (bloem)
Sarcococca sp. (bloem)
*Sycopsis sinensis** (bloem)
Viburnum × *bodnantense* (bloem)
Viburnum farreri (bloem)
Viburnum tinus (bloem)

Vaste planten
Bergenia sp.
Crocus sp.
Eranthis sp. Winterakoniet
Galanthus sp. Sneeuwklokje
Helleborus sp. Nieskruid
Iris histrioides
Narcissus (vroege variëteiten)
Narcissus 'February Gold'
Narcissus 'Forerunner'
Pulmonaria rubra Longkruid

ONGEWONE BLOEMKLEUR

Groen
Alchemilla mollis Vrouwenmantel
Euphorbia characias ssp. *wulfenii*
Euphorbia robbiae
Galtonia viridiflora
Helleborus foetidus Stinkend nieskruid
Helleborus lividus ssp. *corsicus*
Iris foetidissima Stinkende lis
Lilium 'Limelight'
Moluccella laevis Iers klokje
Nicotiana alata 'Lime Green' Siertabak

Bruin
Eremurus-hybriden
Iris 'Solid Mahogany'
Parrotia sp.
*Sycopsis** sp.

Paars-zwart
Fritillaria persica
Iris 'Black Swan'
Tulipa 'Black Parrot' Tulp

GEURENDE PLANTEN

MET GEURIGE BLOEMEN

Buddleja alternifolia
Buddleja fallowiana 'Lochinch'
Cheiranthus × *allionii*
Cheiranthus sp. Muurbloem
Chimonanthus praecox Winterbloeier
Convallaria majalis Lelietje-van-dalen
Cytisus battandieri
Daphne sp.
Dianthus barbatus Duizendschoon
Dianthus chinensis Chinese anjer
Dianthus sp. Anjer
Genista aetnensis
Heliotropium × *hybridum*
Hyacinthus sp. Hyacint
Iris (baardhybriden)
Iris bucharica
Iris pallida dalmatica Bleke lis
Jasminum officinale Echte jasmijn
Lathyrus odoratus Pronkerwt
Lavandula angustifolia Gewone lavendel

Iris-hybride

Ligustrum ovalifolium Japanse liguster
Lilium Aurelian-hybriden
Lilium candidum Madonnalelie
Lilium regale Koningslelie
Lonicera japonica 'Halliana'
Lonicera periclymenum Kamperfoelie
Magnolia sinensis
Magnolia × *soulangiana*
Magnolia virginiana
Malus 'Profusion'
Matthiola incana
*Myrtus communis**
Narcissus poeticus Dichternarcis
Nicotiana alata Siertabak
Philadelphus 'Beauclerk'
Philadelphus coronarius 'Aureus'
Primula vulgaris Gewone sleutelbloem
Prunus × *yedoensis*
Reseda odorata Reseda
Robinia pseudoacacia 'Frisia'
Rosa (cultivars met geur) Roos
Syringa sp. Sering
Verbena × *hybrida*
Viburnum × *bodnantense*
Viburnum × *burkwoodii*
Viburnum opulus Gelderse roos

MET GEURIG BLAD

Artemisia abrotanum Citroenkruid
Artemisia absinthium Absint-alsem
Artemisia arborescens
Caryopteris clandonensis
*Choisya ternata**
Cistus sp.
Elsholtzia stauntonii
*Eucalyptus gunnii**
*Laurus nobilis** Laurier
Lavandula sp. Lavendel
Myrtus sp.*
Phlomis fruticosa
Rosa gallica Franse roos
Rosa rubiginosa Egelantier
Rosmarinus officinalis Rozemarijn
Ruta graveolens 'Jackman's Blue'
Salvia officinalis Salie
Santolina sp. Heiligenbloem
Thymus × *citriodorus* Citroentijm

AVONDGEUR

Heliotropium sp.
Jasminum officinale Echte jasmijn
Lilium auratum Goudbandlelie
Lilium regale Koningslelie
Matthiola bicornis
Nicotiana alata Siertabak
Nicotiana sylvestris Siertabak
Petunia-hybriden
Reseda odorata Reseda
Rosa rubiginosa Egelantier

ONGEWONE PLANTEN VOOR POTTEN EN KUIPEN

BAMBOE EN GRAS

Agropyron sp. Kweek
Arundinaria viridistriata
Carex morrowii
Cortaderia selloana Pampasgras
Deschampsia cespitosa Bochtige smele
Festuca glauca Blauw schapegras
Hakonechloa macra 'Aureola'
Miscanthus sacchariflorus
Molinia caerulea 'Variegata' Pijpestrootje
Pennisetum alopecuroides
Spartina pectinata
Stipa gigantea

VARENS

*Adiantum pedatum**
*Adiantum venustum**
Athyrium filix-femina Wijfjesvaren
Blechnum penna-marina

Dryopteris sp.
Hypolepis millefolium
Matteuccia struthiopteris Struisvaren
Osmunda regalis Koningsvaren
Phyllitis scolopendrium Tongvaren
Polypodium vulgare Eikvaren
Polystichum setiferum

Phyllitis scolopendrium (tongvaren)

PLANTEN OM TE SNOEIEN

WINTERGROENE PLANTEN

Buxus sempervirens
Carpinus betulus Haagbeuk
Crataegus monogyna Eenstijlige meidoorn
Ilex aquifolium Hulst
Lonicera nitida
Pyracantha sp. Vuurdoorn
Rosmarinus officinalis Rozemarijn
Santolina sp. Heiligenbloem
Taxus baccata

OPEN GROEIVORM

Chrysanthemum sp. Ganzebloem
Fuchsia-hybriden
Hibiscus sp. Althaeastruik
Hydrangea paniculata Waterstruik
Lonicera sp. Kamperfoelie

OVER DRAADVORMEN

Chrysanthemum morifolium
*Ficus pumila**
Hedera helix (smalbladige vormen) Klimop
Myrtus sp.*
Thymus pseudolanuginosus

WATER- EN OEVERPLANTEN

DRIJVEND BLAD
(plantdiepte 50 cm)

Aponogeton distachyus
Azolla caroliniana
*Eichhornia crassipes** Waterhyacint
Hydrocharis morsus-ranae Kikkerbeet
Nymphaea-hybriden Waterlelie
Nymphaea candidissima (wit)
Nymphaea ellisiana (rood)
Nymphaea 'Froebelii' (wijnrood en geurend)
Nymphaea 'Graziella' (geel/koperkleurig)
Nymphaea odorata 'Rose Arey' (roze en geurend)
Nymphaea peltata
Nymphaea 'William Falconer' (robijnrood)
Orontium aquaticum
Stratiotes aloides
Trapa natans Waternoot
Utricularia vulgaris Blaasjeskruid

ZUURSTOFPLANTEN

Ceratophyllum demersum Gedoornd hoornblad
Elodea canadensis Waterpest
Hottonia palustris Waterviolier
Lagarosiphon sp.*
Myriophyllum sp. Vederkruid
Potamogeton crispus Gekruld fonteinkruid
Ranunculus aquatilis Waterranonkel

ONDIEP WATER

Acorus calamus Kalmoes
Butomus umbellatus Zwanebloem
Calla palustris Slangewortel
Caltha palustris Dotterbloem
Eriophorum sp. Wollegras
Glyceria sp. Vlotgras
Iris laevigata 'Alba'
Iris laevigata 'Variegata'
Iris pseudacorus Gele lis
Mimulus sp. Maskerbloem
Myosotis scorpioides Moerasvergeet-mij-nietje
Pontederia cordata
Sagittaria sp. Pijlkruid
Scirpus sp. Bies
Typha minima Kleine lisdodde

LANGS HET WATER

Astilbe × *arendsii*
Hemerocallis sp. Daglelie
Hosta sp. Funkia
Iris kaempferi Japanse iris
Iris sibirica
Lysichiton americanus
Peltiphyllum peltatum
Primula florindae
*Primula japonica**

VARENS LANGS HET WATER

Blechnum spicant Dubbelloof
Dryopteris filix-mas Mannetjesvaren
Matteuccia struthiopteris
Onoclea sensibilis Bolletjesvaren
Osmunda regalis Koningsvaren
Phyllitis scolopendrium Tongvaren

REGISTER

Cursieve paginacijfers verwijzen naar illustraties.

A

B

C

Y

Z

VERANTWOORDING

Dankbetuiging van de auteur
Ik wil graag de uitgever en zijn staf bedanken, die mijn wat grillige wijze van werken voortreffelijk wisten op te vangen en bij te sturen.
Van het thuisfront bedank ik Caroline Dougan, voor het bijschaven van het manuscript.

Dankbetuiging van de uitgever
De uitgever wenst te bedanken:
dhr. en mw. M. Harty, dhr. en mw. R. Tomosci, mw. S.M. Evershed, Roger Bristow en Maggie Huscroft, dhr. en mw. P. Holland, mw. J.A. Holland, dhr. en mw. P. King en dhr. en mw. A. Hobart voor het laten fotograferen van hun tuin;
Hounslow Garden Centre en Jewsons;
Geoff Dann voor speciale foto's.

De tekeningen werden gemaakt door Eric Thomas, Sandra Pond, Janos Marffy en Imperial Artists Limited.

Fotoverantwoording
Michael Boys Syndication: 9 rb, 12 lo, 13, 22 l, 25, 30 lo, 33, 69, 80 lo, 137 lb, 140 o, 143 b, 172 b, 187.
John Brookes: 42 o, 63 ro, 66 lo, 66 ro, 67 ro, 73 ro, 84 rb, 90 ro, 95 lb, 95 rb, 95 mo, 105 rb, 119 lb, 122 lo, 131 rb, 133 lb, 133 rb, 134 o, 135 lb, 146 o, 182 ro, 186 o.
Karl-Dietrich Bühler: 7, 21, 36 ro, 61, 70 lo, 89, 90 lo, 91, 98 ro, 114 o, 126 lo.
Linda Burgess: 24 ro, 68 lo, 68 rb, 82 b, 101 b.
Karen Bussolini: 76 rb.
Camera Press: 8/9 b, 10 lo, 23, 31 o, 32 o, 36 lo, 104 b, 110 rb, 110 o, 118 ro, 129, 130 o (foto: Kurt Hansson), 133 lo, 136/137 o, 142 rb.
Eric Crichton Photos: 12 ro, 166 lo.
Geoff Dann: 2/3, 14 o, 15, 16 rb, 16 ro, 17, 18/19, 20, 38 o, 39, 41 ro, 43, 46 o, 47, 50 o, 51, 53 ro, 54 o, 55, 57 ro, 58 b, 62 b, 64/65, 96, 102/103, 112/113, 116/117, 120/121, 121 lb, 147, 149, 150/151, 156 o, 162/163, 170/171, 188/189, 190 ro.
Everard Reed Gallery: 135 rb.
Neil Holmes Photography: 125 ro, 152 ro.
Timothy Hursley: 6 lo.
Jacqui Hurst: 27 b, 96 rb, 134 rb, 164 lo.
Keith Kirften: 131 o.
Ken Kirkwood: 107 b, 139 b, 139 lo.
David Lamb: 118 lb.
National Trust: 95 ro.
John Neubauer: 59, 60 o, 78 b, 100 b, 101 o, 105 lo, 126 ro, 127, 141.
Robert Perron: 80 rb, 88 b.
Jessica Strang: 8 lo, 24 lo, 30 ro, 74 b, 132 ro, 133 mb.
Oehme Van Sweden & Associates: 124 ro.
Pamela Toler (Impact Photos): 9 ro, 84 lo, 94, 108 lo, 109, 115 lb, 125 b, 133 mo.
Volkman K. Wentzel: 115 lo.
Elizabeth Whiting Associates: 27 o, 73 b, 105 lb, 122 ro, 123 o, 128 rb, 145, 160 ro.
Steve Woodes: 176 b.
Josephine Zeitlin: 72 lo, 95 lo, 108 ro (tuinontwerp van Michael Bates), 111 b, 117 b, 138 b, 143 ro, 178 b.